Danksagung:

An erster Stelle möchte ich mich bei Herr Kapitän Hanns Temme und der nautischen Besatzung des Traditionsseglers Fritjof Nansen sowie der Fritjof Nansen e.V. bedanken.

Ferner möchte ich mich bei meinen Ausbildern, Jochen Keilich, Peter Trommel, Norbert Wolter, Wolfgang Bleser, Kapitän Holger Bullmann (Elbe Pilot), Kapitän Dirk Seidewitz (Elbe Pilot), Kapitän Werner Adam bedanken. Weiterer Dank gilt Kapitän Heinz Breidenbach, Kapitän Christian Bock, Hermann Lose sowie der nautischen Besatzung des Feuerschiffs Elbe 1 (Bürgermeister Oswald) bedanken.

Weiterhin gebührt Dank für die Mithilfe, Unterstützung und ihr Verständnis während der Entstehung dieses Werkes folgenden Personen: Volker Niessen, Maria Kuntke, Jörg Dillmann, Akbar Mazhari, Regina und Andreas Paasche, Sebastiano Colajanni, Manuel Weber, Joachim Hirsch , Achim Blank, Gerd Heidbring, Petra Steiner und Kapitän Josef Steiner.

Ich bedanke mich bei meiner Frau Dr. Bita Tarazouei und bei meinem Bruder Dr. Kourosch Bahrami, und natürlich bei meinen Eltern ohne deren Unterstützung dieses Werk nicht möglich gewesen wäre.

A. Bahrami

Haftungsausschluß:

Trotz gründlicher Recherchen und Überprüfung der Fakten kann der Autor keine Gewährleistung auf Richtigkeit und Vollständigkeit der Angaben übernehmen. Folglich kann der Autor nicht haftbar gemacht werden für eventuell nicht bestandene Prüfungen. Die Geltendmachung von Ansprüchen jeglicher Art ist ausgeschlossen.

Kontaktmöglichkeit:

Der Autor ist sehr dankbar für Anregungen und offen für Verbesserungsvorschläge. Mitteilungen können gesendet werden an:

E-Mail: *a.bahrami@t-online.de*

A. Bahrami

Fragenkatalog
- Bordhandbuch -

Hilfsmittel
für Ausbildung
und Prüfung

zum
Sportseeschifferschein
und
Sporthochseeschifferschein

5. Auflage

Hinweis:

- Am Ende des Fragenkatalogs befindet sich ein Index, welcher das gezielte Auffinden von Stichworten in Fragen bzw. Antworten ermöglicht.

- Die Zahlen im Griffregister an der Außenseite beziehen sich auf die Fragennummern.

Quellenangabe

Inhaltlich basiert dieser Fragenkatalog auf folgenden Quellen:

- D. v. Haeften und H. Schulz Sportseeschifferschein
- Kumm, Lübbers und Schultz Sporthochseeschifferschein
- Seemannschaft – Handbuch für den Yachtsport
- Kollisionsverhütungsregeln
- Seeschifffahrtstraßenordnung
- Schiffssicherheitsverordnung
- Verordnung über die Sicherung der Seefahrt
- Seesicherheits-Untersuchungs-Gesetz
- Internationales Seerechtsübereinkommen
- MARPOL-Übereinkommen
- Handbuch für Brücken und Kartenhaus (BSH)
- Sicherheit im See und Küstenbereich (BSH)
- Müller/Kraus - Handbücher für die Schiffsführung
- Prof. Dr. Bernhard Berking - Satellitennavigation und GPS
- Heinrich Prügel - Wetterführer

Bibliografische Information Der Deutschen Nationalbibliothek:
Die Deutsche Nationalbibliothek verzeichnet diese Publikation in der Deutschen Nationalbibliografie; detaillierte bibliografische Daten sind im Internet über http://dnb.dnb.de abrufbar.

© 2016 A. Bahrami

Satz, Layout, Grafik: V. Niessen, Bonn

Herstellung und Verlag:
BoD – Books on Demand, Norderstedt

ISBN-13: 978-3-7412-5162-7

Inhalt

	Seite
Vorwort	8

Navigation
Grundkenntnisse	10
Kursumwandlung	14
Koppeln, Besteckversatz, Distanz	18
Peilen, Loten, Feuer in der Kimm, ter. Kompasskontrolle	19
Gezeitenkunde, Gezeitenberechnung	25
GPS, Wegpunktnavigation	32
Radar	39
RACON	46
ECDIS	48
AIS, NMEA, NAVTEX	48
Astronomische Navigation	51
Abbildungen Astronomische Navigation	58
Formelsammlung, Beschickungen, Begriffe und Abkürzungen für Radarplotting	59

Schifffahrtsrecht
Allgemeine Vorschriften	66
Seeverkehrsrecht	79
Seerecht, Schifffahrtsrecht	99

Wetterkunde
Grundlagen	138
Fronten, Wolken, Gewitter, Nebel	149
Druckgebilde, Hoch, Tief, Trog	159
Regionale Wettererscheinungen, Wetterregeln	171
Seegang	177
Wetterkarten, Seewetterberichte, Quellen	182
Hurrikans, Passate, ITCZ	191

Seemannschaft
Das Fahrzeug	206
Stabilität des Schiffes, Sicherheitsausrüstung	211
Seetüchtigkeit, Verhalten in Notfällen	222
Kollision, Schiffsunfall	229
Mensch über Bord, Maßnahmen bei Verletzungen und Unterkühlung	233
Manövrierverhalten von Seeschiffen	243
Fahren in schwerem Wetter	217
Ankern	247
Seemannschaft allgemein	259

Stichwortverzeichnis	267

Vorwort zur 5. Auflage

Mit Freude habe ich in den vergangenen Jahren das anhaltende Interesse an diesem Werk zur Kenntnis genommen. So hat sich dieses Buch in Ergänzung zu seiner Funktion als Ausbildungsunterlage auch als Bordhandbuch im Sinne eines Nachschlagewerkes in der Fahrpraxis bewährt.

Ich selbst habe in diesen vergangenen Jahren auch an meiner persönlichen Fortbildung weitergearbeitet und habe in der Zwischenzeit das Große Patent erworben. Die im Rahmen dieser Ausbildung erworbenen Erkenntnisse sowie die in der Fahrpraxis gemachten Erfahrungen habe ich in diese umfassend überarbeitete Neuauflage des Werkes einfließen lassen.

Analog zur 4. Auflage sind zunächst die neuesten Änderungen der gesetzlichen Vorgaben, wie z.B. Änderungen in der Rheinschiffsuntersuchungsordnung, Einlaufbedingungsverordnung und die Verordnungen der Bundesstelle für Seeunfalluntersuchung, für die 5. Auflage berücksichtigt worden. Darüber hinaus wurden neue Fragen aufgenommen bzw. nicht mehr aktuelle Fragen eliminiert.

Die positiven Erfahrungen aus den Neustrukturierungen des Aufbaus der Fragenabfolge haben dazu motiviert, eine weitere Optimierung der Fragenformulierungen sowie Abfolge nach Schwierigkeitsgrad durchzuführen. Insbesondere die Kapitel Navigation, Schifffahrtsrecht und Wetterkunde wurden zwecks besserer Verständlichkeit komplett neu strukturiert. Besonders sei auch auf die Formelsammlung und das Abkürzungsverzeichnis im Anschluss an das Kapitel Navigation hingewiesen. Dort findet der Leser die wesentlichen Formeln für die Gezeitenberechnung, Kursbeschickung und Kursumwandlung sowie die wichtigsten Abkürzungen und Begriffe zum Thema Radar. Neu in der 5. Auflage sind veranschaulichende Abbildungen zur astronomischen Navigation. Besonderes Augenmerk wurde auf weitere Optimierung des Index gerichtet um die Nutzung als Bordhandbuch zu vereinfachen.

Im Sinne eines kontinuierlichen Verbesserungsprozesses hoffe ich, auch mit dieser fünften, neu strukturierten, überarbeiteten und erweiterten Auflage des Fragenkatalogs zum einen den Lern- und Ausbildungsprozeß zum See- und Hochseeschifferschein weiter optimiert und einen Beitrag für mehr Sicherheit an Bord geleistet zu haben. Ferner hoffe ich mit dieser fünften Auflage einen zusätzlichen Leserkreis zu erreichen, der das Bordhandbuch als ein leicht zugängliches und zugleich umfangreiches Nachschlagewerk für seine Fahrpraxis zu nutzen beabsichtigt.

Ich wünsche allen Lesern stets gute Fahrt und eine Handbreit Wasser unterm Kiel.

Bonn, im Sommer 2016

A. Bahrami

Navigation

Navigation — Grundkenntnisse

GRUNDKENNTNISSE

1. SSS Definieren Sie die Begriffe geografische Breite und geografische Länge.

Geografische Breite (Breitenparallele bzw. Breitenkreis) ist jeder parallel zur Äquatorebene um die Erde verlaufende Kreis. Die geografische Länge, auch Meridian genannt, ist die Verbindung auf der Erdoberfläche von Pol zu Pol. Die geografischen Koordinaten eines Ortes gibt man als Winkel in Grad, Minuten und Zehntelminuten an. Die geografische Breite liest man am seitlichen und die Länge am unteren oder oberen Kartenrand ab.

2. SSS Erklären sie, wie in der Seefahrt im Allgemeinen die Entfernungen angegeben werden?

Die Entfernungen werden in Seemeilen gemessen bzw. angegeben. Eine Seemeile entspricht 1852 Metern. Die Länge einer Seemeile entspricht genau den Abstand zweier Breitenkreise die sich um eine Minute unterscheiden. Eine Seemeile besteht aus 10 Kabellängen (185,2 m). Die Distanzen in Seemeilen liest man in der Seekarte unmittelbar am seitlichen Kartenrand ab (nie am oberen oder unteren Kartenrand)!

3. SSS Worauf beziehen sich Tiefen- und Höhenangaben in den Seekarten?

Auf welche Nullfläche (Seekartennull / SKN) die Tiefenangaben einer Seekarte bezogen sind, steht unter "Bemerkungen" am Kartenrand bzw. der Legende der Seekarte. In der Ostsee ist beispielsweise der örtliche mittlere Wasserstand als SKN (Seekartennull) festgelegt. In der Nordsee hingegen, gilt seit 2005 die Lowest Astronomical Tide, auch LAT genannt, und bedeutet: Niedrigster möglicher Gezeitenwasserstand bzw. niedrigstes mögliches Springniedrigwasser.

4. SSS Welche Unterlagen / Bücher bzw. Veröffentlichungen braucht man mindestens für die sichere Navigation?

Seekarten, Seehandbücher, Leuchtfeuerverzeichnisse (Admirality list of lights and fog signals), Listen der Revierzentralen, Radarstationen und Yachtfunkdiensten, Gezeitentafeln, Atlas der Gezeitenströme, Handbuch für Brücken und Kartenhaus, Karte 1 / INT 1.

5. SSS Woher bezieht man seinen Bedarf an nautischen Veröffentlichungen?

Von dem BSH (Bundesamt für Seeschifffahrt und Hydrographie). Sowie von dem elektronischen Wasser Informationssystem (ELWIS) -einsehbar im Internet.

Grundkenntnisse — Navigation

6. SSS Wo sind die Bedeutungen und Erklärungen von Abkürzungen und Symbolen in Seekarten zu finden?

In der „Karte 1 / Int.1" des BSH.

7. SSS In welchen Veröffentlichungen findet man Informationen, welche Küstenfunkstelle zu welcher Zeit nautische Warnnachrichten sendet?

Im Yachtfunkdienst und im nautischen Funkdienst Band 1.

8. SSS In welchen Veröffentlichungen findet man nationale Seeverkehrsvorschriften anderer Staaten?

In Seehandbüchern für das zu befahrende Seegebiet / Gewässer.

9. SSS Wer veröffentlicht die Bekanntmachungen für Seefahrer (BfS) und welchen generellen Inhalt haben die BfS ?

Die Bekanntmachungen für Seefahrer (BfS) werden von den Wasser- und Schifffahrtsverwaltungen des Bundes veröffentlicht.

Sie enthalten Angaben über wichtige Maßnahmen und Ereignisse auf den Seeschifffahrtsstraßen und der ausschließlichen Wirtschaftszone, also für die sichere Navigation umfassende Informationen über alles, was auf den Revieren und Küstengewässern Deutschlands an Gefahren und Änderungen beachtet werden muss.

10. SSS Wie werden die Bekanntmachungen für Seefahrer (BfS) der Schifffahrt zur Kenntnis gebracht?

Die BfS werden von den Wasser- und Schifffahrtsverwaltungen des Bundes herausgegeben und an den amtlichen Aushangstellen bzw. über Internet (www.elwis.de) veröffentlicht.

11. SSS In welcher Form werden innerhalb der deutschen Seewarngebiete nautische Warnnachrichten (NWN) ausgestrahlt? Was bedeutet in diesem Zusammenhang (NWN) in einer Meldung das Wort **vital** ?

Nautische Warnnachrichten (NWN) werden von den Verkehrszentralen und der Seewarndienstzentrale Cuxhaven für das gesamte deutsche Warngebiet herausgegeben und über Funk ausgestrahlt. Die Sender Deutschlandfunk und ndr-4 verbreiten alle über Funk abgegebenen NWN und auch andere regional begrenzte Nachrichten, die für die Schifffahrt wichtig sein können, z.B. militärische Übungen; gefährliche Wracks auf den Hauptschifffahrtswegen. (Mittelwelle auf 1269 kHz (bis Ende 2016), ndr-info Spezial Mittelwelle 702 und 972 kHz, NAVTEX, Fernschreiber, *Wetterdecoder*, Internet, etc.)

Navigation — Grundkenntnisse

Vital:
Die NWN erhält den Zusatz „vital", wenn die Warnung auf eine lebensbedrohliche Gefahr hinweist.

---

12. SSS Der Deutsche Nautische Warn- und Nachrichtendienst verbreitet auf unterschiedliche Weise Informationen. Nennen Sie Name, Herausgeber und Erscheinungsweise der jeweiligen Veröffentlichung und geben Sie je ein Beispiel für ihren Inhalt.

Bekanntmachungen für Seefahrer (BfS) werden von zuständigen Wasser und Schifffahrtsbehörden für die Sportschifffahrt herausgegeben und veröffentlicht, z.B. Betonnungsänderung.

Die Nachrichten für Seefahrer (NfS) werden von der BSH herausgegeben (wöchentlich), z.B.: Kartenberichtigungen.

Nautische Warnnachrichten (NWN): Verbreitung wichtiger Gefahrenmeldungen oder sonstiger, besonders dringender Nachrichten bei Bedarf durch Funk über die Seewarndienstzentrale Cuxhaven.

---

13. SSS Was versteht man unter Temporary and Preliminary Notices (T & P – Nachrichten) und wie werden diese in britischen Seekarten eingetragen?

Temporary Notices to Mariners bzw. T-Nachrichten sind Berichtigungen, die über einen **zeitweiligen Zustand** unterrichten und werden durch ein (T) - Temporary- hinter der Nummer der Meldung aufgeführt. Sie geben, wenn bekannt, auch die voraussichtliche Dauer der Maßnahme bekannt.

Preliminary Notices bzw. P-Nachrichten sind Berichtigungen die eine **bevorstehende Maßnahme** ankündigen und werden durch ein (P) - Preliminary- hinter der Nummer der Meldung aufgeführt. Sie geben den voraussichtlichen Zeitpunkt der Durchführung an.

Preliminary und **T**emporary Nachrichten werden grundsätzlich nur mit Bleistift eingetragen, um die Meldung nach Ablauf der Gültigkeitsdauer leicht wieder ausradieren zu können.

---

14. SSS Beschreiben Sie, in welcher Weise in der Seeschifffahrt die bevorstehende Verlegung einer Leuchttonne bekannt gegeben wird und wie Sie diese Nachricht in der Seekarte vermerken/berichtigen. Was ist in diesem Zusammenhang bei neu erworbenen Seekarten zu vermerken?

Die Verlegung einer Leuchttonne wird rechtzeitig durch eine P-Nachricht (Preliminary - Notice) in den **Nachrichten für Seefahrer (NfS)** der Schifffahrt bekannt gegeben.
Eine P-Nachricht wird mit Bleistift in die Seekarte eingetragen, sodass sie ggf. geändert, gelöscht oder endgültig eingetragen werden kann. P-Nachrichten sind in neu gekauften

| Grundkenntnisse | Navigation |

Seekarten nicht eingetragen. Dieses muss nach dem Kauf und vor Gebrauch der Seekarte vom Nutzer erfolgen, z.B. aus den Nachrichten für Seefahrer (NfS) oder den Notices to Mariners (NTM).

15. SSS Wer ist für die Berichtigung von Seekarten in der Berufs- und Sportschifffahrt verantwortlich?

Für die Aktualität und Richtigkeit der nautischen Unterlagen (u.a. Seekarten, Seehandbücher, Leuchtfeuerverzeichnisse, Tidenkalender, Gezeitenstromtabellen und Atlanten etc.) ist laut Schiffsicherheitsverordnung der Schiffsführer an erster Stelle verantwortlich.

16. SSS Beschreiben Sie die Ausführung der Berichtigung einer NfS-Meldung (hier: Tonnenverlegung).

Ausführung der Berichtigung:

Jede der neu angegebenen Positionen ist mit einem kleinen Kreis zu versehen.

Die vorhandenen Tonnen und die dazugehörigen Angaben werden mit einem Kreis versehen, von dem aus ein geschwungener Pfeil zu dem Kreis auf der neuen Position gezeichnet wird.

Die vorhandenen Tonnen sind kreuzweise, aber lesbar bleibend, durchzustreichen.

17. SSS/SHS Sie haben im Hafen eine neue britische Seekarte gekauft. Was ist von Ihnen vor Inbetriebnahme dieser Seekarte zu beachten?

Beim Kauf von Seekarten gibt ein Stempel Auskunft über den Berichtigungsstand. Alle späteren Berichtigungen müssen durch den Käufer nach dem Kauf und vor Benutzung eingearbeitet werden.

Vor Inbetriebnahme sind die zwischen dem Datum des Berichtigungsstandes und dem aktuellen Benutzungsdatum liegenden NTM (Notices to Mariners) durchzusehen, ob und inwieweit die Seekarte vom Nutzer zu berichtigen ist.

Auf jeden Fall müssen die P- und T-Nachrichten (Preliminary & Temporary Notices) eingetragen werden, da die Berichtigungsdienste dies nicht durchführen.

KURSUMWANDLUNG

18. SSS Beschreiben Sie die drei Himmelsrichtungen (Nordrichtungen).

Rechtweisend Nord (rwN):

Ist die Nordrichtung des Ortsmeridians, also die Richtung hin zum geographischen Nordpol.

Missweisend Nord:

Ist die Nordrichtung zum magnetischen Nordpol, in die eine vom magnetischen Schiffsfeld unbeeinflusste Kompassnadel an Bord zeigt.

Magnetkompass Nord:

Ist die magnetische Nordrichtung, in die eine vom magnetischen Erdfeld und dem Schiffsmagnetismus (Eisenmassen des Schiffes) beeinflusste Kompassnadel an Bord zeigt.

19. SSS Was bedeutet „Kurs über Grund" (KüG)?

Winkel zwischen rechtweisend Nord und der Richtung des Weges über Grund. Auch Kartenkurs (KK) genannt.

20. SSS Was bedeutet „Fahrt über Grund" (FüG)?

Die im Voraus bestimmte oder nach einer bestimmten Fahrzeit ermittelte Geschwindigkeit des Schiffes im Verhältnis zum Meeresgrund.

$$\text{Geschwindigkeit (kn)} = \frac{\text{Distanz (sm)}}{\text{ZEIT (min)}}$$

21. SSS Welchen Winkel beschreibt der Magnetkompasskurs (MgK)?

MgK (Magnetkompasskurs) ist der Winkel zwischen Magnetkompassnord (MgN) und der Rechtsvorausrichtung des Fahrzeugs.

22. SSS Welcher Kurs entspricht dem Winkel zwischen Rechtvorausrichtung und rechtweisend Nord?

Der Winkel zwischen Rechtvorausrichtung des Fahrzeugs und rechtweisend Nord ist der rechtweisende Kurs (rwK).

Kursumwandlung — Navigation

23. SSS Wodurch entsteht die Magnetkompass-Ablenkung und weshalb ist sie vom Kurs des Schiffes abhängig?

Die Ablenkung (Deviation) des Kompasses wird verursacht durch das gesamt magnetische Feld eines Schiffes sowie einzelner magnetischer Eisenteile an Bord, die sich in der Nähe vom Aufstellungsort des Kompasses befinden können. Die Vektor des magnetischen Erdfeldes und der Vektor des magnetischen Schiffsfeldes wirken gemeinsam auf die Kompassnadel ein. Wird das Schiff „gedreht", so verändert sich allein die Richtung des magnetischen Schiffsvektors und damit auch die Richtung des magnetischen Gesamtvektors (bestehend aus magnetischen Erdfeld und magnetischen Schiffsfeld) was zur Entstehung der Ablenkungskurve (Deviationskurve) des Kompasses führt. Die Ablenkung/Deviation ist somit kursabhängig.

Wenn beide Vektoren in eine Richtung zeigen, wird die Richtkraft des Kompasses gestärkt, und wenn sie entgegengesetzt stehen wird die Richtkraft geschwächt (Er schwingt z.B. langsam ein) Diese Gefahr ist besonders beim Kompensieren des Kompassortes zu beachten, damit die Richtkraft des gesamten magnetischen Feldes nicht zu stark durch die Kompensierungsmagnete beeinflußt bzw. geschwächt wird.

24. SSS Weshalb unterscheidet man zwischen Steuertafel und Ablenkungstafel?

Die Ablenkungstabelle hat im Prinzip zwei Einstiegsspalten: eine für die Korrektur des Magnetkompasskurses (MgK), genannt Ablenkungstafel, die andere für die Berichtigung des missweisenden Kurses (mwK) genannt Steuertafel.

25. SSS Erklären Sie die „Missweisung". Wovon ist die Missweisung abhängig?

Die Missweisung ist der Winkel zwischen dem magnetischen und dem geographischen Nordpol. Die Missweisung ist zeit- und ortsabhängig. Sie wird der Seekarte entnommen (Kompassrose) und muss auf das aktuelle Jahr der Benutzung korrigiert werden.

26. SSS Erklären Sie den missweisenden Kurs (mwK).

Kurswinkel zwischen der Richtung des magnetischen Erdfeldes und der Rechtvorausrichtung des Fahrzeuges. Ist die Ablenkung der Kompassnadel von der geographischen Nordrichtung nach rechts bzw. Ost gerichtet erhält die Mißweisung das Vorzeichen plus (+), ist sie nach Westen bzw. nach links abgelenkt erhält sie das Vorzeichen (-).

rwK + Mw = mwK

Missweisung (MW) = rechtweisender Kurs (rwK) – missweisender Kurs (mwK)

Beispiel:
Mw = rwK 240° - mwK 245°
Mw = -5 °

Navigation — Kursumwandlung

27. SSS Was bedeutet Magnetkompassablenkung?

Magnetkompassablenkung (Abl) ist der Winkel zwischen missweisend Nord und Magnetkompass Nord.

Ausgehend von missweisend Nord nach Osten mit der Benennung E (Vorzeichen plus) und nach Westen mit der Benennung W (Vorzeichen minus).

Ablenkung der Nadel geht nach rechts oder östlich, dann ist das Vorzeichen (+).
Ablenkung der Nadel geht nach links oder westlich, dann ist das Vorzeichen (-).

28. SSS Was ist die Fehlweisung?

Die Fehlweisung (Fw) ist der Winkel zwischen rechtweisend Nord und Magnetkompass Nord.

Ausgehend von rechtweisend Nord nach Osten mit der Benennung E (**Vorzeichen plus**) und nach Westen mit der Benennung W (**Vorzeichen minus**).

Fw = Mw + Abl
Die Fehlweisung ist die Summe aus Ablenkung und Missweisung.

29. SSS Was ist die Magnetkompassfehlweisung (MgFw)?

Magnetkompassfehlweisung (Fehlweisung) ist die Summe aus Magnetkompassablenkung und Missweisung. Auch hier gilt:

Fw = Mw + Abl

30. SSS Woher erhält der Navigator die aktuellen Stromangaben?

Aus Gezeitentafeln und Gezeitenstromatlanten.

31. SSS Wovon hängt die Windversetzung ab? Woher erhält der Navigator den aktuellen Wert?

Windversatz hängt ab von:

- Windstärke
- Schiffstyp
- Besegelung
- Kurs zum Wind
- Fahrt durchs Wasser und Seegang

Kursumwandlung — Navigation

Den aktuellen Wert für Windversetzung erhält der Navigator aus der **Tabelle für Anhaltswerte für Windversetzung**.

Merkregel für die Vorzeichen des Wind/Stromversatzes:

Wird das Schiff nach rechts (Stb) versetzt, dann ist das Vorzeichen (+).
Wird das Schiff nach links (Bb) versetzt, dann ist das Vorzeichen (-).

---

32. SSS Welches Vorzeichen hat die Beschickung für Wind bei Wind von Stb und warum?

Negativ, weil das Schiff zum kleineren Kurswert (Kompasswert) driftet.

---

33. SSS Setzt der Strom in oder kommt er aus der angegebenen Richtung?

Der Strom setzt **in** der angegebenen Richtung.

---

34. SSS Was bedeutet im Rahmen der Kursumwandlung die „Beschickung für Wind und Strom"?

Der Winkel zwischen Rechtvorausrichtung des Fahrzeugs und der tatsächlichen oder beabsichtigten Bewegungsrichtung des Schiffes. **Wichtig**: Kurs durch Wasser ist die Summe aus rechtweisendem Kurs und Beschickung für Wind (BW)/(Windversatz). Der Kartenkurs (KaK)/Kurs über Grund (KüG) ist die Summe aus dem Kurs durch Wasser (KdW) und Beschickung für Strom (BS).

```
MgK
Abl    +
-------
MwK
Mw     +
-------
RwK
BW     +
-------
KdW
BS     +
-------
KaK / KüG
```

Navigation

Koppeln, Besteckversatz, Distanz

---

35. SSS/SHS Um die Ablenkungstabelle zu erstellen, muss das Schiff an einem Kompensierdalben **manövriert** werden. Beschreiben Sie den Ablauf des Manövers, und erklären Sie das Prinzip der Kompass-Kontrolle mit Hilfe von Kompasspeilung.

Manöver Ablauf:

Die Yacht wird mit der Vorspring an einem Kompensierdalben fest gemacht.
Man kuppelt dann, gut abgefendert, vorsichtig in die Vorspring ein und hält mit Gegenruder das Schiff stabil auf Kurs. Auf diese Weise fest gemacht, lässt sich das Schiff beliebig in kleinen Winkeln schwenken.
Da sich bei der Kompasspeilung die Ablenkung NICHT auf den Betrag der Peilung, sondern auf den anliegenden Kompasskurs bezieht, kann man die Yacht nach und nach drehen und über die gleiche Peilung, die Ablenkung des jeweils anliegenden Kompasskurses prüfen.
Die einzelnen Peilungswerte bewegen sich, lediglich durch die kleinen Unterschiede der Ablenkung variiert, immer um den gleichen Grundwert.

KOPPELN, BESTECKVERSATZ, DISTANZ

---

36. SSS Was bedeutet im Rahmen der Navigation der **Koppelort (O_k)** ?

Der, von einem bekannten Ort ausgehend, durch Zeichnung und/oder Rechnung, unter Berücksichtigung aller vorhersehbaren Einflüsse, den Strom eingeschlossen, ermittelte Ort des Fahrzeugs.

---

37. SSS Was bedeutet im Rahmen der Navigation der **Loggeort (O_l)** ?

Der, von einem bekannten Ort ausgehend, durch Zeichnung oder Rechnung, unter Berücksichtigung aller vorhersehbaren Einflüsse, jedoch den Strom ausgenommen, ermittelte Ort des Fahrzeugs.

---

38. SSS Was bedeutet im Rahmen der Navigation der **beobachtete Ort (O_b)** ?

Der mit Hilfe eines Ortsbestimmungsverfahrens ermittelte Ort des Fahrzeugs.

---

39. SSS Was bedeutet **Besteckversetzung (BV)**?

Richtung und Entfernung vom Koppelort zum beobachteten Ort.

40. SSS Wie errechnet sich die voraussichtliche Ankunftszeit an einem Zwischenziel (Formel)?

$$\text{ZEIT (min)} = \frac{\text{Distanz (sm)} \times 60}{\text{Geschwindigkeit (kn)}}$$

41. SSS In der Regel ist der Kartenkurs ein Kurs über Grund (KüG). Unter welchen Umständen kann er auch ein Kurs durchs Wasser (KdW) oder ein rechtweisender Kurs (rwK) sein?

Wenn kein Strom setzt, dann ist der KdW (Kurs durchs Wasser) zugleich KüG und wenn auch keine Windversetzung besteht, ist der rwK zugleich KüG.

PEILEN, LOTEN, FEUER IN DER KIMM, TERRESTRISCHE KOMPASSKONTROLLE

42. SSS Was ist die Magnetkompasspeilung (MgP)?

Der Winkel zwischen Magnetkompass Nord und der in die Horizontalebene projizierten Richtung zum Objekt.
Anders ausgedrückt: Der Winkel gemessen in der Horizontalebene zwischen Magnetkompass Nord und der Richtung zum gepeilten Objekt.

43. SSS Was ist die missweisende Peilung (mwP)? Was ist eine rechtweisende Peilung?

Missweisende Peilung:

Der Winkel zwischen missweisend Nord und der in die Horizontalebene projizierten Richtung zum Objekt bzw. der Winkel in der Horizontalebene gemessen zwischen missweisend Nord und der Richtung zum Objekt

Rechtweisende Peilung:

Der Winkel zwischen Rechtweisend Nord und die in der Horizontalebene projizierten Richtung zum Objekt bzw. der Winkel in der Horizontalebene gemessen zwischen rechtweisend Nord und der Richtung zum gepeilten Objekt.

Navigation — Peilen, Loten, Ter. Kompasskontrolle

44. SSS Was ist eine Seitenpeilung (SP) ?

Der Winkel zwischen der Rechtvorausrichtung des Fahrzeugs und der in die Horizontalebene projizierten Richtung zum Objekt: Mit dem Zusatz Steuerbord (Stb) oder Backbord (Bb). Dabei ist eine halbkreisige Zählung (000° bis 180°) zulässig/üblich.

Anders ausgedrückt:
Der Winkel in der Horizontalebene gemessen zwischen der Rechtvorausrichtung des Fahrzeuges und der gepeilten Richtung zum Objekt. Die gepeilte Richtung wird normalerweise von 0° bis 360° als Vollkreis gezählt. Aber es gibt auch die halbkreisige Zählweise 180° nach Stb mit dem Vorzeichen (+) und nach Bb mit dem Vorzeichen (-).

45. SSS Was ist eine Kreuzpeilung ?

Unter Kreuzpeilung bezeichnet man die Bestimmung des Schiffsortes aus den Peilungen zweier Objekte kurz nacheinander, welche in einem möglichst rechten Winkel zueinander stehen. Der Schnittpunkt beider Peilungen, die gleichzeitig zwei Standlinien des Schiffes sind, ergeben den Schiffsort.

46. SSS Erklären Sie das Prinzip einer Versegelungspeilung.

Bei einer Versegelungspeilung erhält man den Schiffsort, indem man die erste Standlinie parallel um den Betrag der Versegelung in Richtung des Kurses verschiebt.

Der Schnittpunkt der verschobenen ersten mit der zweiten Peilungslinie ist der beobachtete Ort (O_b) zum Zeitpunkt der zweiten Peilung. Hinweis: Versegelungsfehler im Standort möglich, da die Geschwindigkeit des Schiffes normalerweise stets geloggt ist.

47. SSS Worin liegen die Fehlerquellen beim Peilen mit einem Handpeilkompass ?

In der unruhigen Hand und an der an verschiedenen Beobachtungspunkten an Deck nicht bekannten magnetischen Ablenkung (Deviation).

Nur der Standort des fest aufgestellten Schiffskompass ist kompensiert und seine Ablenkungen sind übereinstimmend mit der Deviationstabelle. Bei jedem Peilen an einem anderen Ort entsteht ein unbekannter Peilfehler.

48. SSS Gewährt ein entferntes oder ein näher liegendes Peilobjekt die bessere Genauigkeit?

Ein näher liegendes Peilobjekt.

49. SSS Unter welchen Gesichtspunkten wählt man ein Peilobjekt aus?

Um den Versegelungsfehler möglichst gering zu halten:

- Geringstmögliche Entfernung zum Peilobjekt.
- Das Peilobjekt muss in der Seekarte eindeutig erkennbar sein.
- Bei der Kreuzpeilung müssen beide Objekte so ausgewählt werden, dass sie möglichst im rechten Winkel zueinander stehen. Dabei müssen beide Objekte möglichst kurz hintereinander angepeilt werden.

50. SSS Wo wählt man den Standort in einem Fehlerdreieck?

Den Standort wählt man allgemein im Flächenschwerpunkt des Dreiecks.

51. SSS Wie bestimmt man die Ablenkung am Magnetkompass bei verschiedenen Kursen?

Durch einen Vergleich der rechtweisenden Peilung mit der Magnetkompasspeilung.
Die Lösung erfolgt in zwei Schritten:

Im ersten Schritt erhält man die gesamte Fehlweisung beim anliegenden Kurs (Fw).

In einem zweiten Schritt extrahiert man aus der gesamten Fehlweisung (Fw) die Ablenkung (Deviation), indem man die Missweisung (Mw) algebraisch addiert (mit umgekehrtem Vorzeichen).

Rechenschema: Die rwP immer in die erste Zeile

Beispiel :
  rwP   = 320°
  mgP   = 330°   gegeben: Mw(-5°), mgK = 50°
  ....
  Fehlweisung (fw)   = - 10°
  - Mw   =   +5° (algebraisch addiert)
  ....
  Ablenkung (Deviation) =   -5°

Navigation — Peilen, Loten, Ter. Kompasskontrolle

52. SSS/SHS Rekapitulieren Sie das praktische Peilverfahren unter Einsatz der Peilscheibe.

Die Peilscheibe misst den Seitenwinkel des Peilobjekts von der Rechtsvorausrichtung des Fahrzeugs aus und zwar im Uhrzeigersinn. Da die Rechtsvorausrichtung dem rechtweisenden Kurs entspricht, ist die rechtweisende Peilung die Summe aus rechtweisendem Kurs und Seitenpeilung: **RwK + SP = RwP**.

Die Peilscheibe dient somit zum Anpeilen von Landmarken, Seezeichen, Gestirnen und schwimmenden Objekten. Dabei wird die horizontale Richtung zum Peilobjekt als Seitenpeilung abgelesen. Die Halterung der Peilscheibe ist so angebracht, dass die 360°-Markierung exakt in Vorausrichtung des Schiffes weist und man möglichst freie Sicht auf das Peilobjekt hat. Man schaut durch das Diopter und liest auf der Scheibe die Richtung zum Objekt ab.

53. SSS Wie ermittelt man die jeweilige Ablenkung für einen recht voraus auf ein Peilobjekt zielenden Kurs?

Die Unterwegsmethode:

Man sucht sich bei sicherem Standort weit voraus eine eindeutige Landmarke und richtet die Yacht genau darauf aus. Dann liest man den Kompasskurs (MgK) ab und vergleicht ihn mit dem Sollkurs in der Karte.

Der MgK muss zu diesem Zweck zu rwK umgewandelt werden:

- Abgelesen	**MgK**	
- Plus nach Tabelle	Abl +	

- Ergibt	mwK	
- Plus nach Seekarte	mw +	

- Ergibt	**rwK**	Muss gleich sein mit rwK Karte.

54. SSS Was ist die „Tragweite" eines Feuers?

Die Tragweite des Feuers ist der Abstand, in dem ein Feuer einen eben noch deutlichen Lichteindruck im Auge des Beobachters hervorruft. Sie hängt ab von der Lichtstärke des Feuers und dem Sichtwert (Lichtdurchlässigkeit der Atmosphäre).

55. SSS Was ist die „Nenntragweite" eines Feuers?

Die Nenntragweite ist die Tragweite eines Feuers für einen definierten Wert (Sichtwert: Faktor 0,74), der einer meteorologischen Sichtweite am Tage von 10 Seemeilen entspricht.

Peilen, Loten, Ter. Kompasskontrolle — Navigation

56. SSS Im deutschen Leuchtfeuer Verzeichnis sind für jedes Leuchtfeuer zwei verschiedene Höhen angegeben. Welche der beiden benutzt man für die Abstandsmessung „Feuer in der Kimm"?

Die Höhe des Feuers über Wasser.

57. SSS Was ist die „Sichtweite" eines Feuers?

Die Sichtweite eines Feuers ist die Entfernung, auf die ein Leuchtfeuer/Licht über die Erdkrümmung (Kimm) hinweg vom Beobachter gesehen werden kann. Sie hängt ab von der Feuerhöhe und von der Augenhöhe des Beobachters.

58. SSS Wie gewinnt man mit dem Verfahren „Feuer in der Kimm" einen Standort?

Mit **einer** Peilung!

Erscheint bei Annäherung ein Leuchtfeuer zum ersten Mal über der Kimm, lässt sich der Abstand zu diesem Feuer (Sichtweite) errechnen. Wird gleichzeitig das Feuer angepeilt, erhält man durch **Peilung und Abstand** den Standort. Aus der Tabelle „Abstand eines Feuers in der Kimm", aus der Karte1/Int-1 oder dem Leuchtfeuer Verzeichnis (LfV) lässt sich leicht unter Berücksichtigung der Augenhöhe des Beobachters und der Höhe des Feuers über Wasser (aus der Seekarte) der Abstand vom Schiff zum Feuer entnehmen bzw. errechnen.

Grobe Formel: $d_{(sm)} = 2 \times \sqrt{h_{Augeshöhe}} + 2 \times \sqrt{h_{Feuerhöhe}}$

59. SSS Was ist ein Richtfeuer? Wie arbeitet es?

Richtfeuer bestehen aus zwei hintereinander aufgestellten Feuern, einem Ober- und einem Unterfeuer. Wenn in Deckung bzw. Deckpeilung, geben Richtfeuer eine in der Seekarte eingetragene Richtung vor (die Richtfeuerlinie) bzw. einen Kurs im Fahrwasser, in eine Hafeneinfahrt oder im freien Seeraum zwischen Untiefen.

60. SSS Unter welchen Umständen sind Kompass-Kontrollen durchzuführen?

Kompass-Kontrollen müssen durchgeführt werden:

- Nach längeren Standzeiten (Winterpause).
- Wegen Veränderungen des magnetischen Feldes auf dem Schiff und in der Nähe des Kompasses.
- Wenn jemand an den Kompensierschrauben gedreht hat oder diese sich verstellt haben, bzw. wenn die Kompensierungsmagnete verändert worden sind.
- Wenn Verdacht besteht, dass die Ablenkungstabelle nicht mehr stimmt.

Navigation — Peilen, Loten, Ter. Kompasskontrolle

61. SSS Wie wird bei einer Kompass-Kontrolle hinreichende Genauigkeit sichergestellt?

Um bei einer Kompass-Kontrolle hinreichende Genauigkeit zu erzielen, sollten am Bugkorb und am Kajütschott im gleichen Abstand von der Mittschiffslinie sogenannte „Peilmarken" angebracht werden. Diese erleichtern die Peilkontrolle bezogen auf die Schiffslängsachse erheblich.

62. SSS Welche besonderen Anforderungen sind während einer Versegelung an die Koppelnavigation zu stellen?

- Genaues Steuern und Koppeln während der Versegelung.
- Beachtung von Wind- und Stromversatz.

63. SSS Wo steckt der Standardfehler bei der Konstruktion eines Standorts mit Hilfe einer versegelten Standlinie, bzw. welches ist der typische Anfängerfehler bei der Standortbestimmung mit Peilungen über den Magnetkompass?

Der Anfänger geht häufig in die Deviationstabelle bei der Ermittlung des Deviationswertes mit der durchgeführten Peilung ein, statt den dabei anliegenden Magnetkompasskurs zu verwenden.
Es muss also der Ablenkungswert des Steuerkompasskurses der **Ablenkungstabelle** entnommen werden und **NICHT** der der Peilung.

64. SSS Kann man sich die gelotete Wassertiefe direkt für die Navigation zu Nutze machen?

Nur in gezeitenlosen Gewässern direkt. Ansonsten muss die ermittelte Wassertiefe beschickt werden.

65. SSS Zählen Sie drei Methoden auf, bei denen die Lotung zu Navigationszwecken benutzt wird.

1. Methode:
Man zeichnet eine Standlinie wie z.B. die Peilung eines Leuchtfeuers in die Karte und benutzt die Wassertiefe als Entfernungsmarke.

2. Methode:
Man kann die Tiefenlinie einer Ansteuerungstonne als Auffanglinie benutzen, um auf ihr entlang zu dieser Tonne zu finden.

3. Methode:
Reihen-Lotung.

66. SSS   Wie koppelt man praktischerweise in Gewässern mit Tidenstrom ?

In Gewässern mit Gezeiten- bzw. Tidenstrom koppelt man praktischerweise in den Stundenintervallen, für welche die Seiten des Stromatlanten gelten.

67. SSS   Erklären Sie das Prinzip / Verfahren des Relingslots.

Relingslot:
Ein Gegenstand wird seitlich voraus ins Wasser geworfen und die Passierzeit des Schiffes gestoppt. Wenn man die doppelte Schiffslänge in Metern durch die Sekundenzahl dividiert, erhält man annäherungsweise die Fahrt durch Wasser in Knoten.

GEZEITENKUNDE / GEZEITENBERECHNUNG

68. SSS   Beschreiben Sie das Prinzip der Entstehung der Gezeiten.

Gezeiten sind Wasserstandsänderungen, die aufgrund der Bahnbewegungen von Erde, Mond und Sonne durch das Zusammenwirken von Massenanziehung und Fliehkraft in Verbindung mit der Erdrotation entstehen.

69. SSS/SHS   Beschreiben Sie das Umdrehungssystem Erde-Mond.

Der Mond umläuft die Erde in durchschnittlich 29,5 Tagen. Dabei kreisen der Mond und die Erde um ihren gemeinsamen Schwerpunkt. Beide Himmelskörper ziehen sich mit ihrer Gravitationskraft an.

Der Gravitationskraft wirken Fliehkräfte entgegen, die durch den Umlauf von Erde und Mond auf ihren Kreisbahnen entstehen. Anziehungskraft und Fliehkraft halten sich die Waage, sodass sich Mond und Erde weder voneinander entfernen noch nähern.

70. SSS/SHS   Wieso ist die Fliehkraft des Systems Erde-Mond an allen Punkten der Erde gleich?

Es scheint auf den ersten Blick nicht einsehbar, wieso die Fliehkraft an jedem Punkt der Erde gleich groß sein soll. Die Fliehkraft ist abhängig vom Abstand zur Drehachse.

Zwar dreht sich der Schwerpunkt der Erde um den gemeinsamen Schwerpunkt von Erde und Mond, aber die anderen Punkte der Erde tun das nicht. Alle Punkte der Erde wandern auf gleich großen Kreisbögen – womit auch die Fliehkraft für alle gleich groß ist.

Navigation
Gezeitenkunde, Gezeitenberechnung

71. SSS/SHS Wie entsteht die Horizontalkraft, die letztlich die Antriebskraft des Gezeitenstroms darstellt?

Es besteht auf der dem Mond zugewandten Seite der Erde ein Überschuss an Anziehungskraft und auf der abgewandten Seite ein Überschuss an Fliehkraft.

Dieser Überschuss wird **Differenzkraft** genannt.

Die Differenzkraft ist absolut gesehen äußerst gering. Eine erkennbare Vertikalbewegung der Wassermassen leistet sie nicht, wohl aber eine Horizontalbewegung:
Die **Horizontalkraft.**

72. SSS/SHS Wo auf dem Globus ist die Horizontalkraft minimal und wo maximal ausgeprägt?

Auf der Grenzfläche zwischen den beiden Erdhälften ist die Horizontalkraft mangels Differenzkraft gleich null. Ebenso beträgt sie im Bildpunkt des Mondes und dessen Gegenpunkt null, da dort die Differenzkraft zum Horizont senkrecht steht. **Dazwischen** erreicht die Horizontalkraft ihr Maximum.

73. SSS/SHS Beschreiben Sie die grundsätzlichen Gezeitenströme, welche durch die Horizontalkraft verursacht werden.

Auf der Erdkugel bewirken die Horizontalkräfte zwei konzentrische Gezeitenströme. Sie führen von der Wasserscheide (Großkreis, welcher die dem Mond zugewandte Seite von jener dem Mond abgewandten Erdhälfte trennt) zum Bildpunkt des Mondes und zu dessen Gegenpunkt.

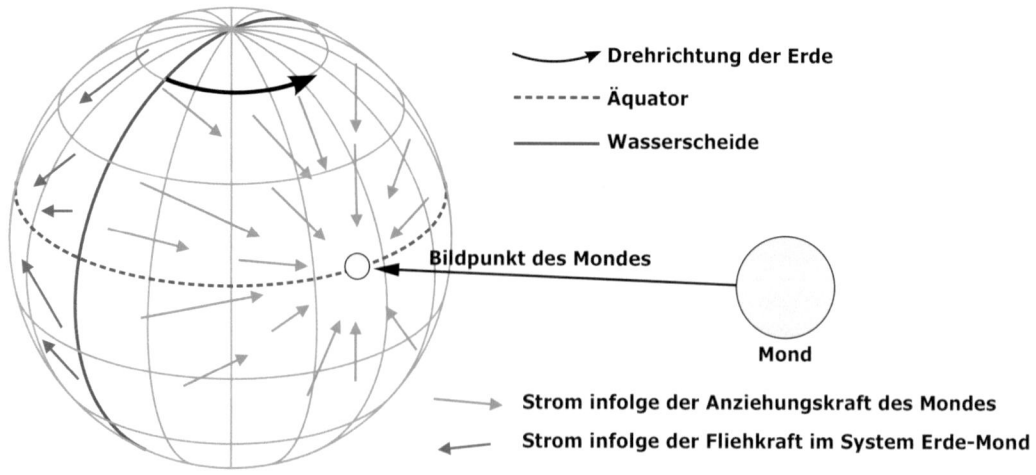

Gezeitenkunde, Gezeitenberechnung — Navigation

74. SSS/SHS Wie lange dauert im Mittel ein Mondtag und wie kommt diese Dauer zustande?

Während die Erde sich einmal um sich selbst gedreht hat, ist der Mond auf seiner Bahn bereits etwa 12° weiter gezogen.

Es dauert im Mittel weitere 50 Minuten bis die Erde wieder mit derselben Stelle unter dem Mond steht. Dieser verlängerte Tag wird **Mondtag** genannt.

Die zweimal während eines Mondtages ablaufenden Gezeiten werden **halbtägige Gezeiten** genannt.

Deshalb täglich die Verschiebung der Gezeiten!

75. SSS Welcher Teil der Gezeit wird als „Tide" bezeichnet?

Unter Tide versteht man den Teil der Gezeit, der sich aus der Flut und der nachfolgenden Ebbe zusammensetzt und von einem Niedrigwasser bis zum folgenden Niedrigwasser reicht.

76. SSS Was versteht man unter dem Begriff Hochwasser?

Hochwasser ist der Eintritt des höchsten Wasserstandes beim Übergang vom Steigen zum Fallen.

77. SSS Was versteht man unter dem Begriff Niedrigwasser?

Niedrigwasser ist der Eintritt des niedrigsten Wasserstandes beim Übergang vom Fallen zum Steigen.

78. SSS Was versteht man unter dem Begriff Flut?

Steigen des Wassers vom Niedrigwasser bis zum folgenden Hochwasser.

79. SSS Was versteht man unter dem Begriff Ebbe?

Fallen des Wassers von einem Hochwasser bis zum folgenden Niedrigwasser.

Navigation — Gezeitenkunde, Gezeitenberechnung

80. SSS Stellen Sie die Zusammenhänge von Höhe der Gezeit, Kartentiefe, Echolotung, Einbautiefe des Wandlers, Tiefgang und Wasser unterm Kiel zeichnerisch dar.

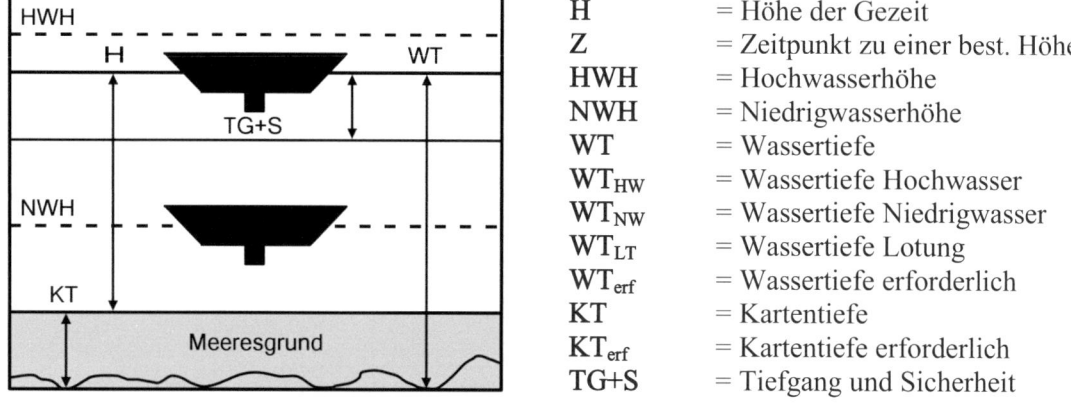

H	= Höhe der Gezeit
Z	= Zeitpunkt zu einer best. Höhe
HWH	= Hochwasserhöhe
NWH	= Niedrigwasserhöhe
WT	= Wassertiefe
WT_{HW}	= Wassertiefe Hochwasser
WT_{NW}	= Wassertiefe Niedrigwasser
WT_{LT}	= Wassertiefe Lotung
WT_{erf}	= Wassertiefe erforderlich
KT	= Kartentiefe
KT_{erf}	= Kartentiefe erforderlich
TG+S	= Tiefgang und Sicherheit

81. SSS Geben Sie an, wofür die Feststellung des Alters der Gezeit (AdG) bei den Gezeiten von Bedeutung ist.

Das Alter der Gezeit (AdG) ist von Bedeutung:

- Für die Bestimmung der Höhenunterschiede (HUG), insbesondere nach Gezeitentafeln (GT),
- für die Wahl der mittleren Tidenkurve (ATT) oder für die Wahl der mittleren Gezeitenwerte unter den Tidenkurven (GT),
- für die Bestimmung von Gezeitenstromstärken.

82. SSS Wie stehen Sonne und Mond in etwa zur Erde bei Springzeit und bei Nippzeit (die Springverspätung soll hier unberücksichtigt bleiben)?

Bei Springzeit befinden sich Mond und Sonne in **einer** Linie mit der Erde, bei Nippzeit bilden Sonne und Mond einen Winkel von 90° zur Erde.

83. SSS Warum findet man z.B. bei Bezugsorten an der Nordsee-Küste bzw. dem englischen Kanal zeitweise nur ein Hoch- bzw. Niedrigwasser pro Tag?

Die Umlaufzeit des Mondes um die Erde dauert im Mittel 24 h 50 min (Mondtag) gegenüber dem Sonnentag von 24 h. Deshalb „rutscht" das letzte Hoch-Wasser (HW) oder Niedrig-Wasser (NW) zeitweise in den nächsten Tag.

84. SSS Weshalb können die tatsächlichen Wasserstände von den Angaben in den Gezeitentafeln zum Teil erheblich abweichen?

Aufgrund der herrschenden Windverhältnisse!
Die Gezeitentafeln können ausschließlich die astronomisch bedingten Gezeiten berücksichtigen und wiedergeben. Tief- und Hochdruckgebiete können mit ihren Winden (Richtung und Stärke) bedeutende Wasserstandsänderungen verursachen bzw. hervorrufen, die zu den „regulären" Gezeiten hinzukommen (Windtide) (sowohl in der Höhe als auch bei der Zeit des Kenterns des Stromes). Dies führt zum Teil zu erheblichen Abweichungen von den Angaben in den Gezeitentafeln bzw. Gezeitenstrom- Tabellen.

85. SSS/SHS Bei welchen Konstellationen von Sonne, Mond und Erde entsteht Springzeit und bei welchen Nippzeit?

Springzeit:
Ist die Zeit (Tag und Uhrzeit), zu der die halbmonatliche Ungleichheit der Hochwasserhöhen ihren größten Wert annimmt.

Bei Voll- oder Neumond ist Springzeit.
Sonne, Erde und Mond stehen auf einer Linie: die gezeitenerzeugenden Kräfte des Mondes werden durch die der Sonne verstärkt. Zur Springzeit werden höhere Hochwasser und niedrigere Niedrigwasser erwartet.

Nippzeit:
Ist die Zeit (Tag und Uhrzeit), zu der die halbmonatliche Ungleichheit der Hochwasserhöhen ihren kleinsten Wert annimmt.

Bei Halbmond ist es Nippzeit.
Bei Nippzeit steht die Sonne zur Verbindungsgeraden Erde - Mond um 90° versetzt und wirkt so den Gezeitenkräften des Mondes entgegen. Zur Nippzeit werden niedrigere Hochwasser und höhere Niedrigwasser erwartet.

86. SSS/SHS Was sind die Ursachen für eintägige, gemischte oder geringfügige Gezeiten?

Die Ursachen für eintägige, gemischte und geringfügige Gezeiten liegen u.a. an:

- der Stellung Erde, Mond und Sonne zueinander,
- der Coriolisablenkung der Gezeitenströme auf der betreffenden Breite durch Erdumdrehung,
- der Tiefwasserwirkung der Gezeitenkräfte,
- den Eigenschwingungen der Wassermassen in dem betreffenden Meeresbecken,
- der Küsten- und Bodenformen,
- der Interaktion mit den einmündenden Ozeanen.

Navigation — Gezeitenkunde, Gezeitenberechnung

87. SSS/SHS Erklären Sie im Rahmen der Gezeitenerscheinungen die Mittzeit (MtZ).

Mittzeit ist eine zwischen Spring- und Nippzeit liegende Zeitspanne. Sie beginnt zwei Tage nach Springzeit und dauert drei Tage.

88. SSS/SHS Erklären Sie im Rahmen der Gezeitenerscheinungen die Springverspätung (SpV) und ihre Ursache.

Springverspätung ist der **Zeitunterschied** zwischen Voll- bzw. Neumond und der nächsten Springzeit. Sie ist von Ort zu Ort leicht verschieden und kann mehrere Tage betragen.

Ihre Ursache liegt in der Trägheit der schwingenden Wassermassen.

Es ist so, dass die Wassermassen der Nordsee verzögert mit den Wassermassen des Atlantik mitschwingen, das heißt, es ist nicht genau zur Zeit des Neumondes Springzeit. Vielmehr tritt die Springzeit erst nach Ablauf einer Verzögerungszeit, der **Springverspätung (SpV)** ein. (von BSH Gezeitentafeln, Tafeln, Tafel 1a + Tafel 3a).
In der Deutschen Bucht beträgt die Springverspätung zum Beispiel mehr als einen Tag.

89. SSS Wie entsteht der Tidenhub im Rahmen der Gezeitenerscheinungen?

Die Gezeitenströme werden als primäres Gezeitengeschehen bezeichnet.
Wo sie sich stauen, steigt der Wasserstand **(Tidenhub)**.

Beim Stau wird die kinetische Energie in potentielle Energie umgewandelt und es treten Tidenhübe bis zu 12m auf. Man bezeichnet das Steigen und Fallen des Wasserstandes als sekundäres Gezeitengeschehen, da es aus den Gezeitenströmen resultiert.

90. SSS/SHS Erklären Sie, warum die täglichen Ungleichheiten unterschiedlich stark auftreten.

Tägliche Ungleichheit oder auch Deklinationsungleichheit wird verursacht, weil sich die Neigung der Umlaufbahn des Mondes gegenüber der Äquatorfläche fortlaufend verändert, wobei in knapp 19 Jahren Werte von −28° bis +28° durchlaufen werden.

Dadurch wandern der Bildpunkt des Mondes und dessen Gegenpunkt auf entgegengesetzten Hemisphären.

91. SSS Weshalb weichen die tatsächlichen Wasserstände häufig von den aus den Gezeitentafeln entnommenen ab?

Die Ursache liegt überwiegend in Dauer, Richtung und Stärke des vorherrschenden Windes (Windtide), welcher teilweise massive Änderungen des Wasserstandes hervor-

Gezeitenkunde, Gezeitenberechnung — Navigation

rufen kann, die zu den Gezeiten hinzukommen.

Eine weitere Ursache, wenn auch in viel geringerem Maße, ist der Luftdruck.

92. SSS Wie ermittelt man nach ATT das Alter der Gezeit?

Man sucht im Kalendarium des Bezugsorts, den dem Stichtag am nächsten liegenden Voll- oder Neumond. Zu diesen Daten addiert man die Springverspätung. An diesem Datum um 12:00 Uhr liegt die Mitte der Springzeit. Sie gilt zwei Tage davor und danach. Weitere drei Tage davor und danach gilt die Mittzeit und jenseits davon Nippzeit.

93. SSS Welche Vorteile bringt die Umstellung des Seekartennulls auf "LAT"?

LAT steht für Lowest Astronomical Tide und heißt "niedrigstmöglicher Gezeitenwasserstand". Dieses einheitliche SKN (Seekartennull) liegt etwas tiefer als die meisten bisherigen Bezugsebenen, wodurch sich die Sicherheit erhöht. Dadurch findet man in der Regel mehr Wasser an einem bestimmten Ort als die Kartentiefe angibt.

94. SSS Wie müssen Kartentiefen aus noch nicht auf LAT umgestellten Seekarten korrigiert werden, um sie mit den aktuellen Gezeitentafeln zu verwenden?

Die LAT liegt durchschnittlich etwa 0,5 Meter tiefer als die bisherigen deutschen Seekarten (sie bezogen sich bisher auf das mittlere Springniedrigwasser). Möchte man mit solchen Karten und den bereits umgestellten Gezeitentafeln arbeiten, müssen die Kartentiefen auf LAT, wie folgt umgerechnet werden:

Wassertiefe laut Karte minus 0,5 m = Wassertiefe LAT.

95. SSS Wie werden in der LAT die "seasonal changes" bei der Ermittlung der Gezeitenwerte eines Standardports berücksichtigt?

Seasonal changes (bestimmte jahreszeitliche Abweichungen) beeinflussen entsprechend die Hoch- und Niedrigwasserzeiten und Stände. Diese sind nach zusammengefaßten Nummern von Standard und Secondaryports in Part II am Ende der jeweiligen Seite zu finden.

96. SSS Im welchem Verhältnis stehen die Bezugsorte (Standardports) und Anschlussorte (Secondaryports) zueinander?

Bezugsorte (Standardports) werden entlang der Küstenstriche in größeren Abständen angegeben. Die Anschlussorte (Secondaryports) werden zwischen den Bezugsorten angegeben.

Navigation — GPS, Wegpunktnavigation

97. SSS Worin unterscheiden sich Schifffahrtspegel und Betriebspegel ?

Schifffahrtspegel sind für die Schifffahrt aufgestellte Pegel (Wasserstandsmesser), deren Nullpunkt mit dem örtlichen Kartennull übereinstimmt. Daher können die abgelesenen Wasserstände als Höhen unmittelbar zu den Tiefenangaben der Seekarte hinzugefügt werden. Diese Pegel sind durch ein Schild mit der Aufschrift Schifffahrtspegel gekennzeichnet.

Alle übrigen Pegel sind unbezeichnet und heißen Betriebspegel.

Ihre Nullpunkte liegen gewöhnlich 5m unter Normalnull.

98. SSS Welchem Zweck dienen die mittleren Tidenkurven ? Wo findet man sie abgedruckt? Inwiefern müssen sie zum Gebrauch angepasst werden?

Die mittleren Tidenkurven (Spring und Nippzeitkurve / Meanspring and Nipp curves) braucht man, um die Höhe der Wasserstandsänderungen zwischen den Hoch- und Niedrigwasserzeiten berechnen zu können. Sie sind für jeden Bezugsort in Gezeitentafeln der BSH oder ATT (Admirality tide tables) abgedruckt.

Diese über das Jahr gemittelten Kurven werden rechnerisch oder grafisch gestaucht oder gestreckt, sodass ihre Scheitelwerte den aktuellen Hoch- bzw. Niedrigwasserzeiten und Höhen entsprechen.

99. SSS Welcher Zeitzone entspricht der Ausdruck „Time Zone – 0100" in den Admirality Tide Tables (ATT)?

„Time Zone – 0100 „ entspricht UTC + 1 oder MEZ bzw. „ time Zone – 0200" entspricht UTC + 2 oder MESZ.

GPS / WEGPUNKTNAVIGATION

100. SSS Was bedeutet WGS 84 und was wird damit erreicht?

Globales Bezugssystem "World Geodetic System 1984"
Mit diesem System (=Referenzellipsoid bei GPS) wird weltweit eine optimale Anpassung an die reale Form des gesamten Erdkörpers erreicht.

Navigation

GPS, Wegpunktnavigation

101. SSS In der Broschüre "Sicherheit im See und Küstenbereich, Sorgfaltsregeln für die Sportschifffahrt" werden Ausführungen zum nicht gewährleisteten störungsfreien Rundumempfang der an Bord installierten GPS-Antenne gemacht. Nennen Sie die Gründe und geben Sie an wie sich diese Störungen/ Abschattungen auf den wahren Ort auswirken können.

GPS ist unter optimalen Bedingungen ein sehr genaues Navigationsverfahren. Man kann aber im Allgemeinen nicht davon ausgehen, dass die an Bord installierten GPS-Antennen einen störungsfreien Rundumempfang garantieren.
Es ist mit Störungen zu rechnen, die sich aus Abschattungen durch Schiffsaufbauten oder aus Einstrahlung anderer Antennen (einschließlich Radar) in die GPS-Antenne ergeben; sie können erfahrungsgemäß bei einzelnen GPS-Anlagen Abweichungen vom wahren Ort in der Größenordnung bis zu 5 kbl hervorrufen!

102. SSS Wie kann man feststellen, ob die GPS-Position genau bzw. zuverlässig ist?

- Durch den vom Empfänger angezeigten HDOP (Genauigkeit in Metern).
- Durch die vom Empfänger angezeigte Anzahl der empfangenen bzw. getrackten Satelliten.
- Durch Vergleich mit anderen Navigationssystemen und Koppeln.

103. SSS Warum muss in der GPS-Navigation das jeweilige Kartendatum unbedingt berücksichtigt werden und welche Differenzen können zwischen WGS 84 und anderen Bezugssystemen auftreten?

Weil sich das von GPS verwendete Bezugssystem WGS 84 (World Geodetic System 1984) von anderen verwendeten Bezugssystemen (Kartendatum) unterscheiden kann. Die Differenzen von Breite und Länge liegen im Allgemeinen in einer Größenordnung von 0,1" bis 1' kbl , also etwa von 20 bis 200 m. Es können größere Unterschiede auftreten.

104. SSS GPS: Machen Sie Angaben zu diesem Navigationssystem über folgende Punkte:
- Räumliche und zeitliche Verfügbarkeit,
- aktuelle Genauigkeit für die zivile Schifffahrt (ohne DGPS) (eine reine Meterangabe reicht als Antwort nicht aus!),
- Bezugssystem GPS/Seekarte und daraus möglicherweise entstehenden Probleme und Konsequenzen für den Skipper.

GPS:
Kann **sowohl am Boden als auch in der Luft weltweit** genutzt werden.
Es steht für die Ortsbestimmung **zeitlich unbegrenzt** zur Verfügung.

Navigation
GPS, Wegpunktnavigation

Die Genauigkeit für die zivile Nutzung beträgt seit Mai 2000 ca. 10m-20m bei 95% Wahrscheinlichkeit.

Die Positionsangaben der GPS-Geräte sind auf das World Geodetic System (WGS 84) bezogen. WGS 84 differiert zum Teil nicht unerheblich von vielen in den Seekarten benutzten Bezugssystemen. Es wurden Differenzen festgestellt, die ggfs. berücksichtigt werden müssen.

Daher müssen in Küstennähe und insbesondere auf Seeschifffahrtsstraßen die Schiffsorte durch andere Verfahren (Radar, Kreuzpeilung etc.) kontrolliert werden.

---

105. SSS Man drückt beim Überbordfallen eines Besatzungsmitgliedes in der Elbmündung sofort die MOB-Taste des GPS-Navigator. Welche Informationen liefert das Gerät laufend?

Es werden laufend Peilung und Abstand zu der festgestellten Position angezeigt.

---

106. SSS Kann z.B. bei Dunkelheit in jedem Fall damit gerechnet werden, das Besatzungsmitglied auch an der angezeigten Position zu finden? (Begründung erforderlich!)

Grundsätzlich nein. Wenn in einem Gebiet mit starkem Strom, z.B. in der Elbmündung, jemand über Bord fällt, ist mit einem entsprechend schnellen Abtreiben zu rechnen. Damit ist die im GPS angezeigte Position nur noch ein Anhaltspunkt. Die Position wird umso ungenauer, je mehr Zeit vergeht.

---

107. SSS/SHS Was bedeutet die Aussage „die Ortgenauigkeit der durch GPS-Geräte ermittelten Positionen beträgt 10-20 Meter mit einer Wahrscheinlichkeit von 95%"?

Das Schiff befindet sich mit einer Wahrscheinlichkeit von 95% in einem Fehlerkreis von 20 Meter Radius um den beobachteten Ort. Also jede 20. Ortsbestimmung (5%) ist ungenauer als 20 Meter.

---

108. SSS/SHS Begründen Sie, warum das Satellitennavigationssystem GPS für Navigationszwecke räumlich und zeitlich unbegrenzt zur Verfügung steht.

Es gibt 6 Satellitenumlaufbahnen mit jeweils 4 Satelliten (3 dieser 24 Satelliten sind Reservesatelliten).

Es sind von jedem Beobachtungsort aus auf der Erde zu jeder Zeit mindestens 3 Satelliten „sichtbar" (dreidimensionale Ortsbestimmung).

Da die Satelliten ständig senden, ist eine zeitlich unbegrenzte Nutzung sichergestellt.

GPS, Wegpunktnavigation — Navigation

109. SSS/SHS Wie groß ist die typische und realistische Genauigkeit von Positionen, die mit GPS oder DGPS ermittelt werden?

GPS :
10m bis 20m bei einer Wahrscheinlichkeit von etwa 95%

DGPS :
1m bis 10m bei einer Wahrscheinlichkeit von etwa 95%

110. SSS/SHS Was verstehen Sie unter **DGPS** ?

Differential Global Positioning System.
Hierbei handelt es sich um eine regionale Verbesserung der Ortsbestimmung durch über Funk verbreitete Korrekturen der im Rahmen des GPS-Systems gemessenen Distanzen.

Genauigkeit:
DGPS-Orte liegen zu 95% in einem Fehlerkreis von 1m bis 10m Radius um den beobachteten bzw. wahren Ort.

111. SSS/SHS Wie kann man feststellen, ob die GPS-Position genau bzw. zuverlässig ist?

- Durch den vom Empfänger angezeigten HDOP,
- durch die vom Empfänger angezeigte Anzahl der getrackten (erfassten) Satelliten,
- durch Vergleich mit anderen Navigationssystemen bzw. Ortsbestimmungsverfahren und der Koppelposition.

112. SSS/SHS Was versteht man, im Rahmen der GPS-Navigation, unter den Begriffen XTE (Cross Track Error) und SA (Selective Availability) ?

Cross Track Error (XTE) ist die senkrecht zur Kurslinie (track) zwischen zwei Wegpunkten (WP) gemessene Versetzung.
Der Cross Track Error kann auch bestimmt werden, wenn nur ein einziger WP verwendet wird.

Als erster WP dient dann die Position, auf welcher das Schiff zum Augenblick der Aktivierung des Wegpunktes stand.

Selective Availability (SA) bedeutet „eingeschränkte Verfügbarkeit".

Damit ist gemeint, dass nicht autorisierte Nutzer, in der Regel also die zivilen Nutzer, nicht die volle Systemgenauigkeit von GPS zur Verfügung haben.

Navigation

GPS, Wegpunktnavigation

113. SSS/SHS Wie kann man mit dem GPS Navigator die Fahrt über Grund bestimmen? Worauf ist dabei zu achten?

GPS Empfänger ermitteln etwa alle 2 bis 3 Sekunden eine Position.
Daher kann aus der Positionsänderung und der abgelaufenen Zeit die Fahrt über Grund (FüG) berechnet werden. (Wegen der Streufehler muss man das Gerät einen Mittelwert über einen längeren Zeitraum feststellen lassen).

114. SSS/SHS Was ist bei der Auswahl eines Standortes für die GPS-Antenne auf einem Schiff zu beachten?

Bei stationären Anlagen sollte die GPS-Antenne nicht im Bereich der Hauptkeule des Radars oder einer Inmarsat-Antenne installiert werden. Es ist darauf zu achten, dass Abschattungen, z.B. durch Masten oder Aufbauten, vermieden werden. Ferner darf die Antenne nicht zu hoch angebracht werden, da sonst bei stärker arbeitendem Schiff und großer Krängung Signalverluste eintreten können.

115. SSS/SHS Ein Crewmitglied fällt in der Elbmündung bei Dunkelheit über Bord und man drückt sofort die MOB-Taste des GPS-Navigators.

Welche Informationen liefert ihnen das Gerät danach laufend?
Kann in jedem Fall auch damit gerechnet werden, das Crewmitglied auch auf der angezeigten Position zu finden?
Begründen Sie ihre Antwort.

Es werden laufend Peilung und Abstand zu der festgehaltenen Position geliefert. In der Elbmündung läuft zeitweise starker Strom. Es ist mit einem entsprechend schnellen Abtreiben der Person zu rechnen, wobei man die Person bei Dunkelheit schnell aus den Augen verliert.

Damit sind die angezeigten Werte nur noch grobe Anhaltspunkte, die umso zweifelhafter werden, je mehr Zeit vergeht.

116. SSS/SHS Generell ist nicht davon auszugehen, dass die an Bord installierten GPS-Antennen einen störungsfreien Rundempfang garantieren.

Nennen Sie Gründe warum dieses so ist und geben Sie die mögliche Größe der Abweichung an.

Es ist beim GPS-Empfang mit Störungen zu rechnen, welche sich aus der Abschattung durch Schiffsaufbauten oder aus der Einstrahlung anderer Antennen, einschließlich Radar, in die GPS-Antenne ergeben. Die Störungen können Abweichungen vom tatsächlichen Ort bis zu 0,5sm hervorrufen.

GPS, Wegpunktnavigation — Navigation

117. SSS/SHS Beschreiben Sie die wesentlichen navigatorischen Aufgaben, die man mit dem GPS-Empfänger für Schifffahrtszwecke wahlweise lösen kann.

Die Aufgaben sind:

- Feststellen der Position, sowie der Deviation.
- Ermittlung von Kurs und Fahrt über Grund,
- Eingabe, Änderung, Löschen und Speichern von Wegpunkten,
- Feststellen von Peilung und Abstand zu den Wegpunkten,
- Feststellen der Restdistanz und der Ankunftszeit bei den Wegpunkten
- Zeit bzw. Datum.

118. SSS/SHS Nennen Sie einen wichtigen Grund, warum, trotz GPS-Empfangs, in Landnähe alle an Bord verfügbaren navigatorischen Hilfsmittel zur Ortsbestimmung mit heranzuziehen sind.

Die Positionsangaben der GPS-Geräte sind auf das World Geodetic System 1984 (WGS 84) bezogen. WGS 84 differiert zum Teil nicht unerheblich zu den meisten in den Seekarten benutzten Bezugssystemen. Es wurden Differenzen bis zu 0,3´ in Breite und Länge festgestellt.

Das Bezugssystem einer Seekarte ist nicht immer eindeutig zu ermitteln.

Daher müssen in Küstennähe die GPS-Orte durch andere Verfahren (Radar, Kreuzpeilung etc.) ständig kontrolliert werden.

119. SSS/SHS Machen Sie Angaben zum GPS hinsichtlich räumlicher und zeitlicher Verfügbarkeit und über die Genauigkeit für die zivile Schifffahrt.

GPS kann sowohl am Boden als auch in der Luft weltweit genutzt werden und steht zur Ortsbestimmung zeitlich unbegrenzt zur Verfügung. Dies wird erreicht durch die Anzahl, die Anordnung und die Umlaufbahnen der Satelliten. Die Genauigkeit für zivile Nutzer liegt in der Regel mit 95% Wahrscheinlichkeit bei weniger als 20m.

120. SSS/SHS Was versteht man im Zusammenhang mit GPS unter einem „Kartendatum"?

Das Kartendatum gibt Aufschluss über die Grunddaten (Rotationsellipsoid etc.), die zur Berechnung einer Seekarte benutzt wurden. Da der GPS-Empfänger seine Positionen zunächst im WGS 84 bestimmt, muss ihm das jeweilige Kartendatum eingegeben werden, damit die Positionen für die benutzte Karte umgerechnet werden können.

Navigation

GPS, Wegpunktnavigation

121. SSS/SHS Nennen Sie die Anzahl der Satelliten, die im GPS-System für Navigationszwecke zur Verfügung stehen. Gehen Sie dabei auf deren Höhe, Umlaufzeit und Umlaufgeschwindigkeiten ein und geben Sie den Neigungswinkel der Satellitenbahnen zum Äquator an.

Auf 6 Satellitenbahnen umlaufen jeweils 4 Satelliten die Erde.

Die einzelnen Bahnen sind 55° gegen den Äquator geneigt und in der Äquatorialebene 60° gegeneinander versetzt. Etwa 20.184 km beträgt die Höhe der Satelliten über der Erdoberfläche. In fast genau 12 Stunden führen Sie einen vollen Umlauf aus.

122. SSS/SHS Wie viele Satelliten sind für eine zweidimensionale Ortung auf See mindestens erforderlich? Begründen Sie ihre Antwort kurz.

Es sind mindestens drei Satelliten erforderlich. Theoretisch wären zwei ausreichend. Wegen des „Fehlers in der Empfängeruhr" benötigt man aber einen weiteren Satelliten.

123. SSS/SHS Beschreiben Sie die Position auf der ein Beobachter zu dem Zeitpunkt steht, an dem der Abstand zum Satelliten mit 20.183 km gemessen wird.

Die Höhe des Satelliten beträgt ziemlich genau 20.183 km über der Erdoberfläche. Mit diesem Abstand würden sich beide Kugeln in einem Punkt berühren. Diesen Punkt nennt man **Subsatellitenpunkt**. In der Astronomischen Navigation heißt dieser Punkt „Bildpunkt des Gestirns". Die Position des Beobachters ist der Subsatellitenpunkt.

124. SSS Beschreiben sie die Funktion der Wegpunkte.

Wegpunkte sind selbstgewählte Ansteuerungspunkte auf der Seekarte, welche man mit Hilfe von elektronischer Navigation anpeilen bzw. ansteuern kann.

125. SSS Vor welcher Fehlerquelle sollte man sich beim Erreichen eines Wegpunktes hüten?

Versatz!

126. SSS Nennen sie die auf Sportfahrzeugen einsetzbaren Funkortungsverfahren und geben sie an welche Form die mit dem jeweils genannten Verfahren ermittelten Standlinien haben.

Zu den **Funkortungsverfahren** die auch auf Sportbooten eingesetzt werden, gehören GPS, Radar und UKW-DSC-Funkanlage (GMDSS)

| Radar | Navigation |

GPS: Das GPS empfängt von Satelliten (min. 3) Signale die in geographische Positionen umgewandelt werden (Breite und Länge und Höhe) zu einem bestimmten Zeitpunkt.

Radar: Das Radargerät sendet und empfängt Radarechos von Objekten der horizontalen Umgebung. Die auf dem Radarschirm sichtbaren Objekte können in Richtung und Distanz bestimmt werden.

GMDSS: Bei Auslösung der GMDSS (Global Maritime Distress and Safety System) Taste am Funkgerät wird automatisch ein Seenotsignal ausgelöst, das unter anderem die Position des Schiffes mitteilt.

126 - 129

RADAR

127. SSS Erklären sie kurz das Prinzip vom Radar. In welchem Wellenbereich arbeiten Radar Geräte?

Das Radargerät bzw. die Radarantenne sendet horizontale Strahlen. Treffen diese auf ein Objekt so werden sie zurückreflektiert. Damit berechnet das Radargerät sowohl die Richtung als auch die Entfernung zum erfassten Objekt. RADAR = Radio Detection And Range.

Radargeräte arbeiten im 3 cm Wellenbereich, dem sogenannten X-Band und im 10 cm Wellenbereich dem sog. S-Band

128. SSS Was versteht man unter Impulsfolgefrequenz ?

Die Impulsfolgefrequenz ist die Anzahl der in einer Sekunde ausgestrahlten Wellenimpulse.

Frequenz ist die Anzahl der Schwingungen einer Welle pro Sekunde. Maßeinheit = Herz.

129. SSS Was versteht man unter Nahauflösung ?

Unter Nahauflösung versteht man die Mindestentfernung in der ein Ziel gerade noch abgebildet werden kann.

Eine Totzone um den Mittelpunkt der Darstellung ergibt sich aus dem Umschalten der Antenne vom Sender auf den Empfänger (etwa 30m).

Navigation — Radar

130. SSS Nennen Sie die beiden wesentlichen Wetter bedingten „Störquellen", die das Radarbild negativ beeinflussen können und beschreiben Sie kurz die Art der Störungen.

Wettereinflüsse auf dem Radarbild:

Regen und Seegang:

Regen erscheint als großflächige Anzeige auf dem Bildschirm. Radarziele sind bei starkem Regen häufig nicht zu sehen, auch nicht in der Nähe.

Seegang ruft störende Echoanzeigen hervor, die sog. Seegangsreflexe, abhängig von der Stärke des Seegangs, der Antennenhöhe und den elektrischen Eigenschaften (Sendeleistung) der Radaranlage.

131. SSS Geben Sie diejenigen Bedienelemente der Radaranlage an, welche Ihnen helfen können, die für Sie wichtigen Anzeigen auf dem Bildschirm trotz Störechos, die durch Seegang oder Regen hervorgerufen werden, besser erkennbar zu machen. Wie sind diese zu bedienen?

Regen:
Jedes Radargerät besitzt ein Bedienelement, mit dem die Regenanzeige beeinflusst werden kann: die Regenenttrübung (FTC = fast time constant). Durch Betätigen dieses Bedienelements kann das Regenecho erheblich reduziert werden.

Seegang:
Jedes Radargerät besitzt ein Bedienelement, mit dem die Seegangsanzeige beeinflusst werden kann: Seegangsenttrübung (STC sensivity time constant) oder den sog. Sea Clutter (Anti Clutter Sea). Durch Betätigen dieses Bedienelements können Seegangsreflexe erheblich reduziert werden.

Wichtig:
Bei der Betätigung von FTC und STC werden nicht nur Störechos, sondern auch so genannte Nutzechos bzw. Anzeigen von anderen Fahrzeugen, Tonnen etc. unterdrückt. Aus diesem Grunde müssen FTC und STC sehr feinfühlig bedient werden.

132. SSS Welche der beiden Störechos (Regen bzw. Seegang) können in der Ostsee im 3 cm Bereich fast den gesamten angezeigten Bereich auf dem Radarbildschirm ausfüllen? Nennen sie die Ursache.

Seegangsreflexe!
Wegen der kurzen und steilen Wellen in der Ostsee sind Seegangsreflexe besonders stark ausgeprägt.

133. SSS Beschreiben Sie die Radardarstellungsart „**relativ vorausorientiert (head up)**" und ihre Vorteile.

Relativ vorausorientiert (head up) :
- Vorausanzeige nach oben (nach vorne).
- Peilungen werden als Radarseitenpeilung (RaSp) abgelesen.
- Eigenschiff im Zentrum der Darstellung (sofern nicht dezentriert geschaltet).

Vorteile:

- Darstellung entspricht der optisch wahrnehmbaren Umgebung des Schiffes.
- Alle Echos bzw. Ziele bewegen sich relativ zum Eigenschiff.
- Schnelle Erkennbarkeit einer Kollisionsgefahr (prüfen ob Peilung steht).

Nachteile:

- Gieren des Schiffes verändert die Seitenpeilung aller Echos, kann also zum „Verschleiern" einer stehenden Peilung führen.
- Eine Kursänderung bzw. starkes Gieren „verschmiert" das Bild.

134. SSS Wie wirkt sich das Gieren des eigenen Schiffes im Seegang bei der Radardarstellungsart „relativ vorausorientiert (head up)", auf die Anzeige bzw. das Echo von Zielen aus?

- Die Ziele bewegen sich entgegen der jeweiligen Gierbewegung.
- Es kommt zum „Verschmieren" der Anzeige.

135. SSS Wie sollen die Bedienelemente (FTC und STC) während des Navigierens mit dem Radar bedient bzw. eingestellt werden, wenn man ein zuverlässiges Racon-Signal empfangen will?

Um ein zuverlässiges Racon-Signal zu empfangen, ist die „Enttrübung" zurückzufahren bzw. zumindest sehr sensibel zu bedienen.

136. SSS Wodurch können Radarechos von kleinen Fahrzeugen und Tonnen auf den Sichtschirmen von Radargeräten „verschwinden"?

- Durch Seegang und / oder Niederschlag,
- durch falsche Bedienung,
- durch zu große Entfernung,
- durch Gieren des eigenen Fahrzeugs bei relativ vorausorientierter Radarstellung (head up).

Navigation — Radar

137. SSS Welche Radar-Darstellungsarten sind Ihnen bekannt? Welche sind in der Sportschifffahrt im Allgemeinen gebräuchlich?

Darstellungsarten:
- relativ vorausorientiert (Head Up) (nicht stabilisiert)
- relativ nordstabilisiert (North Up)
- True Motion (absolute Darstellung)

In der Sportschifffahrt ist überwiegend die relativ vorausorientierte Darstellung üblich.

138. SSS Welche Gefahr besteht bei der Navigation mit Radargeräten, wenn sich Höhenzüge hinter einer flach ansteigenden Küste befinden (z.B. bei einigen ostfriesischen Inseln)?

Gefahr:
Die flache Küstenlinie wird im Radargerät unter Umständen nicht angezeigt, sondern die deutlich dahinter liegenden Höhenzüge.
Wenn man die gemessene Entfernung von der Küstenlinie abträgt, steht man tatsächlich wesentlich näher zum Land als vermutet.

139. SSS Wie groß ist der Radarhorizont bei einem Objekt h=1,0m und einer Höhe der Radarantenne von 6,0 m?

Der Radarhorizont berechnet sich nach der Formel $d = 2{,}23 \times \sqrt{h_{antenne}} + \sqrt{h_{radarziel}}$

Beispiel: $d = 2{,}23 \times \sqrt{6} + \sqrt{1} = 7{,}69\, sm$

d = Distanz | h $_{Antenne}$ = Höhe Antenne | h $_{radarziel}$ = Höhe Radarziel

140. SSS Wie kann man gegebenenfalls verhindern, dass sich Echoanzeigen von Zielen (z.B. von 2 Tonnen, 2 Molenköpfen) überlappen?

- Kurze Impulslänge wählen
- Messbereich verkleinern.

141. SSS/SHS Sie navigieren auf der Ostsee und haben das Radargerät auf „3 Meilen-Bereich" eingestellt und haben starke Seegangsreflexe, die beinahe den gesamten angezeigten Bereich auf dem Radarbildschirm ausfüllen. Mit welchem Bedienelement können Sie die Seegangsreflexe reduzieren und welche Probleme ergeben sich dabei?

Auf der Ostsee sind durch die kurzen und steilen Wellen Seegangsreflexe besonders stark ausgeprägt. Mit dem Bedienelement STC (Sensitivity Time Constant) oder Sea Clutter (Anti Clutter Sea) kann man diese Seegangsreflexe reduzieren.

Wichtig: Dieses Bedienelement reduziert nicht nur die Seegangsreflexe, sondern schwächt auch Nutzechos (z.B. kleine Fahrzeuge, Tonnen etc.), die dadurch unter Umständen nicht mehr angezeigt werden. Deshalb wird stets empfohlen das Bedienelement STC sehr feinfühlig zu bedienen.

142. SSS/SHS Warum lassen sich mit Hilfe einer Radaranlage auf einem Sportfahrzeug nicht so viele Details erkennen wie mit einer professionellen Anlage eines Seeschiffes?

Die Ursache ist vor allem die bei Radargeräten in der Sportschifffahrt relativ große Keulenbreite. Die Keulenbreite hängt direkt von der Größe des Scanners (Radarantenne) ab.

Hinsichtlich der Größe müssen auf einem Sportfahrzeug aus Kosten-, Platz- und Gewichtsgründen Kompromisse geschlossen werden. Die Keulenbreite bestimmt direkt das azimutale Auflösungsvermögen des Gerätes.

143. SSS/SHS Nennen Sie die Begriffe aus der Radartechnik, denen im Zusammenhang mit der Trennung von Echoanzeigen dicht hintereinander liegender und dicht nebeneinander liegender Punktziele auf dem Radarbildschirm eine entscheidende Bedeutung beigemessen wird.

Es handelt sich zum Einen um das radiale Auflösungsvermögen und weiterhin um das azimutale Auflösungsvermögen.

144. SSS/SHS Wieweit müssen (bei der Radarnavigation) zwei Punktziele radial (unterschiedlicher Entfernung aber gleicher Peilung), oder azimutal (gleiche Entfernung bei unterschiedlicher Peilung) auseinander liegen um vom Radargerät als zwei getrennte Echos erfasst und angezeigt zu werden?
Beschreiben Sie in Kurzform wovon die azimutale Ausdehnung der Echospur eines Objekts und die radiale Ausdehnung des Objekts abhängig sind.

Azimutal:
Zwei Ziele in gleicher Entfernung aber unterschiedlicher Peilung müssen weiter als die „Keulenbreite" des Radars voneinander entfernt liegen, um getrennt erfasst und angezeigt zu werden. Dies wird wiederum durch die Länge des Scanners (Antennenlänge) beeinflusst. Die azimutale Ausdehnung der Echospur eines Objekts auf dem Bildschirm wird wesentlich von der horizontalen Bündelung der Radarstrahlen beeinflusst.

Radial:
Zwei Ziele in gleicher Peilung aber unterschiedlicher Entfernung müssen weiter als die halbe Impulslänge voneinander entfernt sein, um getrennt erfasst und angezeigt zu werden. Die radiale Ausdehnung des Objektes beträgt eine halbe Impulslänge. Form und Größe des Objektes beeinflussen die radiale Länge des Echos unwesentlich.

Navigation — Radar

145. SSS/SHS Wie entstehen die auf dem Radarbildschirm gelegentlich auftretenden Doppel- bzw. Mehrfachechos? Wie sind Sie erkennbar?

Doppel- bzw. Mehrfachechos entstehen, wenn ein Teil des Sendeimpulses erst nach mehrmaligem Durchlaufen des Weges zwischen Radarziel und Eigenschiff von der Radarantenne aufgefasst wird. Zusätzlich zum Echo des direkt aufgefassten Zieles werden dann auf dem Bildschirm ein oder mehrere Echos in derselben Peilung, aber mit doppeltem oder mehrfachem Abstand dargestellt.

Wichtig: Das erste Echo ist immer das richtige!

146. SSS/SHS Welche Formen der „Auflösung" unterscheidet man bei einem Radargerät?

Man unterscheidet drei Formen der Auflösung:

- Die Nahauflösung,
- die radiale Auflösung (Entfernungsauflösung) und
- die azimutale Auflösung (Peilungsauflösung).

147. SSS/SHS Sie finden in der technischen Beschreibung Ihrer Radaranlage die Angabe: Keulenbreite 5°. Welche navigatorische Bedeutung hat diese Größe?

Die Keulenbreite bestimmt direkt das azimutale Auflösungsvermögen (Peilungsauflösung).

Bei einem Wert von 5° bedeutet dieses, dass sich zwei Objekte in gleicher Entfernung in der Peilung um **mindestens** 5° voneinander unterscheiden müssen, damit sie getrennt auf dem Bildschirm angezeigt werden. In der Praxis muss die Peilungsdifferenz etwas größer sein).

148. SSS/SHS Was ist die „Radarkimm"?
Wovon ist die Größe der Radarkimm abhängig?

Was für sichtbares Licht die optische Kimm ist, ist für Radarwellen die Radarkimm. Da Radarwellen sich etwas anders verhalten als die Wellen des sichtbaren Lichtes, ist die Radarkimm knapp 10% weiter entfernt als die optische Kimm.

149. SSS/SHS Was versteht man bei Radarnavigation unter „Überreichweiten"? Unter welchen Bedingungen ist mit Überreichweiten zu rechnen?

Überreichweite :
Radarziele werden aufgefasst und auf dem Bildschirm angezeigt, obwohl sie sich weit

jenseits des Radarhorizonts befinden.

Ursache:
Warmluft liegt stabil über Kaltluft. An der Grenzschicht (Inversionsschicht) zwischen den beiden Luftmassen sowie an der Wasseroberfläche können Radarstrahlen (mehrfach) reflektiert werden und dadurch der Erdkrümmung erheblich weiter folgen als bei normaler Refraktion.

---

150. SSS/SHS Beim Navigieren mit Radar können bestimmte Umwelteinflüsse bzw. Störungen auf dem Radarbildschirm sichtbar werden. Um welche Störungen handelt es sich?

Störungen von Außen:
- Regen
- Seegang
- Durch fremde Radaranlagen verursachte Störungen auf dem Bildschirm

---

151. SSS/SHS Durch welche Bedienelemente können Regen, Seegang und Störungen durch fremde Radargeräte minimiert werden? Worauf sollte der Radarbeobachter beim Einschalten des Radargerätes hinsichtlich dieser Bedienelemente achten?

Regen:

Störungen durch Regen werden durch die Funktion **Regenenttrübung** FTC (Fast Time Constant / Anti Clutter Ram) gemindert oder unterdrückt.

Seegang:

Störungen durch Seegang werden durch die Funktion **Seegangsenttrübung** STC (Sensitivity Time Constant / Anti Clutter Sea) gemindert oder unterdrückt.

Durch fremde Radaranlagen erzeugte Bildstörungen werden durch RI (Reject Interference) gemindert oder unterdrückt. Beim Einschalten des Radargerätes sollten alle drei Bedienelemente auf „Null" bzw. „Aus" gestellt werden um zunächst entsprechende Störungen zu erkennen.

Wichtig: Bei Wachablösung sollte der Ablöser darauf hingewiesen werden, dass Gegebenenfalls eine Enttrübung aufgrund der jeweiligen Störung eingestellt ist.

(siehe Frage 130)

Navigation — Racon

152. SSS/SHS Welches Bedienelement ist an Radargeräten vorhanden um ein durch die Vorauslinie verdecktes Echo deutlich zu erkennen? Erklären Sie kurz das Prinzip.

Das Bedienelement heißt HM und funktioniert mit Hilfe eines federnd gelagerten Drehknopfes, durch dessen Betätigung die Vorauslinie ausgeblendet wird. Sobald man den Knopf los lässt, federt er in die ursprüngliche Lage zurück, wodurch die Vorauslinie automatisch wieder eingeblendet wird.

153. SSS/SHS Das Radargerät ist eingeschaltet; durch welche Bedienungselemente erzeugen Sie die optimale Einstellung des Radarbildes?

Es sind die Bedienungselemente:

- Abstimmung (Tuning)
- Bildhelligkeit (Brilliance)
- Verstärkung (Gain)

154. SSS/SHS In welchem Entfernungsbereich ist die Störung durch Seegang am auffälligsten?

Seegang stört besonders im Entfernungsbereich bis 3sm.

RACON

155. SSS Wie sollten welche Bedienelemente bedient werden wenn man ein zuverlässiges Racon-Signal empfangen will?

Um ein zuverlässiges Racon-Signal auf dem Bildschirm zu empfangen, ist die Enttrübung zurückzufahren bzw. zumindest sehr sensibel zu bedienen

156. SSS Wie erscheint ein Racon bestücktes Schifffahrtszeichen auf dem Radarschirm?

Immer wenn die Frequenz des Schiffsradars trifft, sendet die Radarbake eine Impulsgruppe, die auf dem Radarschirm einen radial nach außen gerichteten Erkennungsbalken oder einen Erkennungsbuchstaben als Morsezeichen an die eigentliche Position zeichnet.

157. SSS Sie finden in deutschen nautischen Unterlagen Informationen über Racon (Radar and Beacon = Radarantwortbake) und dabei eine mit „Wiederkehr" bezeichnete Angabe.
Was ist unter „Wiederkehr" zu verstehen?

Die Wiederkehr bei Racon kennzeichnet den Zeitraum, nach dessen Verlauf man in der Regel mit einer neuen Anzeige des Racon-Signals auf dem Radarbildschirm rechnen kann. Ähnlich wie bei der „Wiederkehr" im Rahmen der Befeuerung.

158. SSS/SHS Wie ist es zu erklären, dass man bei Racon in etwas größeren Distanzen zunächst nur das Racon-Signal und erst bei größerer Annäherung auch den Racon-Träger (Großtonne / Feuerschiff) auf dem Bildschirm erkennt?

Die Sendeimpulse der Radaranlage brauchen nur bis zum Racon zu gelangen, um das System auszulösen bzw. zu aktivieren. Dann sendet der Racon-Sender seinerseits ein kräftiges Signal aus, welches die Radaranlage in genügender Stärke erreicht.

Für die Anzeige der Großtonne müssen dagegen die reflektierten Echoimpulse zum Radargerät zurück, um entsprechend erfasst und angezeigt zu werden.

Im ersten Fall ist also, einfach ausgedrückt, nur der Hinweg und im zweiten Fall dagegen Hin- und Rückweg von den Radarimpulsen (in ausreichender Stärke) zu bewältigen.

159. SSS/SHS In Seekarten findet man häufig in dicht befahrenen Gewässern an wichtigen Tonnen die Eintragung RACON. Was versteht man darunter? Wie erfolgt seine Anzeige und auf welchem Gerät des Schiffes erfolgt eine entsprechende Anzeige?

RACON (Radar and Beacon) / Radarantwortbake.

Als RACON bezeichnet man Radarfunkfeuer, die nur dann Impulse aussenden, wenn sie vom Sendeimpuls einer Schiffsradaranlage getroffen werden.

Sendeimpulse von RACON-Baken sind oft zur Unterscheidung mit einer Morsebuchstabenkennung versehen. Durch das Signal entsteht auf dem **Radarbildschirm** ein vom Ort der Racon-Bake nach außen gerichtetes Echozeichen (Leuchtstrahl), dessen Fußpunkt der Position der Racon-Bake entspricht. Dadurch können Abstand und Peilung zu der Racon-Bake eindeutig bestimmt werden.

ECDIS

160. SSS Wie zuverlässig sind Chart-/Kartenplotter?

Chartplotter bieten einfache Funktionen zur Wegpunktplanung, zur Routenüberwachung und zur Aufzeichnung des zurückgelegten Schiffsweges an. Auch einige Kartenfunktionen wie das stufenlose Skalieren der Darstellung werden angeboten. Trotzdem ist der Leistungsumfang der Chartplotter nicht mit den in der Berufsschifffahrt verwendeten elektronischen Seekartenanzeige- und Informationssystemen vergleichbar.

161. SSS Was versteht man unter ECDIS

Unter ECDIS versteht man eine elektronische Seekarte, welche die Papierkarte ersetzen soll. Ein ECDIS-System muss dazu Baumuster geprüft sein, ein anerkanntes Backup besitzen und offizielle up-to-date Daten nutzen.

ECDIS steht für Electronic Chart Display and Information System. Hierbei geht es um Darstellung von elektronischen Seekarten auf einem Bildschirm, welche die Funktion der bisherigen amtlichen Papierkarten ersetzt. ECDIS arbeitet wahlweise mit Raster- / Vektorenkarten aus amtlichen und nicht amtlichen Quellen.

162. SSS Was versteht man bei ECDIS unter Vektorkarten und unter Rasterkarten?

Vektorkarten enthalten einzelne Objekte die zusammen mit ihrer Position und bestimmten Eigenschaften in einer Datenbank gespeichert sind. Auf diese Objekte kann die Software zugreifen.

Rasterkarten enthalten nur die Pixelfarbe der einzelnen digitalisierten Punkte, keine Objekte. Sie sind im Prinzip eine Kopie der Papierkarte.

AIS, NMEA, NAVTEX

163. SSS Wofür steht die Abkürzung AIS und welche Funktionen hat dieses System?

AIS steht für Automatic Identification System (automatisches Schiffsidentifizierungssystem). Seit Juli 2005 steht für alle Schiffe ab einer BRZ (Bruttoraumzahl) von 300 dieses nautische Funksicherheitssystem zur Verfügung, das den Empfang von Schiffsdaten aller Verkehrsteilnehmer ermöglicht.

Hierbei werden alle Schiffsdaten, sowie reisebezogene Daten (wie Art des Schiffes, Rufzeichen, Namen, Abmessungen, Anfangs- und Enddestination, Kurs, Fahrt, Tiefgang, Drehverhalten, Status, Ladung, Position, etc.) in kurzen Zeitintervallen fortlaufend übermittelt.

164. SSS Welche Aufgaben hat die Wasser- und Schifffahrtsverwaltung (WSV) in Bezug auf AIS ?

Die Wasser- und Schifffahrtsverwaltung (WSV) ist für die Sicherheit und Leichtigkeit des Schiffsverkehrs auf den Bundeswasserstraßen zuständig. Die WSV baut die erforderliche Infrastruktur für AIS und wird das AIS-Küstennetz betreiben. Die Daten werden für die maritime Verkehrssicherung genutzt.

165. SSS Was bedeutet der Begriff AIS auf See?

AIS bezeichnet das automatische Identifizierungssystem (Automatic Identification System).

166. SSS Welche Aufgaben hat AIS ?

Alle ausgerüsteten Schiffe senden automatisch (also ohne Aufforderung und menschliches Eingreifen) in regelmäßigen kurzen Abständen ihre Identität und einen schiffsbezogenen Datensatz. Außerdem können bei Bedarf sicherheitsrelevante Nachrichten (Safety Related Messages) von Bord oder von Landstationen gesendet werden.

167. SSS Welche Reichweite hat ein AIS-Bordgerät und wovon ist sie abhängig?

Die Reichweite und Ausbreitungsbedingungen entsprechen denen von UKW. Bei Handelsschiffen kann man von 20sm bis 30sm ausgehen. Die Reichweite ist abhängig von der Antennenhöhe.

168. SSS Welche AIS-Daten werden von Schiffen aus der Berufsschifffahrt gesendet?

- Statische Daten: ID, Rufzeichen, Länge, Breite und Tiefgang des Schiffes.
- Dynamische Daten (Sensordaten): UTC, Position, Heading/Kurs und Fahrt über Grund, ggf. Rate-of-Turn, Fahrtstatus (z.B. Maschinenfahrzeug mit Fahrt durchs Wasser, Ankerlieger, manövrierbehindertes Fahrzeug etc.)
- Reisebezogene Daten: Zielort (Destination), voraussichtliche Ankunftszeit (ETA).

(siehe auch Frage 163)

Navigation

AIS, NMEA, NAVTEX

169. SSS Was bedeutet die Abkürzung MMSI ?

MMSI steht für Maritime Mobile Service Identity.

170. SSS Wofür steht NAVTEX ?

NAVTEX steht für Navigational Information over Telex.

171. SSS Auf welcher internationalen Frequenz wird NAVTEX ausgestrahlt?

NAVTEX wird per Funk auf der international festgelegten Frequenz 518 kHz ausgestrahlt.

172. SSS Welche Informationen werden über NAVTEX verbreitet?

Über NAVTEX werden Sicherheitsinformationen verbreitet, wie z.B.:

- Nautische Warnnachrichten
- Seenotmeldungen
- Sturmwarnungen
- Ausfall von Navigationssystemen
- Zeitlich begrenzte Sperrgebiete
- Seewetterberichte
- 24h-Voraussagen etc.

173. SSS Was heißt NMEA ?

National Marine Electronics Association, (Nationale Vereinigung für Marineelektronik)

174. SSS Was ist der NMEA-Standard und welche Versionen gibt es?

Der NMEA-Standard ist ein Übertragungsstandard im maritimen Bereich, der in verschiedenen Versionen vorliegt. Hauptanwendung ist hierbei die Weitergabe von Positionsdaten eines GNSS an andere Geräte.

Versionen: Standard NMEA 0180 (1980 erschienen)

175. SSS Wofür werden NMEA-Daten in der Seefahrt gebraucht?

In der Seefahrt werden Kursplotter/Kartenplotter und ähnliches mit Hilfe von NMEA-Datensätzen mit Positionsdaten versorgt.

ASTRONOMISCHE NAVIGATION
(veranschaulichende Abbildungen siehe Seite 58)

176. SHS Was versteht man unter dem Begriff **Zenit**?

Der Zenit ist ein Punkt am Himmelsgewölbe der sich senkrecht über dem Beobachter befindet, und dem Koordinatensystem des Wahren Horizonts zuzuordnen ist (siehe Abbildungen 1 und 2 auf Seite 58).

177. SHS Was versteht man unter dem Begriff **Nadir**?

Der Nadir ist der Schnittpunkt der nach unten verlängerten Linie vom Zenit durch den Standort des Beobachters mit der Himmelskugel.

178. SHS Erklären Sie den Begriff **Himmelsnordpol**.

Der Himmelspol liegt in der Verlängerung der Erdachse, d.h. in der Projektion des Nordpols an das Himmelsgewölbe.

179. SHS Was versteht man im Rahmen der Astronomischen Navigation unter dem Begriff **Frühlingspunkt**?

Es ist einer der zwei Schnittpunkte des Himmelsäquators mit der Ekliptik. Der Frühlingspunkt heißt gleichzeitig Widderpunkt und dieser ist der Bezugspunkt / Anschlußpunkt für den Sternenwinkel eines Sterns.

180. SHS Erklären Sie den Begriff **Himmelsäquator**.

Er ist die Projektion des Erdäquators auf das Himmelsgewölbe.

181. SHS Was bedeutet im Rahmen der Astronomischen Navigation der Begriff **Meridiandurchgang**, auch **Kulmination** genannt?

Es ist die Passage eines Gestirns am Himmel durch den Süd- oder Nordmeridian. Dabei wird die höchste Stelle als **obere Kulmination** und die tiefste Stelle als **untere Kulmination** bezeichnet.

182. SHS Wie groß ist der Ortsstundenwinkel eines Gestirns bei seiner **unteren Kulmination**?

180°

Navigation

Astronomische Navigation

183. SHS Mit welcher Größe ist die geographische Länge des Bildpunktes eines Gestirns identisch und was versteht man unter **Greenwicher Ortsstundenwinkel des Frühlingspunktes**?

Mit dem **Greenwicher Ortsstundenwinkel des Gestirns**. Der **Greenwicher Ortsstundenwinkel** des **Frühlingspunktes** ist der Winkel am oberen Pol zwischen dem Greenwicher Stundenkreis und dem Stundenkreis des **Frühlingspunktes**. Dadurch wird die Stellung des Stundenkreises des **Frühlingspunktes** bezüglich des Nullmeridians angegeben.

184. SHS Aus welchen Anteilen setzt sich die **Gesamtbeschickung** zusammen?

Gb = HP-k-R±r   (+r bei Gestirnsunterrand, -r bei Gestirnsoberrand)

R = **Refraktion**
HP = **Horizontalparallaxe**
K = **Kimmtiefe**
R = scheinbarer Gestirnsradius

Damit wird der Bezugspunkt gegeben für den Einsatz des Sternenwinkels und der Greenwicher Stundenwinkel eines Gestirns ergibt sich: Greenwicher Stundenwinkel des Widderpunktes plus Sternenwinkel.

185. SHS Welcher Teil der **Gesamtbeschickung** bildet die größte Unsicherheit bei der Beobachtung?

Die **Kimmtiefe**. Sie kann infolge der atmosphärischen Strahlenbrechung um Werte bis zu ±1° schwanken, da es zu beträchtlichen Temperaturschwankungen unmittelbar über der Wasseroberfläche kommen kann.
Ein Grad Fehler bedeutet +/- 60sm !!

186. SHS Warum schwankt die Größe der **Horizontalparallaxe** beim Mond selbst im Verlauf eines Tages beträchtlich?

Der Mond durchläuft eine elliptische Bahn um die Erde. Er befindet sich mal in Erdnähe (Perigäum) mit großer **Horizontalparallaxe**, mal in Erdferne (Apogäum) mit kleiner **Horizontalparallaxe**.

187. SHS Warum kann man am Äquator *praktisch* keine Sonnenuhr aufstellen?

Weil –zeitweise– die Sonne über dem Zenit der Uhr steht.

Theoretisch könnte man auch am Äquator eine Sonnenuhr aufstellen, da sich die Deklination der Sonne verändert und auch hier ein Schatten geworfen wird, wenn der Schattenstift senkrecht auf der Ebene steht.

Astronomische Navigation — Navigation

188. SHS Mit welcher Größe ist die geographische Länge des **Bildpunktes eines Gestirns identisch**?

Mit dem **Ortsstundenwinkel** des Gestirns.

189. SHS Nennen Sie die beiden Koordinaten, mit denen im System des **Himmelsäquators** ein Gestirnsort definiert wird.

Ortsstundenwinkel und der **Deklination**.

190. SHS Erklären Sie im Bezug auf die astronomische Navigation, die Begriffe Stundenwinkel und **Deklination** sowie deren Zählweise.

Der **Ortsstundenwinkel** (LHA = local hour angle) ist der sphärische Winkel am Pol zwischen dem oberen Meridian und dem Stundenkreis eines Gestirns.
Der Greenwicher Ortsstundenwinkel eines Gestirns zählt als Vollkreis bis 360 Grad. Die Zählweise erfolgt von 0° bis 360° im Sinne der scheinbaren täglichen Drehung der Himmelskugel. Der Ortsstundenwinkel als Halbkreis 180° nach Westen oder 180° nach Osten.

Die **Deklination** ist der Bogen eines Stundenkreises vom Himmelsäquator bis zum Deklinationsparallel (Abweichungsparallel) eines Gestirns. Die Deklination zählt von 0° bis 90°. Sie erhält die Bezeichnung Nord oder Süd.

191. SHS Erläutern Sie warum im Sommerhalbjahr auf der nördlichen Halbkugel der Tagbogen der Sonne länger ist als der Nachtbogen.

Die Länge des Tag- bzw. Nachtbogens eines Gestirns hängt ab von der **Deklination** δ und der Breite φ.

Wenn die geographische Breite und die **Deklination** gleichnamig sind, ist der Tagbogen länger als der Nachtbogen, siehe Abbildung 1 Seite 55 (das Sommerhalbjahr beginnt zu dem Zeitpunkt, an dem die **Deklination** der Sonne = 0° ist, nämlich dann, wenn die Sonne den **Himmelsäquator** von Süd nach Nord passiert).

(denn ab dort werden δ und φ gleichnamig).

192. SHS Stellen Sie fest wann 1997 nach MEZ, auf die Minute genau, astronomischer Frühlingsanfang für die Nordhalbkugel ist und geben Sie die Begründung hierfür.

Frühlingsanfang für die Nordbreite wäre am 20. März 1997 um 14.54 MEZ.
Zu diesem Zeitpunkt ist die **Deklination** der Sonne 0° und ändert sich von S auf N.

Navigation

Astronomische Navigation

193. SHS In welchem Punkt befindet sich die Sonne zum Zeitpunkt Frühlingsanfang ? Nennen Sie die beiden Großkreise und den Winkel unter dem sich dieselben in diesem Punkt schneiden.

Bei Frühlingsanfang steht die Sonne im Widderpunkt.

An diesem Punkt schneiden sich die **Ebene der Ekliptik** der Sonne mit der Ebene des **Himmelsäquators** unter einem Winkel von etwa 23,5°.

194. SHS Unter welchen Voraussetzungen **kulminiert** die Sonne für einen Beobachter im Norden?

Die Sonne **kulminiert** im **Nordmeridian** wenn die Breite des Beobachters südlicher liegt als die Abweichung der Sonne.

195. SHS Warum ist der **Sterntag** kürzer als der mittlere Sonnentag? Um wie viele Stunden / Minuten ist der Sterntag kürzer (Zeitangabe erforderlich)?

Der **Sterntag** ist ca. 4 min kürzer als der mittlere Sonnentag.
Dies liegt an der rechtläufigen „Bewegung" der Sonne.

196. SHS Wo steht ein Beobachter wenn die gemessene Höhe eines Gestirns gleichgroß ist wie dessen **Deklination**?

Auf einem der Erdpole.

197. SHS Was bedeutet der Ausdruck **Nordmeridian** im Rahmen der astronomischen Navigation?

Der **Nordmeridian** ist der Bogen eines Vertikalkreises des **Himmelsmeridians** vom **Zenit** über den Nordpunkt (Pol) zum **Nadir**.

198. SHS Beispielaufgabe: Wo befand sich der Bildpunkt der Sonne am 05.02.1997 um 1.00 Uhr MEZ nach Breite und Länge?

05.02.1997 0900 Uhr Ut1: Sonne Grt = 311°29,6′ = 15°51,5′S

Der Bildpunkt befand sich um 10.00 MEZ auf $\varphi = 15°51,5′S$ $\lambda = 048°30,4′E$.

Astronomische Navigation — Navigation

199. SHS Wie hat ein Schiff, das die **Datumsgrenze** passiert, seinen Kalender zu stellen?

Schiffe mit östlichem Kurs haben dasselbe Datum zweimal zu zählen
(**„von Ost auf West, halt Datum fest"**).

Schiffe mit westlichem Kurs müssen ein Tagesdatum ausfallen lassen
(**„von West auf Ost, lass Datum los"**).

Der Datumswechsel erfolgt in der auf das Überschreiten der **Datumsgrenze** folgenden Mitternacht.

200. SHS Die Tafel „Zusatzbeschickung für den Kimmabstand des Sonnenunterrandes" enthält monatliche Werte von +0,3 im Januar bis –0,3 im Dezember. Was lässt sich aus den Angaben: Jan. +0,3 und Juni +0,2 entnehmen?

Die wechselnde Entfernung zwischen Erde und Sonne ist im Januar geringer, im Juni größer als der mittlere Abstand.

201. SHS Warum sollten, im Rahmen der astronomischen Navigation, keine Gestirne beobachtet werden deren **Kimmabstand** kleiner als 15° und größer als 75° sind?

Ist der **Kimmabstand** kleiner als 15° (H < 15°), so ist die Gesamtberichtigung unsicher, weil die **Refraktion** unsicher ist.

Ist der **Kimmabstand** größer als 75° (H > 75°), hat die Höhengleiche einen kleinen Radius und daher eine starke Krümmung. Die Tangente an der Höhengleiche als Standlinie weicht schnell von der Höhengleiche ab.

(Siehe Abbildung 2 Seite 58).

202. SHS Begründen Sie, warum Sie morgens östliche Sterne zuerst und abends westliche Sterne zuletzt beobachten.

Morgens:
Sterne mit einem östlichen Azimut, weil dort die **Kimm** früh gut zu erkennen ist (Sonnenaufgang).

Abends:
Sterne mit einem westlichen Azimut, weil dort die Kimm am längsten noch zu erkennen ist (Sonnenuntergang).
Die Ursache liegt an der zyklonalen Drehung der Erdkugel um die eigene Achse.

Navigation

Astronomische Navigation

203. SHS Nennen Sie den Grund, warum die **Deklination** der Sonne sich im Verlaufe eines Jahres ändert. Beschreiben Sie unter Angabe von jahreszeitlichen Abschnitten, welche Folgen sich daraus für den Weg des **Bildpunktes der Sonne** auf der Erdoberfläche ergeben (siehe Abbildung 2 Seite 58).

Die Ursache liegt darin begründet, dass die Erdachse mit der Ebene der Erdumlaufbahn einen Winkel von 66,5° bildet, also nicht senkrecht zur Umlaufbahn steht.

Die Folgen sind, dass

- im Laufe eines Jahres die Sonne zweimal senkrecht über dem Äquator steht (etwa am 21.03 und am 23.9),
- die Sonne im nördlichen Sommerhalbjahr (etwa vom 21.03 bis 23.09) bis zum 21. Juni um etwa 23,5° nach Norden vom Äquator abweicht,
- die Sonne im südlichen Sommerhalbjahr (etwa vom 23.09 bis 21.03) bis zum 21. Dezember etwa um 23,5° nach Süden vom Äquator abweicht.

204. SHS Wie nennt man die Bahn, auf der sich die Sonne anscheinend im Verlaufe eines Jahres um die Erde bewegt?

Die Erdbahn um die Sonne heißt **Ekliptik**.

205. SHS Welches sind die Koordinaten eines Gestirns im Koordinatensystem des **Wahren Horizonts**?

Höhe (h) und Azimut (Az).

206. SHS Wann ist ein Gestirn **zirkumpolar**?

Ein Gestirn ist **zirkumpolar**, wenn seine **Deklination** gleichnamig mit der Breite des Beobachters und größer als das Breitenkomplement ist.

207. SHS In der Tafel „**Gesamtbeschickung** für den **Kimmabstand** des Sonnenunterrandes" finden Sie unter Augenhöhe = 0m und KA = 90° den Wert 16′. Worum handelt es sich dabei?

Dieses ist der mittlere Sonnenhalbmesser.

Astronomische Navigation — Navigation

208. SHS Wie liegen optischer Horizont (**Kimm**) und **Radarhorizont** zueinander? Geben Sie eine Erklärung dafür.

Der Radarhorizont liegt ca. 6 - 10% hinter der Kimm. (Zahlenfaktor der Radarreichweite = 2,23 gegenüber 2,075 bei der optischen Reichweite).

Ursache:

Die (längerwelligen) Radarstrahlen werden stärker gebrochen als die Lichtstrahlen.

209. SHS Beim Auswerten einer Mondbeobachtung muss die Horizontalparallaxe HP berücksichtigt werden. Was versteht man unter diesem Begriff und warum verändert sich die Größe von HP fortlaufend?

Horizontalparallaxe:

Die **Horizontalparallaxe** HP ist der Winkel, welchen die Strecken „Augen des Beobachters -> Mond und Erdmittelpunkt -> Mond am Mondmittelpunkt" bilden, wenn der Mondmittelpunkt im **Scheinbaren Horizont** steht. Daraus folgt: Die Größe HP ändert sich mit dem Abstand des Mondes von der Erde.

210. SHS Erläutern Sie, Bezug nehmend auf die astronomische Navigation, wie sich ein Zeitfehler generell auf die Standlinie auswirkt.
Erläutern Sie in welcher Weise der vorstehende Schiffsort aufgrund des festgestellten Zeitfehlers zu korrigieren ist und stellen Sie fest um wie viele Seemeilen sich der **Besteckversatz** ändert.

Ein **Zeitfehler** wirkt sich in der Verschiebung des Bildpunktes aus. Dieses ist aber gleichbedeutend mit einer Standlinienverschiebung oder einem Längenfehler. Insofern müssen die Bildpunkte (in der Regel) um 1 Zeitminute Richtung Westen verschoben werden. Der Zeitfehler von 1 Minute entspricht einem Längenunterschied von 15 Winkelminuten auf dem Großkreis.

Navigation

Abb. 1:

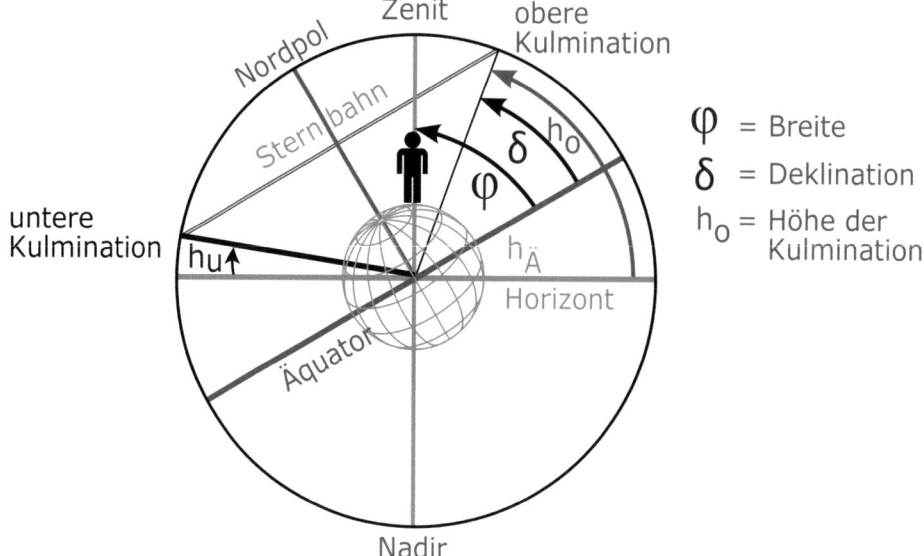

φ = Breite
δ = Deklination
h_o = Höhe der Kulmination

Abb. 2:

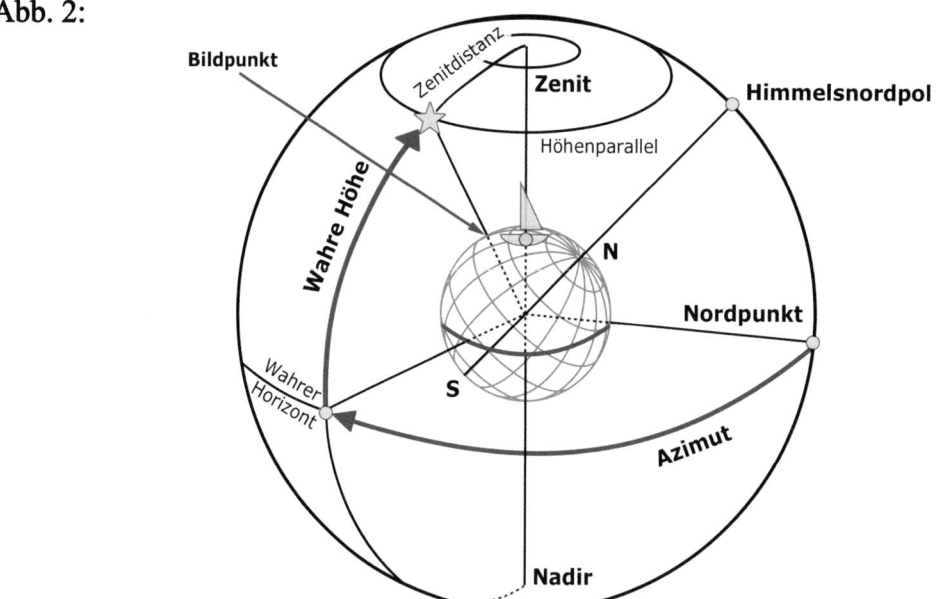

Abb. 3:

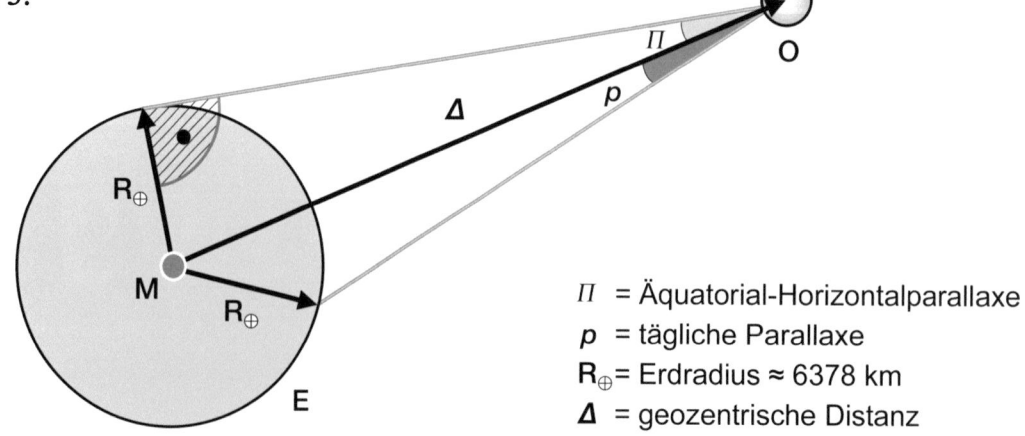

Π = Äquatorial-Horizontalparallaxe
p = tägliche Parallaxe
$R_\oplus$ = Erdradius ≈ 6378 km
Δ = geozentrische Distanz

Formelsammlung

Beschickungen

Begriffe und Abkürzungen für Radarplotting

Formelsammlung: Beziehungen bei der Berechnung von Wassertiefen

Höhe der Gezeit zu einem bestimmten Zeitpunkt	=	H
Zeitpunkt für den H errechnet wird, bzw. vorgegeben ist.	=	Z
1. Welche Höhe der Gezeit besteht zum Zeitpunkt X ?	=	H ermitteln Werte für StP u. ScP - Formblatt
1.1 Welche Höhe der Gezeit (H) besteht bei einer Lotung	=	$H = WT - KT$
2. Welche Kartentiefe (KT) besteht bei einer Lotung ?	=	$KT = WT - H$
2.1 Welche Wassertiefe (WT) muss ich hier Loten, wenn die Kartentiefe stimmt?	=	$WT = KT + H$
3. Kann eine Yacht mit Tiefgang (TG) + Sicherheit (S) beim nächsten NW hier ankern?	=	$WT_{NW} = KT + NWH$
4. Welche Wassertiefe (WT) muss ich hier Loten um beim nächsten NW hier liegen zu können?	=	$WT_{erf} = (TG+S) + H - NWH$
5. Auf welcher Kartentiefe kann ich ankern um beim nächsten NW hier liegen zu können?	=	$KT_{erf} = (TG+S) - NWH$
6. Zu welchem Zeitpunkt (Z) kann man eine Barre mit geringer Kartentiefe (KT) passieren?	=	$H = (TG + S) - KT$

Kursbeschickung und Peilen

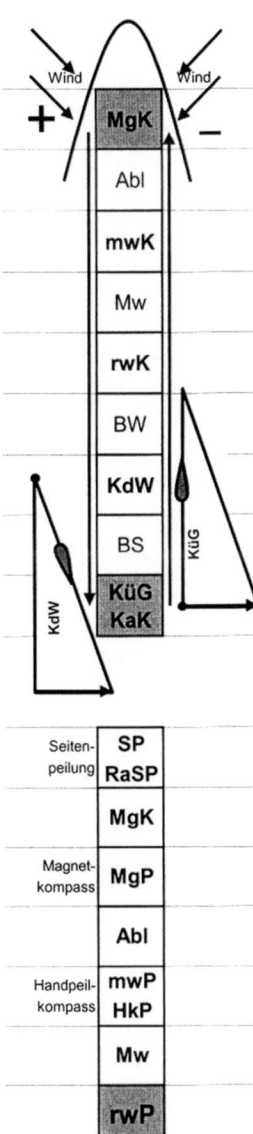

Radar/Plottung - Begriffe und Abkürzungen

relativ voraus - RV	(Head Up)	Radarbild, Vorausrichtung auf die Schiffslängsachse bezogen.
relativ kursstabilisiert - RK	(Course Up)	Rechtvorauslinie des Radars zeigt in Richtung des eingestellten Kurses
relativ nord stabilisiert - RN	(North Up)	Rechtvorauslinie des Radars zeigt in Kursrichtung, (MgK) (mwK) (rwK)

Die Bezeichnung A ist für das eigene Schiff vorbehalten.
Die auf dem Radarschirm ausgemachten anderen Schiffe werden mit Buchstaben benannt: B, C, D etc.

Abkürzungen - Bezeichnungen

RaSP	Radar Seitenpeilung - Abstand und Richtung zum Peilobjekt
Uhrzeit	Beobachtungszeit der 1. Peilung
Uhrzeit	Beobachtungszeit der 2. Peilung
Uhrzeit	Beobachtungszeit der 3. Peilung
KA	Kurs des eigenen Schiffes (MgK) (rwK)
vA	Geschwindigkeit des eigenen Schiffes (FdW) (kn)
KBr	relativer Kurs von B
vBr	Geschwindigkeit der relativen Bewegung von B
KB	tatsächlicher Kurs von B
vB	tatsächliche Geschwindigkeit von B
CPA	kleinster Passierabstandes des Gegners
SPCPA	Seitenpeilung zum Punkt des kleinsten Passierabstandes
PCPA	Peilung zum Kurs des kleinsten Passierabstandes (mwP, rwP)
TCPA	Zeitpunkt des kleinsten Passierabstandes
	Passierabstand auf der Kurslinie von A
	Zeitpunkt der Passage der Kurslinie von A

Nach Ausweichmanöver von A

5	Winkel der Kursänderung von A
KA (neu)	neuer Kurs des eigenen Schiffes (MgK) (rwK)
VA (neu)	neue Geschwindigkeit des eigenen Schiffes (FdW) (kn)
KBr (neu)	relative Bewegung von B
VBr (neu)	Geschwindigkeit der relativen Bewegung von B
CPA (neu)	neuer kleinster Passierabstandes des Gegners
PCPA (neu)	neuer Passierabstand auf der Kurslinie von A
TCPA (neu)	neuer Zeitpunkt der Passage der Kurslinie von A

Vektor:	Größe die durch Pfeil dargestellt wird und durch Angriffspunkt, Richtung und Betrag festgelegt ist.
relativ:	verhältnismäßig, je nach Standpunkt verschieden.

Radar Begriffe

Gain	Eingangsverstärker. Drehen verstärkt eingehende Echos; Zurück drehen reduziert Störechos, unterdrückt aber gleichzeitig schwache Echos von Booten und Tonnen (»Kollisionsknopf«). Zur Kontrolle Gain regelmäßig aufdrehen.
Tune	Feinabstimmung. Passt die Frequenz des Empfängers an die des Senders an. Die Echos werden konturenstärker und kontrastreicher.
Brilliancy	Helligkeitsregelung. Hell bei Tage, schwach bei Nacht.
Pulse	Verändert die Impulsdauer. Der für entfernt liegende Ziele erforderliche lange Sendeimpuls erzeugt bei Objekten im näheren Bereich einen Radarschatten, der dahinter liegende Objekte verdeckt. Verkürzen von Pulse verbessert die radiale Auflösung.
STC	Sensitivity Time Control. Dient zur Seegangsenttrübung und Feinechodämpfung. Achtung: STC kann Feinechos unterdrücken.
FTC	Fast Time Constant. Unterdrückt Regenechos und erleichtert die Auswertung bei Nebel. Achtung: Auch FTC kann Feinechos unterdrücken.
IR	Beseitigt Störungen anderer Radargeräte (Interferenz - Unterdrückung).
VRM	Variable Range Marker. Verändert den Radius des variablen Messrings und zeigt die Entfernung zu einem Objekt an.
EBL	Electronic Bearing Line. Das elektronische Peillineal gibt die Peilung zu einem Objekt an.
Trail	Kielwasser. Zeigt Kurse von Schiffen an.
Echo Stretch	Vergrößert schwache Echos.
Echo Average	Hebt Echos im Seegang hervor.
Cursor	Beweglicher Hilfspunkt. Zur Anzeige von Richtung und Entfernung.
Alarm	Meldet das Auftreten eines Echos in einem vorgegebenen Bereich.
Off Ctr	Off Center. Verschiebt die eigene Schiffsposition aus dem Bildschirmzentrum (z. B. um den Vorausbereich zu vergrößern).
TX	Gerät ist eingeschaltet und arbeitet (TX für transmitting = sendend)
STBY	Stromsparender Standby - Modus (Bildschirm ausgeschaltet).

Schifffahrtsrecht

ALLGEMEINE VORSCHRIFTEN

1. SSS Mit welchen Maßnahmen wird ein Schiffsführer seiner Verantwortung für die Sicherheit der Besatzung gerecht?

Unter anderem ist jedes Besatzungsmitglied aktiv gefordert um seine Sicherheit bemüht zu sein. Der Schiffsführer muss dafür sorgen, dass bei allen über das bevorstehende Unternehmen Klarheit besteht und dass jeder an Bord dieser Herausforderung gewachsen ist. Ferner muss der Schiffsführer die Besatzung in alle Sicherheitsbelange einweisen und die Einhaltung der Sicherheitsvorkehrungen überwachen. Er hat die Vollständigkeit und den einwandfreien Zustand der Sicherheitsausrüstung zu gewährleisten.

Entsprechende Funkkanäle / Telefonnummern der Revierzentralen und Radarstationen die auf der Route kontaktiert werden könnten sollten **vor Antritt der Fahrt** notiert werden, das gleiche gilt für Kurse und Kursänderungspunkte sowie für entsprechende Wegpunkte.

Das Vorhandensein entsprechender nautischer Literatur / Unterlagen (Seekarten, Seehandbücher, Revierinformationen, Tidenkalender, Gezeitenstromtabellen / Atlanten, Handbuch für Brücke und Kartenhaus, Leuchtfeuerverzeichnis, nautischer und Revierfunkdienst, Nautisches Jahrbuch uvm.)

Für Notfälle hat der Schiffsführer Verfahrenspläne (Notrollen) vorzubereiten. Ein Stellvertreter ist zu benennen.

2. SSS Wer kann außer dem Schiffsführer noch für verkehrsrechtliche Fehlhandlungen verantwortlich gemacht werden und welche Umstände sind dafür erforderlich?

Bei den weiteren Personen, die neben dem Fahrzeugführer verantwortlich gemacht werden können, handelt es sich um Wachführer, Rudergänger oder andere Crewmitglieder (Gefahrengemeinschaft), welchen Aufgaben mit verkehrsrechtlicher Bedeutung übertragen worden sind (z.B. Seewache).

Der Fahrzeugführer bleibt jedoch gesamtverantwortlich und trägt zudem die Verantwortung für die geeignete Delegation der Aufgaben. Er darf diese Aufgaben nur an Personen übertragen, die auch die nötigen Kenntnisse und Fertigkeiten besitzen (Mindest-Bemannungs-Gesetz) und muss die ordnungsgemäße Durchführung der Aufgaben ständig überwachen, kontrollieren und erforderlichenfalls korrigieren.

Allgemeine Vorschriften — Schifffahrtsrecht

3. SSS Was sind Not- und Sicherheitsrollen ?

Für Notfälle wie Feuer an Bord, Mann über Bord, Wassereinbruch, Evakuierung, hat der Schiffsführer Verfahrenspläne (Not- oder Sicherheitsrollen) vorzubereiten und die Besatzung darin einzuweisen. Die Aufgaben für den Notfall sind zu Beginn der Reise zu verteilen.

Notfallplan / Notrollen

Logbuch-Nr.: _____

Datum Übernahme / Datum Übergabe

Crew: Gerrit, Ronja, Rosi, Julia, Holger, Aki, Chris, Michael, Berthold (Co-Skipper), Ali (Skipper)

Feuer im Schiff	Wassereinbruch	Mann über Bord
Brandbekämpfung Aki, Holger, Michael	**Lecksuche / Leckbekämpfung** Holger, Aki, Skipper	**Ausschau, Rettungsmittel, Alarm** Skipper, Alle
Löschernachschub Gerrit, Ronja, Berthold	**Funk, Ruder und Segel** Michael, Skipper, Berthold, Rosi	**GPS (MOB), Navigation, Funk** Alle, Skipper, Aki, Chris
Funk, Ruder und Segel Skipper, Michael, Chris	**Dokumente, Signalmittel, Erste Hilfe** Berthold, Chris, Julia, Ronja	**Rettungsmittel, Anbordholen, Bootshaken** Michael, Holger, Aki, Berthold
Dokumente, Signalmittel, Erste Hilfe Berthold, Rosi, Julia		**Manöver** Skipper, Berthold
		Erste Hilfe Julia, Rosi, Chris

4. SSS Wer ist für eine Verletzung eines Mitseglers verantwortlich, der nicht in der Lage war, sich bei dem herrschenden Wetter sicher an Deck zu bewegen?

Der Schiffsführer!

5. SSS Wer ist der verantwortliche Schiffsführer, wenn mehrere qualifizierte Personen an Bord sind und offensichtlich gemeinsam das Schiff führen?

Steht an Bord eines Schiffes der Fahrzeugführer nicht von vornherein fest und sind mehrere Personen zur Führung eines Fahrzeuges berechtigt, so haben sie vor Antritt der Fahrt zu bestimmen, wer verantwortlicher Fahrzeugführer ist.

(§4 Absatz 4 SeeSchStrO)

Schifffahrtsrecht — Allgemeine Vorschriften

6. SSS Was ist die Voraussetzung für einen Anspruch auf Schadenersatz?

Wenn ein schuldhaftes Verhalten nachzuweisen ist.

7. SSS Gegen wen richten sich Schadenersatzansprüche generell? Wer ist auf Sportfahrzeugen für Schäden verantwortlich, die durch ein Manöver des Bootes entstanden sind?

Haftungsansprüche richten sich zunächst gegen den Schädiger. In der nichtgewerblichen Sportschifffahrt ist dies im Allgemeinen der Schiffsführer, denn er trägt die Gesamtverantwortung für die Manöver des Schiffes. Skipper und Crew bilden, was das Haftungsrisiko betrifft, eine Gefahrengemeinschaft.

8. SSS Werden grundsätzlich alle Haftpflichtansprüche durch die allgemeinen Sportboothaftpflichtversicherungen gedeckt? Welche Rolle spielt eine gewerbliche Nutzung?

Die allgemeinen Sportbootversicherungen decken die berechtigten Schadenersatzansprüche gegen den Eigner, den Schiffsführer und Besatzungsmitglieder, die unter der Verantwortung des Schiffsführers handeln.

Wird das Schiff gewerblich genutzt, ist ein besonderer Versicherungsvertrag mit etwa doppelter Prämie nötig. Charterer sollten sich stets davon überzeugen, dass eine Haftpflichtversicherung für die gewerbliche Nutzung der Yacht abgeschlossen ist. Ist dies nicht einwandfrei feststellbar, kann man sich selbst gegen das Risiko versichern, dass der Vercharterer nicht ausreichend versichert ist. Diese Zusatzversicherung gilt in der Regel nur für die Dauer des Chartertörns.

9. SSS Bei Körperverletzung oder Tötung ist schon im Falle von Fahrlässigkeit eine Straftat gegeben. Auch bei Gefährdung?

Ja!

Denn strafbar sind auch der Versuch, fahrlässiges Handeln oder das fahrlässige Verursachen solcher Gefährdung.

10. SSS In welcher Form sind die Regeln des internationalen Übereinkommens der Vereinten Nationen vom 1974 zum Schutze des menschlichen Lebens auf See (SOLAS : Save Of Live At Sea) im deutschen Zuständigkeitsbereich umgesetzt worden?

Im einzelnen sind die Regeln umgesetzt worden, in
- der Verordnung über die Sicherung der Seefahrt,

Allgemeine Vorschriften — Schifffahrtsrecht

- der Schiffssicherheitsverordnung,
- der Sportsee- und Hochseeschifferscheinverordnung, sowie der Seesportbootverordnung.

11. SSS Welche Gefahren für die Seefahrt sind meldepflichtig?

Der Kapitän eines Schiffes, das eine unmittelbare Gefahr wie zum Beispiel ein gefährliches Wrack, ein fast unter Wasser treibender Container oder Baumstämme, gefährliches Eis, einen tropischen Wirbelsturm, gefährliche Vereisung oder einen nicht angesagten Sturm mit Beaufort 10 oder mehr etc. antrifft, ist verpflichtet dies zu melden.

12. SSS In welcher deutschen Rechtsverordnung ist die Verpflichtung zur Hilfeleistung bei Seenot festgelegt?

Verordnung über die Sicherung der Seefahrt.

13. SSS Für welche Fälle sind Pflichteintragungen in das Logbuch vorgeschrieben?

- Informationen über Mängel an der Ausrüstung,
- Sicherheitsrelevante Vorkommnisse,
- unterlassene Hilfeleistung,
- Zusammenstoß.

14. SSS Welche Vorschriften regeln die navigatorische Ausrüstung für Sportfahrzeuge und wie ist ihre Verbindlichkeit?

Die vorgeschriebene Standardregelung für die Navigationsausrüstung wird in Kapitel 5 Regel 19 SOLAS behandelt. Nach dem Schiffssicherheitsgesetz sind diese Normen auch für Fahrzeuge unter deutscher Flagge rechtsverbindlich

15. SSS Welches sind die gebräuchlichen Schiffspapiere ? Welche dienen uneingeschränkt als Eigentumsnachweis ? Welche als Nationalitätsnachweis ?

Die gebräuchlichen Schiffspapiere sind:
- Schiffszertifikat (für Yachten über 15 m Rumpflänge)
- Schiffsmessbrief (Eigentumsnachweis)
- Internationaler Schiffsmessbrief (1969) kurz „ITC 69" für Seeschiffe über 25 m Länge
- Flaggenzertifikat (für nichteintragpflichtige Yachten) von BSH
- Standerschein, Vereinsangehörigkeitsnachweis

Schifffahrtsrecht — Allgemeine Vorschriften

16. SSS Weshalb ist es von Bedeutung die Nationalität der Yacht nachweisen zu können?

Die Nationalität ist für den Rechtsstatus des Schiffes von großer Bedeutung. Aus ihr ergeben sich unterschiedliche Pflichten des Eigners, die von der Sicherheitsausrüstung bis zu den Steuern reichen. Der Eigentumsnachweis ist vor allem im Ausland erforderlich, wo die Polizeiorgane im Rahmen der Diebstahlbekämpfung häufig die Schiffspapiere verlangen.

17. SSS Aus welchen Gründen ist die Logbuchführung auch auf Sportbooten zu empfehlen?

Die Führung eines Schiffstagebuches, auch Logbuch genannt, **ist auch für die Sportschifffahrt gesetzlich vorgeschrieben.**

Darüber hinaus empfiehlt sich eine konsequente Logbuchführung als nützlich um Erfahrungen und Eindrücke zu sammeln, auf die man später gern zurückgreift.

Ferner ist die „Logbuchführung" von großer Bedeutung um für die Navigation einen festen Handlungsrhythmus zu finden und gleichzeitig ein fortlaufendes Protokoll zu erhalten.

Desweiteren ist eine ordnungsgemäße und konsequente „Logbuchführung" notwendig, um für wiederkehrende Handlungen und Pflichten im Rahmen der Schiffssicherheit einen gewissen Nachdruck leisten zu können und letztlich auch Nachweis zu führen. Aber auch, um im Falle eines Rechtsstreits eigene Sachverhalte belegen zu können.

18. SSS Welches sind die wesentlichen Eintragungen in das Logbuch zu Beginn der Reise?

Zu Beginn der Reise sollen eingetragen werden:

- die Crewliste mit Wacheinteilung und Notrollenplan
- der Stand der Bevorratung (Brennstoff, Öl, Batterien, Trinkwasser/Verpflegung) für X Tage
- der Sicherheitscheck (Seetüchtigkeit, Ausrüstung, etc.)
- die Creweinweisung,
- die Sicherheitsbelehrung,
- Ausklarieren und Abmeldung bei der Hafenverwaltung.

Allgemeine Vorschriften — Schifffahrtsrecht

19. SSS/SHS Welches sind die wiederkehrenden Logbucheintragungen während der Reise?

Während der Reise kommen ins Logbuch:

- Alle Wachwechsel.
- Alle Routinekontrollen (Bilge, Toiletten, Gas, Laternen).
- Einmal täglich gesamter Vorratsstand (Brennstoff, Wasser, Verpflegung).
- Alle besonderen Beobachtungen (Verkehrssituation, Schifffahrtshindernisse, veränderte Seezeichen und Wassertiefen, Naturereignisse etc.).
- Grundsätzlich zweistündlich (sonst nach Zweckmäßigkeit) die Navigationszeile mit Uhrzeit, Position, Logstand, Seemeilen, Kurs, ggf. Besegelung und Wetter.
- Bei Unfällen oder rechtsbedeutsamen Vorgängen (Schleppen, Hilfeleisten) den Wortlaut wichtiger Vereinbarungen oder, bei abgelehnter Hilfeleistung, die Begründung.
- Bedeckungsgrad, Windstärke und Richtung.

20. SSS In welchen Abständen werden Navigationseintragungen gemacht?

Grundsätzlich alle zwei Stunden (sonst nach Zweckmäßigkeit).

21. SSS In welchem Grunddokument ist die Ausrüstungspflicht für ausrüstungspflichtige seegehende Schiffe verankert?

Allgemeine Grundlage der Ausrüstungspflicht seegehender Schiffe (ab 500 BRZ - Brutto-Raumzahl) ist das internationale Übereinkommen von 1974/78 zum Schutz des menschlichen Lebens auf See: **SOLAS** (SAVE OF LIVE AT SEA).

22. SSS Worin unterscheidet sich die Schiffssicherheitsverordnung nach Zweck und Inhalt vom SOLAS?

Die internationale Schiffssicherheitsverordnung (SchSV) regelt die Anwendung des Übereinkommens von 1974/78 auf deutschen Seeschiffen und ergänzt dieses, wo erforderlich. Vor allem bezieht die SchSV, im Gegensatz zum internationalen Übereinkommen, auch die kleineren Seeschiffe mit ein.

23. SSS In welchen Fällen unterliegen Sportboote einer behördlich vorgeschriebenen Ausrüstungspflicht?

Wenn sie als Traditions- und Museumsschiffe und zum Zwecke der Ausbildung zugelassen sind, sowie Sportfahrzeuge von 8 bis 24 m Länge, die auch gewerbsmäßig zu Ausbildungszwecken benutzt werden.

Schifffahrtsrecht — Allgemeine Vorschriften

24. SSS Welche Sicherheitszeugnisse sind für die gewerbliche Nutzung von Sportbooten vorgeschrieben und wer stellt sie aus?

- Sicherheitszeugnis der Seeberufsgenossenschaft (SeeBg) und
- Bootszeugnis des zuständigen Wasser und Schifffahrtsamtes.

25. SSS Welche Art von Ausrüstungspflicht besteht für normal genutzte Sportboote?

Für ganz normale Sportboote, mit denen keine gewerbliche Ausbildung oder Personenbeförderung betrieben wird, ist keine Sicherheitsausrüstung gesetzlich vorgeschrieben. Für sie gelten jedoch die Sicherheitsrichtlinien der Kreuzerabteilung des DSV.

26. SSS/SHS In welchen Fällen ist für Sportfahrzeuge eine Besetzung behördlich vorgeschrieben?

Wer ein Sportfahrzeug gewerbsmäßig, jedoch nicht als Kauffahrtenschiff führt, braucht als Fahrerlaubnis, je nach Fahrtgebiet, den SSS-Schein (Sportseeschifferschein) oder den SHS-Schein (Sporthochseeschifferschein).

Bei Traditionsschiffen, deren Betrieb ausschließlich ideellen Zwecken dient, gilt die Regelbesetzung in Anlage 4 der Sportseeschifferscheinverordnung.

27. SSS/SHS Welche Führerscheininhaber sind für eine gewerblich genutzte Ausbildungsyacht von 14 m Länge und mit 6 Schülern an Bord für eine siebentägige Ausbildungsfahrt vorgeschrieben? Unter welchen Umständen könnte man einen Führerscheininhaber einsparen?

1 x SSS-Schein und 1 x SHS-Schein. Wenn allabendlich eine Bucht oder ein Hafen angesteuert wird (Einwachsystem).

28. SSS Inwiefern sind für normale Sportboote über den Sportbootführerschein See (SBF-See) hinaus angemessene Führerscheine zweckmäßig?

Für normale Sportboote, die nicht gewerblich eingesetzt werden, gibt es keine eigentliche Besetzungsvorschrift. Der Schiffsführer muss bei einer Motorisierung von mehr als 11,03 KW (15PS) Inhaber des amtlichen SBF-See bzw. SBF-Binnen sein.

29. SSS Wer ist im Falle eines normalen Sportbootes für die ausreichende Qualifikation der Besatzung verantwortlich?

Der Schiffsführer.

Allgemeine Vorschriften — Schifffahrtsrecht

30. SSS Formulieren Sie übungshalber eine Gefahrenmeldung per Funk über einen gesichteten treibenden Container.

Den Gefahrenmeldungen über Sprechfunk ist das dreimal gesprochene Wort **Sécurité** voranzustellen. Gefahrenmeldungen sollen möglichst in englischer Sprache gesendet werden und sollen folgende Angaben enthalten:

- Art der Gefahr
- Position der Gefahr
- Uhrzeit (UTC) und Datum ihrer letzten Beobachtung

Beispiel:
- Sécurité, sécurité, sécurité
- this is Angela, Angela, Angela 3462411 DAAB Angela
- our position is 54°
- following observed at 11:00 UTC
- almost underwater submerged Container
- wide berth requestet. This is a warning to all ships
- Angela over

31. SSS Wer entscheidet, welches Schiff zur Hilfeleistung verpflichtet ist und welche nicht (wenn mehrere Schiffe die erste Seenotmeldung bestätigt haben)?

Die koordinierende Seefunkstelle (On-scene commander OSC).

32. SSS Welche Pflichten hat ein Schiffsführer bei einem Schiffsunfall bezüglich der Sicherheit des übrigen Verkehrs?

Bei Schiffsunfällen sind die Schiffsführer verpflichtet Gefährdung des weiteren Verkehrs zu verhindern. Im Einzelnen müssen sie:

- Bei Gefahr des Sinkens das Fahrzeug möglichst weit aus dem Fahrwasser schaffen,
- dabei muss ein Kollisionsgegner, der schwimmfähig geblieben ist, helfen,
- das zuständige Wasser-Schifffahrtsamt und die Verkehrszentrale unverzüglich unterrichten,
- die Stelle eines gesunkenen Fahrzeugs behelfsmäßig kennzeichnen.

Die Unfallstelle dürfen die Beteiligten erst nach Genehmigung des örtlich zuständigen Wasser- und Schifffahrtsamtes verlassen.

(§37 SeeSchStrO)

Schifffahrtsrecht — Allgemeine Vorschriften

33. SSS Wo findet die gegenseitige Beistandspflicht nach einer Kollision ihre Grenzen?

Sind Schiffe zusammengestoßen, so haben die beteiligten Schiffsführer oder sonst für die Sicherheit Verantwortliche, allen vom Unfall Betroffenen Beistand zu leisten, soweit sie dazu ohne erhebliche Gefahr für das eigene Schiff und Besatzung imstande sind.

34. SSS Wie lange müssen die an einer Schiffskollision beteiligten Schiffe beieinander bleiben?

Die Schiffe haben so lange beieinander zu bleiben, bis sich die Schiffsführer Gewissheit darüber verschafft haben, dass weiterer Beistand nicht mehr erforderlich ist.

35. SSS Welche Meldepflicht besteht für einen Schiffer, der nach einem Zusammenstoß / Kollision nicht an der Unfallstelle verweilen konnte?

Kann ein Schiffsführer seiner Beistandspflicht nicht nachkommen, so hat er dies mit den Gründen in das Logbuch einzutragen (gilt allerdings nicht für die nichtgewerbliche Sportschifffahrt). Der Schiffsführer eines Schiffes, (oder bei dessen Verhinderung ein anderes Besatzungsmitglied oder, sofern keine dieser Personen dazu in der Lage ist, der Betreiber des Schiffes) das die Bundesflagge führt, hat der Bundesstelle für Seeunfalluntersuchung (BSU) unverzüglich jedes das Schiff betreffende schaden- oder gefahrenverursachende Vorkommnis im Sinne von Absatz 2 zu melden und möglichst folgende Angaben zu übermitteln:

1. Name und derzeitiger Aufenthalt des Meldenden,
2. Ort (geographische Position) und Zeit des Unfalls,
3. Name, IMO-Identifikationsnummer, Rufzeichen und Flagge des Schiffes sowie Rufnummer des zu diesem Schiff gehörenden mobilen Seefunkdienstes (MMSI),
4. Typ, Verwendungszweck, Länge und Tiefgang des Schiffes,
5. Name des Betreibers des Schiffes,
6. Name des verantwortlichen Schiffsführers,
7. Herkunfts- und Zielhafen des Schiffes,
8. Anzahl der Besatzungsmitglieder und weiteren Personen an Bord,
9. Umfang des Personen- und Sachschadens,
10. Angaben über beförderte Güter,
11. Darstellung des Verlaufs des Vorkommnisses,
12. Angaben über andere Schiffe, die am Unfall beteiligt sind,
13. Wetterbedingungen,
14. Darstellung der Gefahr einer Meeresverschmutzung.

(Verordnung über die Sicherung der Seefahrt).

36. SSS Eine Kollision zwischen zwei Yachten im Mittelmeer hat an beiden Fahrzeugen Schäden verursacht, wobei möglicherweise die Schwimmfähigkeit der Fahrzeuge beeinträchtigt wurde. Beschreiben Sie, wie sich die Kollisionsgegner gemäß der Verordnung über die Sicherung der Seefahrt zu verhalten haben.

Beide Fahrzeuge müssen am Unfallort bleiben und feststellen:

- sind Personen verletzt und benötigen diese Hilfe?,
- ist gegenseitiger Beistand (materieller Art) erforderlich?

Sie müssen austauschen:

- Schiffsname,
- Abgangs- und Bestimmungshafen,
- Unterscheidungssignal.

Sie dürfen die Reise erst fortsetzen, wenn kein Beistand mehr benötigt wird.

Kann ein Schiffsführer seiner Beistandspflicht (weshalb auch immer) nicht nachkommen, so hat er dieses unter Angabe der Gründe ins Logbuch einzutragen und das für seinen Heimathafen zuständige Seeamt zu informieren.

37. SSS Welche Gesetze und Verordnungen regeln das Verhalten nach einem Zusammenstoß?

- Verordnung über die Sicherung der Seefahrt.
- SeeSchStrO (§ 37 Verhalten bei Schiffsunfällen).
- Seesicherheits-Untersuchungs-Gesetz - SUG (Anzeigepflicht).

38. SSS Auf hoher See unterliegt ein Schiff dem Recht des Flaggenstaates. Welche Befugnisse hat ein fremder Staat auf hoher See nach dem Seerechtübereinkommen und nach dem Wiener Suchtstoffübereinkommen von 1988 (in Deutschland in Kraft seit 1994)?

Nach den Übereinkommen darf ein Staat ein Schiff unter fremder Flagge auf hoher See, wegen mutmaßlicher unerlaubter Beförderung von Drogen, nur dann kontrollieren, wenn der Flaggenstaat des Schiffes vorher zugestimmt hat.

Hierbei muss unter anderem der Grundsatz der Verhältnismäßigkeit gewährt sein.

Schifffahrtsrecht — Allgemeine Vorschriften

39. SSS/SHS Was ist zu tun, wenn sich ein Einschleicher an Bord befindet?

- Man läuft den Abgangshafen an und setzt ihn an Land.
- Solange er an Bord ist, unterliegt er dem Recht des Flaggenstaates.
- Er muss verpflegt und untergebracht werden.
- Man darf ihn nicht zur Arbeit anstellen.
- Seine Papiere sind zu prüfen.
- Er ist auf Drogenschmuggel zu untersuchen.
- Kann er nicht zurück gebracht werden, nimmt man Verbindung mit der Immigrationsbehörde des Zielhafens auf.
- Der Eigner / Schiffsführer trägt alle Kosten, auch die des erforderlichen Rücktransports, falls die Einreise nicht gewährt wird!

40. SSS Worauf erstreckt sich die Verantwortung des Schiffsführers?

- Auf die Sicherheit von Schiff und Besatzung,
- auf die Befolgung der Verkehrsvorschriften und die Anwendung guter Seemannschaft,
- auf die Vermeidung unnötiger Umweltbelastung,
- auf die Folgen des Betriebes des Fahrzeugs unter seiner Leitung.

41. SSS Welche strafrechtlichen Tatbestände könnten sich aus der Verantwortung des Schiffsführers ergeben?

- Fahrlässige Körperverletzung, z.B. verursacht durch die bewusst geduldete mangelhafte Befestigung eines Handlaufs,
- Verkehrsgefährdung, z.B. durch Führen des Fahrzeuges in betrunkenem Zustand,
- fahrlässige Verunreinigung eines Gewässers, z.B. durch Unachtsamkeit beim Tanken,
- umweltgefährdende Abfallbeseitigung, z.B. beim achtlosen Wegwerfen der abgelaufenen Seenotsignalmunition.

Allgemeine Vorschriften — Schifffahrtsrecht

42. SSS Welche zivilrechtlichen Tatbestände könnten sich aus der Verantwortung des Schiffsführers ergeben?

- Die Haftung für Personen oder Sachschäden, die auf Grund verkehrswidrigen bzw. fahrlässigen Verhaltens, z.B. wegen Nichtbeachtens der Ausweichregeln entstanden sind,
- die Haftung für Sachbeschädigungen auf Grund schlechter bzw. unzureichender Seemannschaft, z.B. weil das Schiff mit zu wenig gestreckter Kette vor Anker auf eine andere Yacht trieb,
- die Haftung für Gesundheitsschäden eines Besatzungsmitgliedes, das z.B. wegen mangelhaft befestigten Handlaufs verunglückt war

43. SSS Wie regelt der Schiffsführer die Verantwortung der Besatzungsmitglieder im Rahmen eines Wachplans für eine mehrere Tage dauernde Reise?

- Vor Fahrtantritt werden Schiffsführer, Stellvertreter, Wachführer und Wachen einvernehmlich benannt und im Logbuch festgehalten. Schiffsführerstellvertreter und Wachführer müssen für ihre Aufgabe qualifiziert sein.
- Es ist festzulegen, unter welchen Umständen der Schiffsführer bei Entscheidungen hinzuzuziehen ist.
- Ein Wachplan mit geregelten Zeiten ist aufzustellen.
- Jeder Wachwechsel ist unter Bezeichnung der übernehmenden Wache im Logbuch festzuhalten.
- Bei jedem Wachwechsel sind die Position und das Durchführen der Routinekontrollen im Logbuch einzutragen.

44. SSS Inwieweit dürfen sich Personen nach dem Genuss alkoholischer Getränke an der Handhabung eines Schiffes nicht beteiligen?

Wer in der sicheren Führung eines Fahrzeuges behindert ist, darf weder das Fahrzeug führen noch dessen Kurs oder Geschwindigkeit selbständig bestimmen. Das gleiche gilt für jemanden, der eine Blutalkoholkonzentration von 0,5 oder mehr Promille hat (§ 3 SeeSchStrO).

45. SSS Welche Schiffspapiere sind für deutsche Sportfahrzeuge bis 15 Meter Länge vorgesehen, wie erwirbt man sie und welche Voraussetzungen sind zu erfüllen?

Der internationale Bootsschein für Wassersportfahrzeuge, (gilt in Verbindung mit einem Personalausweis oder Reisepass als Eigentumsnachweis).

Kennzeichenausweis: Enthält die wichtigsten Daten des Schiffes, der Funkausrüstung

Schifffahrtsrecht — Allgemeine Vorschriften

und des Motors, sowie Angaben zur Person des Eigners.

Das amtlich anerkannte Kennzeichen ist auf den Binnenwasserstraßen für motorisierte Kleinfahrzeuge über 2,21 KW (3 PS) und für Segelfahrzeuge mit mehr als 5,50 m Rumpflänge vorgeschrieben und in mindestens 10 cm großen Buchstaben / Nummern auf beiden Seiten des Bugs oder am Heck anzubringen.

Wird vom DSV, DMYV oder ADAC, unter Vorlage von Kopien, der Rechnung und des Kaufvertrages, sowie des Passes und der Meldebestätigung bei Ausländern mit Wohnsitz in Deutschland, auf Antrag ausgestellt und ist zwei Jahre gültig.

Das Flaggenzertifikat ist ein amtlicher Ausweis für Seeschiffe, mit dem die Berechtigung zum Führen der Bundesflagge nachgewiesen wird. Es wird auf Antrag vom BSH nach Vorlage des Personalausweises, des Kaufvertrages, der Rechnung, des Nachweises technischer Daten und 2 Fotos des Schiffes ausgestellt. Es ist erforderlich bei Fahrten auf französischen Küsten und Seegewässern. Das Flaggenzertifikat ist acht Jahre gültig und kann verlängert werden.

46. SSS Welche Art von Schiffsdokument ist für Wassersportfahrzeuge über 15 m Länge vorgeschrieben? Welche Voraussetzungen müssen erfüllt sein? Welche Eigenschaften hat das Dokument und welche Behörde stellt es aus?

Sportboote über 15 m Länge benötigen ein Schiffszertifikat, das auf Antrag von einem der 21 Amtsgerichte mit Seeschiffsregister ausgestellt wird. Das Schiff wird in das Seeschiffsregister eingetragen. Dazu muss ein Schiffsmessbrief vorliegen, den das BSH auf Antrag ausstellt.

Registrierte Yachten erhalten neben dem Schiffszertifikat, das man wie den Kfz-Brief zu Hause ablegt, den „amtlich beglaubigten Auszug aus dem Schiffsregister". Dieser wird als Eigentumsnachweis des Rechts zur Führung der Bundesflagge gewährt und an Bord mitgeführt.

47. SSS Nennen Sie das **Schiffsdokument**, das in der Regel dem deutschen Eigentümer eines Wassersportfahrzeugs als Nachweis des Eigentums und der Nationalität dient.

Für nicht registrierpflichtige Schiffe, deren Eigner Deutsche sind, wird auf Antrag der internationale Bootsschein für Wassersportfahrzeuge ausgestellt, der von allen europäischen Ländern anerkannt wird, außer von Frankreich. In Frankreich wird das Schiffszertifikat oder das Flaggenzertifikat (von BSH) verlangt. Yachten über 15 Meter sind registrierpflichtig.

48. SSS Nennen Sie das Schiffsdokument, das die Vermessung einer Yacht amtlich verbrieft. Nennen Sie die hierfür verantwortliche Behörde.

Schiffsmessbrief. Die Vermessung eines Schiffes erfolgt durch das BSH.

49. SSS Erläutern Sie folgende Fragen:
1) Wo wird das Schiffsregister geführt?
2) Welche Sportfahrzeuge müssen und welche können eingetragen werden?
3) Welche Voraussetzungen muss der Eigner erfüllen?
4) Welches Dokument stellt das Registergericht aus?
5) Welche Rechte und Pflichten ergeben sich daraus für Sie beim Betrieb Ihres Fahrzeuges?
6) Wodurch können nicht eintragungspflichtige Wassersportfahrzeuge das Recht zur Führung der deutschen Bundesflagge nachweisen?

1) Das Seeschiffregister wird bei bestimmten Amtsgerichten geführt.

2) Ein zur Seefahrt bestimmtes Sportfahrzeug muss in das Schiffsregister eingetragen werden, wenn seine Rumpflänge, gemessen zwischen den äußersten Punkten des Vorstevens und das Achterstevens, mehr als 15 m beträgt. Zur Seefahrt bestimmte Yachten können unterhalb dieses Grenzwertes eingetragen werden. Vor der Eintragung muss das Schiff von der BSH vermessen werden und der Eigentumsnachweis erfolgen.

3) Der Eigner muss Deutscher sein.

4) Das Registergericht stellt das Schiffszertifikat aus. An Bord wird nur ein amtlich beglaubigter Auszug mitgeführt.

5) Mit dem Schiffszertifikat entsteht das Recht und die Pflicht, die Bundesflagge zu führen. Der Name des Sportfahrzeuges und der Heimathafen sind außen gut sichtbar und fest anzubringen. Das Fahrzeug bekommt ein Rufzeichen zugeteilt.

6) Flaggenzertifikat.

SEEVERKEHRSRECHT

50. SSS Wo findet man als deutscher Sportschiffer z.B. die dänische Parallelvorschrift zur deutschen Seeschifffahrtsstraßen-Ordnung und den dazugehörigen Geltungsbereich?

Geltungsbereich:

Die Kollisionsverhütungsregeln (KVR) gelten auf hoher See und auf den damit verbundenen, von Seeschiffen befahrenen Gewässern, also grundsätzlich auch im Hoheitsgebiet der einzelnen Küstenstaaten. Nationale Vorschriften ergänzen diese grundsätzlichen Verkehrsregeln, wo immer dies auf Grund der regionalen Gegebenheiten erforderlich ist. Deutsche Seeleute finden solche nationalen Ergänzungen im Teil A „Schifffahrtsangelegenheiten" der Seehandbücher des BSH.

Schifffahrtsrecht — Allgemeine Vorschriften

51. SSS Wo findet man ortsbezogene Regelungen und Verkehrsvorschriften im deutschen Bereich unterhalb der Ebene der Seeschifffahrtsstraßenordnung?

Besondere ortsbezogene Verkehrsvorschriften sind in den Bekanntmachungen der Wasser- und Schifffahrtsdirektionen Nordwest und Nord enthalten. Für größere Seehäfen haben die Länderbehörden Hafenverkehrsordnungen erlassen.

52. SSS Was sind Fahrwasser im Sinne der SeeSchStrO?

Fahrwasser, im Sinne der Verordnung, sind die Teile der Wasserflächen, welche durch Tonnen begrenzt oder gekennzeichnet sind oder diejenigen, soweit dies nicht der Fall ist, auf den Binnenwasserstraßen, die für durchgehende Schifffahrt bestimmt sind. (§2 SeeSchStrO)

53. SSS Wie fährt ein Fahrzeug, das außerhalb des Fahrwassers bleiben möchte?

Außerhalb des Fahrwassers ist es so zu fahren, dass klar erkennbar ist, dass das Fahrwasser nicht benutzt wird (§22.2 SeeSchStrO). Dort gelten die Ausweichregeln der KVR.

54. SSS Aus welcher Vorschrift ergibt sich das Rechtsfahrgebot im Fahrwasser nach SeeSchStrO?

Alle Fahrwasser im Bereich der SeeSchStrO sind enge Fahrwasser im Sinne der Regel 9 KVR, deshalb gilt dort das Rechtsfahrgebot.

55. SSS Wie ist das Überholen in der SeeSchStrO geregelt und wo ist es verboten?

Grundsätzlich muss links überholt werden, rechts kann überholt werden, wenn es die Umstände erfordern. Das voraus fahrende Fahrzeug muss, wenn dessen Mitwirkung erforderlich ist, ansignalisiert werden (lang-lang-kurz. Stb oder lang-lang-kurz-kurz an Bb) und „einverstanden" zurück geben (lang-kurz-lang-kurz). Anstelle der Schallsignale ist auch eine UKW-Absprache zulässig.

Überholen ist verboten:
- ohne Einverständnis des zu überholenden (wenn dessen Mitwirkung erforderlich ist),
- in der Nähe von nicht freifahrenden Fähren in Fahrt,
- an engen Stellen und in unübersichtlichen Krümmungen,
- vor und in den Schleusen des NOKs,
- und innerhalb von Strecken, die von Wasser- und Schifffahrtsdirektionen Nord und Nordwest bekannt gemacht worden sind (§23 SeeSchStrO).

56. SSS In einem Fahrwasser befinden sich zwei Segelfahrzeuge, die nicht der Richtung des Fahrwassers folgen, auf Kollisionskurs. Nach welcher Vorschrift müssen sich beide verhalten?

Abweichend von den KVR haben (Innerhalb des Geltungsbereiches der SeeSchStrO) dem Fahrwasserverlauf folgende Fahrzeuge, unabhängig davon ob sie nur innerhalb des Fahrwassers sicher fahren können, Vorfahrt gegenüber Fahrzeugen, die

- in das Fahrwasser einlaufen,
- das Fahrwasser queren,
- im Fahrwasser drehen,
- ihre Anker und Liegeplätze verlassen (§25.2 SeeSchStrO).

Sofern Segelfahrzeuge nicht deutlich dem Fahrwasserverlauf folgen (+/- 10°), haben sie sich untereinander nach den KVR zu verhalten (§25.3 SeeSchStrO).

57. SSS Gibt es eine Priorität, wenn zwei Fahrwasser ineinander münden?

Fahrzeuge im Fahrwasser haben unabhängig davon, ob sie dem Fahrwasserverlauf folgen, Vorfahrt vor Fahrzeugen, die aus einem abzweigenden oder einmündenden Fahrwasser einlaufen (§25.4 SeeSchStrO).

58. SSS Von welchen Hauptfaktoren wird allgemein die zulässige Fahrgeschwindigkeit abhängig gemacht?

Jedes Fahrzeug muss mit einer sicheren, den Bedingungen und Umständen angepassten Geschwindigkeit fahren. Zur Bestimmung der sicheren Geschwindigkeit müssen unter anderem folgende Umstände berücksichtigt werden:

- Sichtverhältnisse,
- Verkehrsdichte,
- Manövrierfähigkeit,
- Wind, Seegang und Strömungsverhältnisse,
- Wassertiefe.

Bei Fahrzeugen unter Radar muss die Geschwindigkeit den Leistungsgrenzen der Radaranlage angepasst werden (Regel 6 KVR).

Schifffahrtsrecht — Allgemeine Vorschriften

59. SHS/SHS Gibt es besondere Regeln beim Wasserskifahren?

Wasserskifahren, Segelsurfen und Wassermotorradfahren sind im Fahrwasser verboten, außer auf behördlich bekannt gemachten Wasserflächen.

Außerhalb des Fahrwassers sind diese Aktivitäten generell erlaubt, außer in Verbotszonen.

Nachts und bei unsichtigem Wetter sind Wasserskifahren, Surfen und Wassermotorradfahren grundsätzlich verboten.

Zugboote der Wasserskiläufer, Wassermotorradfahrer und Segelsurfer müssen allen anderen Fahrzeugen ausweichen (§31 SeeSchStrO).

60. SSS In welcher Weise unterscheidet sich das Verhalten zweier Fahrzeuge in einer Vorfahrtssituation nach SeeSchStrO gegenüber einer Ausweichsituation nach KVR?

Nach den KVR hat der Ausweichpflichtige so früh wie möglich für den anderen deutlich erkennbar Kurs, Fahrt oder beides so zu ändern, dass ein sicherer Passierabstand erreicht wird (Regel 8 und 16 KVR).

Das andere Fahrzeug ist Kurshalter. Es ist verpflichtet, Kurs und Fahrt beizubehalten. Sollte es aber klar werden, dass der Ausweichpflichtige nicht ausweicht, darf er zur Abwendung einer Kollision manövrieren (Manöver des vorletzten Augenblicks).

Er muss in diesem Fall allerdings auch in einer Weise manövrieren, wie es zur Vermeidung eines Zusammenstoßes am dienlichsten ist (Manöver des letzten Augenblicks).

Abweichend von den KVR haben dem Fahrwasserverlauf folgende Fahrzeuge Vorfahrt gegenüber Fahrzeugen, die:

- in das Fahrwasser einlaufen,
- das Fahrwasser queren,
- dort drehen oder ihre Anker / Liegeplätze verlassen.

Im übrigen **bedeutet Vorfahrt gewähren eine Wartepflicht und keine Ausweichpflicht.** Der Vorfahrtsberechtigte ist nicht Kurshalter nach KVR.

61. SSS Erläutern Sie den Ausdruck Basislinie und geben sie an auf welchen Wasserflächen die Seeschifffahrtsstraßen-Ordnung gilt.

Durch die Basislinie wird das Küstenmeer von den inneren Gewässern getrennt. Sie ist an der Küste die mittlere Niedrigwasserlinie. Einbuchtungen schneidet sie gradlinig ab.

Seeverkehrsrecht — Schifffahrtsrecht

Landwärts der Basislinie liegen die inneren Gewässer. Seewärts davon beginnt das Küstenmeer.

Die SeeSchStrO gilt auf den deutschen Seeschifffahrtsstraßen, ausgenommen die Emsmündung, und im restlichen Küstenmeer der BRD (12 sm ab Küstenbasislinie).
Die Seeschifffahrtsstraßen im Sinne dieser Verordnung umfassen:

- die Wasserflächen zwischen der Küstenlinie bei mittlerem Hochwasser oder der seewärtigen Begrenzung der Binnenwasserstraßen und einer Linie von drei Seemeilen seewärts der Basislinie.
- die durchgehend durch laterale Zeichen (Tonnen) begrenzten Wasserflächen der seewärtigen Teile der Fahrwasser im Küstenmeer.
- Wasserflächen zwischen den Ufern bestimmter Binnenwasserstraßen (§ 1 SeeSchStrO).

Ferner gilt die SeeSchStrO zwischen der 3-Meilen-Linie und der seewärtigen Grenze des Küstenmeeres (12-Meilen-Linie) mit einem Teil ihrer Vorschriften.

---

62. SSS Was bedeutet „Sichere Geschwindigkeit" ? Welche Faktoren müssen zusätzlich berücksichtigt werden bei Fahrt unter Radar?

Sichere Geschwindigkeit:

Jedes Fahrzeug muss jederzeit mit einer sicheren Geschwindigkeit fahren, sodass es geeignete Maßnahmen treffen kann um einen Zusammenstoß zu vermeiden und innerhalb einer bestimmten Entfernung zum Stehen gebracht werden kann, welche den gegebenen Umständen und Bedingungen entspricht. Sie muss den Sichtverhältnissen, der Verkehrsdichte, der Manövrierfähigkeit und Wassertiefe, sowie den Wind-, Seegangs- und Strömungsverhältnissen angepasst sein (Regel 9a KVR).

Kann auf ein betriebsfähiges Radar zurückgegriffen werden, muss die Geschwindigkeit zusätzlich dessen Leistungsgrenzen, den Einschränkungen des benutzten Entfernungsbereichs, den Störungen durch Seegang und Wetter, der Gefahr nicht angezeigter kleiner Fahrzeuge, der Verkehrsdichte und letztlich der verbleibenden optischen Sichtweite entsprechen (Regel 9b KVR).

---

63. SSS Muss ein Fahrzeug, das Unterwasserarbeiten ausführt, einem tiefgangbehinderten Fahrzeug ausweichen?

Nein. Ein Fahrzeug, das Unterwasserarbeiten ausführt, gilt im Sinne der KVR als manövrierbehindert. Einem solchen Fahrzeug muss ausgewichen werden.

Ferner gilt, dass Maschinenfahrzeuge, Segler, Fischer und manövrierbehinderte oder unfähige Fahrzeuge in einer Ausweichordnung zu einander stehen. Jeweils der Vorgenannte weicht den nachstehenden aus. Jedes Fahrzeug mit Ausnahme eines manövrier-

Schifffahrtsrecht — Allgemeine Vorschriften

behinderten oder manövrierunfähigen muss, sofern die Umstände es zulassen, vermeiden die sichere Durchfahrt eines tiefgangbehinderten Fahrzeugs zu behindern (Regel 18 KVR).

64. SSS Ein Segler mit rauem Wind von Backbord erkennt nachts Bb voraus ein grünes Licht mit stehender Peilung. Wer weicht aus?

Der Segler mit Wind von Backbord muss ausweichen! Denn es gilt: ein Segler mit Wind von Backbord weicht einem anderen Segler Luv voraus aus, wenn nicht zu erkennen ist von welcher Seite dieser den Wind hat (Regel 12aIII KVR).

65. SSS Ist ein tiefgangbehindertes Fahrzeug gegenüber einem anderen Fahrzeug, das seine sichere Durchfahrt gewähren muss, kurshaltepflichtig?

Nein! Maschinenfahrzeuge, Segler, Fischer und manövrierbehinderte und -unfähige stehen in einer Ausweichordnung zueinander. Jeweils der Vorgenannte weicht den nachstehenden aus.

Jedes Fahrzeug mit Ausnahme eines manövrierbehinderten oder manövrierunfähigen muss, sofern die Umstände es zulassen, vermeiden, die sichere Durchfahrt eines tiefgangbehinderten Fahrzeugs zu behindern (Regel 18 KVR).

66. SSS In einem engen Fahrwasser begegnet einer 15-m-Yacht eine große Fähre. Wie verhält sich die Yacht gegenüber dem Entgegenkommer?

In engen Fahrwassern oder Fahrrinnen, die übrigens nicht als solche offiziell bezeichnet sein müssen, gilt das Rechtsfahrgebot. Ferner darf die Durchfahrt an das Fahrwasser oder an die Fahrrinne gebundener Fahrzeuge nicht behindert werden, durch:

- querende Fahrzeuge (aller Art),
- Fahrzeuge unter 20 m Länge,
- fischende Fahrzeuge

(Regel 9 KVR).

67. SSS Was sind Verkehrstrennungsgebiete und unter welchen Umständen darf ein Verkehrstrennungsgebiet gequert werden und wie?

Es sind bekannt gemachte Schifffahrtswege, die durch Trennzonen/Trennlinien geteilt sind. Ein Schiff darf jeweils rechts der Trennzone/Linie fahren.
Queren vermeiden!

Wenn dennoch nötig, möglichst mit der Kielrichtung im rechten Winkel zur allgemeinen Verkehrsrichtung queren (Regel 10c KVR).

68. SSS Kann ein Fahrzeug, das sich im Durchgangsverkehr eines Verkehrstrennungsgebietes befindet, ausweichpflichtig werden?

Die besonderen Verhaltensregeln befreien ein Fahrzeug nicht von seiner Verpflichtung aufgrund einer anderen Regel der KVR (Regel 10a).

Insofern gelten für die Verkehrsteilnehmer im Verkehrstrennungsgebiet (VTG) untereinander ebenso wie gegenüber dem angrenzenden oder dazu stoßenden Verkehr die normalen Fahr- und Ausweichregeln, sowie die Regeln für verminderte Sicht, neben allen anderen Vorschriften der KVR.

69. SSS Ein Maschinenfahrzeug unter 20 m Länge läuft unter spitzem Winkel in den Einbahnweg eines Verkehrstrennungsgebietes ein und nähert sich mit der Backbordseite einem anderen, der allgemeinen Verkehrsrichtung folgenden Maschinenfahrzeug, so dass die Möglichkeit der Gefahr eines Zusammenstoßes besteht.
Wie handeln beide Fahrzeuge?

Das Verbot für Fahrzeuge unter 20 m Länge und Segler, Maschinenfahrzeuge nicht zu behindern, bedeutet z.B. mit dem Queren eines Verkehrstrennungsgebietes zu warten, so dass die Gefahr eines Zusammenstoßes und damit eine Ausweichpflicht, gar nicht erst entsteht.

Sollte sich dennoch eine Kollisionsgefahr ergeben und das kleine Fahrzeug nach den Ausweichregeln kurshaltepflichtig sein, behält das Nichtbehinderungsgebot Vorrang vor der Kurshaltepflicht. Es bleibt handlungspflichtig und muss weiter versuchen die Behinderung zu vermeiden (Regel 8f II). Der Längsfahrer ist ausweichpflichtig (Regel 8f III).

70. SSS Ein Segler will den Einbahnweg eines Verkehrstrennungsgebietes queren und gerät in stehende Peilung mit einem dem Einbahnweg folgenden Maschinenfahrzeug. Wie verhalten sich beide Fahrzeuge?

Das Verbot für Fahrzeuge unter 20 m Länge und Segler, Maschinenfahrzeuge innerhalb eines Verkehrstrennungsgebietes nicht zu behindern, bedeutet z.B. mit dem Queren zu warten, so dass die Gefahr eines Zusammenstoßes und damit eine Ausweichpflicht gar nicht erst entsteht.

Sollte sich dennoch eine Kollisionsgefahr ergeben und das kleine Fahrzeug nach den Ausweichregeln kurshaltepflichtig sein, behält das Nichtbehinderungsgebot Vorrang vor der Kurshaltepflicht.

Es bleibt handlungspflichtig und muss weiter versuchen die Behinderung zu vermeiden (Regel 8f II). Der Längsfahrer ist ausweichpflichtig (Regel 8f III).

Schifffahrtsrecht — Allgemeine Vorschriften

71. SSS Auf freier See nähert sich einem Maschinenfahrzeug ein zweites Fahrzeug von Bb, Seite an Seite auf einer stehenden Seitenpeilung von 245°. Wer ist ausweichpflichtig?

Ein Fahrzeug gilt als Überholer, wenn es im Hecklichtsektor (112,5° bis 247,5°) des anderen aufkommt und ist demnach ausweichpflichtig (Regel 13b KVR).

Entscheidend dabei ist der Augenblick des ersten Insichtkommens.

Eine spätere Änderung der Peilungen der Fahrzeuge zu einander ist irrelevant! Auch im Zweifelsfalle gilt man als Überholer (Regel 13c und 13d KVR).

72. SSS Ein Maschinenfahrzeug peilt ein entgegenkommendes Maschinenfahrzeug 2° Bb voraus. Wer ist ausweichpflichtig?

Maschinenfahrzeuge auf entgegen gesetzten Kursen weichen beide nach Steuerbord aus (Regel 14 KVR).

73. SSS Zwei Segler laufen Seite an Seite platt vor dem Wind, beide unter „Spi" und geborgenem Großsegel. Wonach richtet sich die Ausweichpflicht?

Zunächst gilt:

Ein Segler mit Wind von Bb weicht einem anderen Segler Luv voraus aus, wenn nicht zu erkennen ist von welcher Seite dieser den Wind hat (Regel 12aIII KVR). In diesem Fall ist die Stellung des Großbaums, des Spinnakerbaums, oder wenn beide fehlen, des größten Schartsegels entscheidend, von welcher Seite, im Sinne dieser Ausweichregel, ein Schiff den Wind hat (Regel 12b KVR).

74. SSS Unter welchen Umständen kann ein Schiffsführer sein Schiff als manövrierunfähig erklären?

Um als manövrierunfähig zu gelten, müssen tatsächlich außergewöhnliche Umstände vorliegen, z.B. Maschinen oder Ruderausfall (Regel 3f KVR).

75. SSS Wie verhält sich eine Yacht bei aufkommendem Nebel?

Bei verminderter Sicht müssen alle Fahrzeuge:
- ihre Geschwindigkeit den Sicht- und Wetterbedingungen entsprechend verringern (sichere Geschwindigkeit),
- den Ausguck optisch und akustisch verstärken,
- die Maschine manöverbereit halten,
- Lichter zeigen und Schallsignal geben

(Regeln 19 und 35 KVR).

Sinnvollerweise verlässt eine Yacht bei einbrechender Unsichtigkeit die Wasserflächen, auf denen der Hauptverkehr stattfindet. Wenn es die Wassertiefen zulassen, navigiert sie mit größter Vorsicht außerhalb des Fahrwassers oder geht vor Anker.

---

76. SSS In welche Richtung manövriert ein Fahrzeug bei unsichtigem Wetter unter Radar gegenüber einem sich mit stehender Peilung nähernden Fahrzeug in 130° Radarseitenpeilung?

Kursänderungen zur Vermeidung eines Nahbereichs sollen nach Möglichkeit:

- nicht nach Backbord gerichtet sein gegenüber einem Fahrzeug vorlicher als querab, außer beim Überholen und
- nicht auf ein Fahrzeug zugerichtet sein, das querab oder achterlicher als querab ist (Regel 19d KVR).

Grundsätzlich ist also nach Stb zu drehen außer jedoch zum Überholen oder gegenüber einem Gegner von rechts hinten.

---

77. SSS/SHS Wie verhält sich ein Radarfahrer bei unsichtigem Wetter unter Radar gegenüber einem sich mit stehender Peilung nähernden Fahrzeug in 300° Radarseitenpeilung?

Regel 19d KVR; und man soll grundsätzlich nach Stb drehen, außer zum Überholen oder gegenüber einem Gegner von rechts hinten. Diese Richtungsvorschrift kann erfordern, dass man einen Nahbereich, welchen man links nur tangieren würde, nun rechts umfahren muss. Kursänderungen um 60° und mehr können durchaus erforderlich werden, um einen spät erkannten Nahbereich zu meiden. Praktischerweise zieht man in solchen Fällen ein Stop-Manöver oder Kursänderung vor.

Da nur das Radargerät über das „Verhalten" anderer Schiffe informiert, sollen Kursänderungen nicht kleiner als 30° sein.

---

78. SSS Welche Bedeutung haben die Ausweichregeln bei unsichtigem Wetter unter Radar?

Lässt sich ein Nahbereich gegenüber einem anderen vorlicher als querab georteten Fahrzeug nicht vermeiden, muss die Fahrt auf das Steuerminimum zurückgenommen oder nötigenfalls ganz aufgestoppt werden.

Es ist mit äußerster Vorsicht zu manövrieren bis die Gefahr des Zusammenstoßes vorüber ist (Regel 19e KVR). Bricht der Gegner aus dem Nebel heraus, gelten die Ausweichregeln nach Sicht (Regel 11 KVR).

Schifffahrtsrecht — Allgemeine Vorschriften

79. SSS Gegen welche Vorschrift verstößt eine Yacht die zu dicht neben einer anderen ankert?

Gegen die Grundregeln für das Verhalten im Verkehr (§3 SeeSchStrO).

80. SSS Welches ist die minimale Ausstattung an Positionslaternen einer unter deutscher Flagge fahrender Segelyacht mit Hilfsmotor und 11m Länge?

Fahrzeuge von weniger als 20 m Länge können Topplicht und Hecklicht in einem weißen Rundumlicht zusammenfassen (Regel 23c KVR). Letzteres kann auch als Ankerlicht dienen.

Segler von weniger als 20 m Länge können Seitenlichter und Hecklicht in einer Dreifarbenlaterne auf dem Masttop fahren (Regel 25b KVR).

Für den Fall, dass sie motoren, benötigen sie jedoch das in ausreichender Höhe über den Seitenlichtern angebrachte Topplicht, was mit der Dreifarbenlaterne nicht zu bewerkstelligen wäre. Deshalb müssen solche Segler gleichzeitig mit Topplicht, Seitenlichtern und Hecklicht ausgerüstet sein.

Im Gegensatz zu den KVR dürfen, innerhalb des Geltungsbereiches der SeeSchStrO, Segel- und Ruderfahrzeuge von weniger als 12m Länge mit nur einem weißen Rundumlicht fahren, sofern die Dreifarbenlaterne oder getrennte Seitenlichter und Hecklicht nicht fest installiert werden können (§10 SeeSchStrO).

81. SSS Welche „Fahrtstörsignale" muss eine 13-m-Yacht mit sich führen?

Fahrzeuge von weniger als 12-m-Länge brauchen neben dem Ankerball keine weiteren Bälle und auch keine roten Rundumlichter für den Fall mitzuführen, dass sie manövrierunfähig sind oder auf Grund sitzen (Regel 27d und 30f KVR). Über 12 m sind diese Fahrzeuge allerdings dazu verpflichtet oben genannte Fahrtstörsignale mit sich zu führen.

Fahrzeuge von weniger als 7 m Länge vor Anker brauchen auch keinen Ankerball oder ein Ankerlicht zu führen, es sei denn, sie ankern in einem engen Fahrwasser, einer Fahrrinne, auf einer Reede oder in der Nähe davon (Regel 30e KVR).

82. SSS Darf ein Motorboot von 6 m Länge innerhalb des Geltungsbereiches der SeeSchStrO ohne Positionslaternen fahren? Gibt es eine Verkehrsbeschränkung?

Anders als bei den KVR brauchen Maschinenfahrzeuge von weniger als 7 m Länge, sowie Segelfahrzeuge von weniger als 12 m Länge keine Positionslaternen zu führen, wenn sie nicht fest installiert werden können.

Die Fahrzeuge dürfen aber nachts und bei unsichtigem Wetter nicht fahren, es sei denn, dass ein Notstand vorliegt. Für diesen Fall ist eine elektrische Leuchte oder eine Laterne mit weißem Licht ständig gebrauchsfertig mitzuführen und rechtzeitig zu zeigen, um einen Zusammenstoß zu vermeiden (§10.3 SeeSchStrO).

83. SSS Ab welcher Schiffslänge besteht für eine Schallsignalanlage Ausrüstungspflicht?

Alle Schiffe von 12 m Länge und mehr müssen mindestens mit einer Pfeife und wenn sie 20 m Länge überschreiten, zusätzlich mit einer Glocke ausgerüstet sein.

Wenn sie 100 m Länge überschreiten, müssen diese Fahrzeuge zusätzlich mit einem Gong ausgerüstet sein, was in Anlage III zu den KVR (technische Einzelheiten der Schallsignalanlagen)näher erläutert ist.

Schiffe von weniger als 12 m Länge müssen mit einem anderen Gerät ein kräftiges Schallsignal abgeben können (Regel 33 KVR).

84. SSS Was bedeutet das Schallsignal lang-lang-kurz eines von achtern aufkommenden Fahrzeugs? Wie verhält man sich?

Es handelt sich um das Schallsignal eines Fahrzeugs, welches beabsichtigt an der Stb-Seite zu überholen.

Ist bei einem Überholvorgang die Mitwirkung des zu Überholenden erforderlich, werden Schallsignale gegeben (Regel 9e und 34c KVR).

Man ist verpflichtet zu antworten (lang-kurz-lang-kurz = ja, oder fünf mal kurz = nein).

85. SSS Von einer Brücke wird dreimal lang und wieder dreimal lang gegeben. Was bedeutet dieses Schallsignal ?

Sperrung der Seeschifffahrtsstraße.

86. SSS Auf offener See hört man Bb voraus ein Nebelschallsignal, lang-kurz-kurz und Stb voraus ein anderes, lang-kurz-kurz-kurz. Was hat man vor sich und wie hat man sich zu verhalten?

Lang-kurz-kurz kann ein Fischer, Schlepper, Segler oder manövrierbehindertes Fahrzeug sein.

In diesem Fall ist es ein Schlepper. Lang-kurz-kurz-kurz ist der Anhang. Kursänderung nach Stb.

Schifffahrtsrecht

Allgemeine Vorschriften

87. SSS Welche Seenotsignale benutzt man bei Sichtverbindung zu anderen Schiffen, bei Sichtverbindung zur Küste, tagsüber oder nachts und ohne Sichtverbindung zur Küste?

Bei Sichtverbindung zu anderen Schiffen und zur Küste tagsüber:

- SOS als Lichtsignal (kurz-kurz-kurz, lang-lang-lang, kurz-kurz-kurz)
- Flaggensignal NC
- Signal als viereckige Flagge und Ball darunter oder darüber
- Langsames und wiederholtes Heben und Senken der nach beiden Seiten ausgestreckten Arme
- Orangefarbener Rauch
- Akustische Signale
- Elektronische Signale (May Day) Funk

Nachts und ohne Sichtverbindung zur Küste:

- SOS als Lichtsignal (kurz-kurz-kurz, lang-lang-lang, kurz-kurz-kurz)
- Raketen oder Leuchtkugeln mit rotem Stern in kurzen Abständen
- Eine rote Fallschirm-Leuchtrakete oder eine rote Handfackel
- Akustische Signale
- Elektronische Signale (May Day) Funk

88. SSS Mit welchem Sichtzeichen kann eine Rettungsstation oder ein Rettungskreuzer „wir kommen" signalisieren?

Bei Tage: Orangefarbenes Rauchsignal oder dreimal Blitzknallsignal in Abständen von etwa einer Minute.

Bei Nacht: Dreimal ein weißes Sternsignal in Abständen von etwa einer Minute.

89. SSS Was bedeutet für ein anlandendes Rettungsboot das Lichtsignal vom Strand lang-kurz-lang? Was bedeutet kurz-kurz-kurz?

- Lang-kurz-lang bedeutet: „dies ist der beste Landeplatz".
- Kurz-kurz-kurz bedeutet: „hier ist das Landen äußerst gefährlich".

90. SSS Bis wie weit vor der Küste (Basislinie) kann ein Küstenstaat Zollkontrollen durchführen?

In der bis zu 24 sm breiten Anschlusszone.

91. SSS/SHS Unter welchen Umständen darf ein Behördenfahrzeug eines Küstenstaates eine Yacht auf offener See stoppen und durchsuchen?

Zur Bekämpfung des Drogenschmuggels. Voraussetzung ist jedoch die ausdrückliche Zustimmung des Flaggenstaats, die von deutscher Seite nur erteilt wird, wenn zugesichert wird, den Grundsatz der Verhältnismäßigkeit zu wahren und bei unbegründetem Verdacht Schadenersatz zu leisten.

92. SSS Inwiefern gibt es auch nach Einstellung des zollfreien Einkaufs in der EU, vom 1. Juli 1999 an, noch abgabenfreien Schiffsbedarf?

Abgabenfreier Schiffsbedarf kann grundsätzlich nur noch zum unmittelbaren Verbrauch an Bord bezogen werden. Hierbei muss es sich um eine Reise handeln, die länger als 72 Stunden dauert, und auf der direkt in einen ausländischen Hafen eingelaufen werden muss oder die über das Küstengebiet hinaus führt.

93. SSS Was ist der Hauptzweck des Ausklarierens?

Eine Wahrenabfuhr in den Inlandsverkehr zu verhindern.

94. SSS Was geschieht bei nicht verbrauchtem abgabefreiem Schiffsbedarf bei der Rückkehr?

Bei der Rückkehr von der Reise müssen für noch vorhandene abgabefreie Waren die zunächst eingesparten Steuern und Zollabgaben nachentrichtet werden.

95. SSS Wie sehen Tag- und Nachtsignal für das Zollzeichen 3 aus?

Das Zollzeichen wird als Tagsignal in Form des Hilfsstanders 3 und als Nachtsignal in Gestalt des weißen Zolllichts gefahren.

Der Hilfstander 3 des Internationalen Signalbuchs (ISB) ist dreieckig, weiß schwarz weiß, und ist am Signalstag oder am Vor- oder Hintermast gut sichtbar zu setzen.

96. SSS Welche Behörde ist zuständig bei einem Unfall auf hoher See?

Bundesstelle für Seeunfalluntersuchung (BSU). Die BSU ist eine Bundesoberbehörde im Geschäftsbereich des Bundesministeriums für Verkehr, Bau u. Stadtentwicklung (BMVBS).

Schifffahrtsrecht — Allgemeine Vorschriften

97. SSS Was ist die Aufgabe der Bundesstelle für Seeunfalluntersuchung (BSU)?

Sie hat die Aufgabe Störungen, Vorkommnisse und vor allem Unfälle auf See mit Wasserfahrzeugen amtlich zu untersuchen. In erster Linie soll die BSU gutachterlich Unfälle auf See erforschen.

Das Bundesministerium für Verkehr, Bau- und Wohnungswesen regelt den Aufbau der Bundesstelle. Sie wird von einem Direktor geleitet und im übrigen mit Beamten, Angestellten und Arbeitern in erforderlicher Anzahl besetzt. Die Beamten sind unmittelbare Bundesbeamte.

Die Bundesstelle nimmt ihre Aufgaben funktionell und organisatorisch unabhängig von allen natürlichen und juristischen Personen wahr, deren Interesse mit ihren Aufgaben kollidieren könnten (Seesicherheits-Untersuchungs-Gesetz).

98. SSS Was im Einzelnen hat die Bundesstelle für Seeunfalluntersuchung (BSU) bei einem Seeunfall zu klären?

Das Untersuchungsverfahren umfasst die gesamte Tätigkeit der Bundesstelle, die auf die Ermittlung der ursächlichen Zusammenhänge eines Unfalls oder eines sonstigen Vorkommnisses sowie auf die Feststellung der dafür maßgebenden Ursachen gerichtet ist. Es endet mit der Zusammenfassung der Ergebnisse der Untersuchung in einem Untersuchungsbericht und seiner Veröffentlichung.

Die amtliche Untersuchung dient ausschließlich folgenden Zwecken:

1. Ermittlung
   a) der Umstände der Vorkommnisse,
   b) der unmittelbaren und mittelbaren Ursachen, durch die es zu dem Vorkommnis gekommen ist,
   c) der Faktoren, die den Schadens- oder Gefahreintritt begünstigt haben, einschließlich von Schwachstellen des Seesicherheitssystems,
2. Herausgabe von Untersuchungsberichten und insbesondere Sicherheitsempfehlungen zur Verhütung künftiger schaden- oder gefahrverursachender Vorkommnisse sowie
3. im Interesse erhöhter Sicherheit Stärkung der maritimen Zusammenarbeit und Sicherheitspartnerschaft der für die Sicherheit Verantwortlichen.

Sie dient weder der Ermittlung von Tatsachen zum Zwecke der Zurechnung von Fehlern, um Nachteile für Einzelne herbeizuführen, noch dient sie der Feststellung von Verschulden, Haftung oder Ansprüchen. Jedoch sollte sie deshalb nicht von der uneingeschränkten Darstellung der Ursachen absehen, weil aus den Untersuchungsergebnissen Rückschlüsse auf ein schuldhaftes Verhalten oder auf eine haftungsrechtliche Verantwortlichkeit gezogen werden könnten (Seesicherheits-Untersuchungs-Gesetz).

Seeverkehrsrecht — Schifffahrtsrecht

99. SSS Was enthält ein Untersuchungsbericht der Bundesstelle für Seeunfalluntersuchung (BSU)?

Zu jeder Untersuchung wird ein Bericht der Bundesstelle in einer der Art und der Schwere des Ereignisses angemessenen Form verfasst. Dieser Bericht verweist auf den ausschließlichen Untersuchungszweck nach § 9 Abs. 2 SUG.

Der Bericht gibt, unter Wahrung der Anonymität der an dem Unfall oder an dem sonstigen Vorkommnis beteiligten Personen, Auskunft über die Einzelheiten des Unfall-/ Vorkommnishergangs, über die beteiligten Schiffe, die äußeren Umstände, die Ergebnisse der Untersuchungshandlungen und Gutachten, Beeinträchtigungen der Untersuchungen und ihre Gründe, die Auswertung aller Ergebnisse und die Feststellung der Ursachen oder der wahrscheinlichen Ursachen des Unfalls oder des sonstigen Vorkommnisses.

Er enthält nach Möglichkeit Sicherheitsempfehlungen (§ 19). Sie werden gegebenenfalls hier wiederholt, wenn sie wegen Gefahr im Verzug oder im öffentlichen Interesse bereits zu einem früheren Zeitpunkt herausgegeben werden müssten.

(Seesicherheits-Untersuchungs-Gesetz)

100. SSS Wie ist ein Seeunfall definiert?

Schaden oder Gefahr verursachende Vorkommnisse im Sinne des Seesicherheits-Untersuchungs-Gesetzes (SUG) sind im Zusammenhang mit dem Betrieb eines Schiffes in der Seefahrt verursachte Ereignisse, durch die

1. der Tod, das Verschwinden oder eine schwere Verletzung eines Menschen,
2. der Verlust, vermutliche Verlust oder Schiffbruch, das Aufgrundlaufen, die Aufgabe oder eine Kollision eines Schiffes,
3. ein maritimer Umweltschaden als Folge einer Beschädigung eines oder mehrerer Schiffe oder ein sonstiger Sachschaden,
4. eine Gefahr für einen Menschen oder ein Schiff oder
5. die Gefahr eines schweren Schadens an einem Schiff, einem meerestechnischen Bauwerk oder der Meeresumwelt verursacht worden ist.

(Seesicherheits-Untersuchungs-Gesetz)

Schifffahrtsrecht — Allgemeine Vorschriften

101. SSS Was sind Seeämter und was ist ihre Aufgabe? Was unterscheidet ein Seeamtsverfahren von einem Gerichtsverfahren?

Die Wasser- und Schifffahrtsdirektionen Nord und Nordwest bilden Untersuchungsausschüsse (Seeämter) in Hamburg, Kiel und Rostock sowie Bremerhaven und Emden.

Die Untersuchungen eines Seeamtes sind keine Strafverfahren, sondern Verwaltungsverfahren. Sie können allerdings große Auswirkung auf einen nachfolgenden Zivilprozess oder eine versicherungsrechtliche Auseinandersetzung haben.

Ihr Hauptzweck ist die Verbesserung der Sicherheit auf See.

102. SSS Was enthält der Spruch des Seeamtes?

Das Untersuchungsverfahren wird durch Spruch abgeschlossen. Das Seeamt entscheidet unter Würdigung des Gesamtergebnisses des Verfahrens.

Der Spruch enthält:

1. Feststellungen über die zugrunde liegenden Tatsachen,

2. die Entscheidung, dass ein fehlerhaftes Verhalten eines Beteiligten vorliegt, sofern die Untersuchung dies ergeben hat,

3. unter den nach § 31 Abs. 1 bis 4 jeweils dafür maßgebenden Voraussetzungen

   a) die befristete oder unbefristete Untersagung der Ausübung von Befugnissen (Fahrverbot) (§ 31 Abs. 1 und 4), erforderlichenfalls mit Auflagen (§ 31 Abs. 2),

   b) die Entziehung einer Berechtigung (§ 31 Abs. 2) oder

   c) die Erlaubnis, ein minderes Befähigungszeugnis auszustellen (§ 31 Abs. 3)

Das Seeamt kann ein fehlerhaftes Verhalten eines Beteiligten feststellen, wenn dieser nach der Überzeugung des Seeamtes Rechtsvorschriften, Verwaltungsanordnungen, Richtlinien oder allgemeine für seinen Verantwortungsbereich geltende Grundsätze, insbesondere allgemeine Grundsätze der Schiffsführung, der Schiffsbetriebstechnik, des Funkdienstes, der Sicherheit der Schifffahrt, des Umweltschutzes auf See oder allgemein anerkannte Regeln der Technik nicht beachtet hat.

(Seesicherheits-Untersuchungs-Gesetz)

Seeverkehrsrecht — Schifffahrtsrecht

103. SSS Unter welchen Umständen kann ein Seeamt amtliche Befähigungszeugnisse, wie den Sportbootführerschein See, den SSS-Schein, sowie den SHS-Schein eines Beteiligten einziehen?

(1) Das Seeamt hat im Spruch ein Fahrverbot für höchstens dreißig Monate auszusprechen, wenn es zu der Überzeugung gelangt ist, dass eine solche Maßnahme für die Sicherheit der Seefahrt im Sinne des § 1 erforderlich ist, weil der Inhaber der Berechtigung während dieser Zeit nicht die für eine Tätigkeit als Schiffsführer oder sonst in der Seefahrt Verantwortlicher gebotene körperliche oder geistige Eignung oder das für diese Tätigkeit gebotene Verantwortungsbewusstsein besitzt.

Ein solcher Mangel ist in der Regel anzunehmen, wenn der Inhaber infolge des Genusses alkoholischer Getränke oder anderer berauschender Mittel nicht in der Lage war, den Dienst an Bord sicher auszuüben. Falls der Inhaber mehr als ein Befähigungszeugnis besitzt, kann im Spruch ausgesprochen werden, dass die Ausübung einzelner Befugnisse unbeschränkt bleibt.

(2) Hält das Seeamt eine Maßnahme nach Absatz 1 aus besonderen Gründen zur Sicherheit der Seefahrt nicht für ausreichend, so kann es zusätzliche Auflagen anordnen oder die Berechtigung auf Dauer entziehen.

(Seesicherheits-Untersuchungs-Gesetz)

104. SSS Können unverantwortliche Ausrüstungsmängel, die jedoch nicht ursächlich zu einem Unfall beigetragen haben, zur Einziehung des Bootführerscheins führen?

Ja.

105. SSS Welcher Rechtsbehelf bleibt einem, wenn man überzeugt ist, dass das Seeamt den Bootsführerschein zu Unrecht eingezogen hat?

Gegen Verwaltungsakte der Seeämter kann innerhalb eines Monats nach ihrer Bekanntgabe Widerspruch erhoben werden. Widerspruchsbehörde ist die Wasser- und Schifffahrtsdirektion Nord. Dem Widerspruch kann das Seeamt nicht nach § 72 der Verwaltungsgerichtsordnung abhelfen.

106. SSS Worin unterscheiden sich das MARPOL-Abkommen und das HELSINKI-Abkommen?

Das Internationale Übereinkommen zur Verhütung der Meeresverschmutzung MARPOL (Maritime Polution) gilt für folgende Schutzzonen: Nordsee, Ostsee und Mittelmeer. Für den Schutz der Meeresumwelt der Ostsee wurde 1979 das Übereinkommen von Helsinki getroffen.

Schifffahrtsrecht — Allgemeine Vorschriften

107. SSS Welche Bedeutung hat das Helsinki-Abkommen neben MARPOL?

Es ist ein Vertrag zwischen den Anliegerstaaten der Ostsee, der die Umweltauflagen nicht nur der Schifffahrt, sondern darüber hinaus auch der Anliegerstaaten selbst regelt. Die Umweltauflagen der Schifffahrt sind weitgehend von denen der Sondergebiete nach dem MARPOL-Übereinkommen übernommen worden.

108. SSS Welche Auflagen gegen die Meeresverschmutzung bestehen für Schiffe in der Ostsee?

Es dürfen nur organisch zersetzbare Stoffe / Schiffsmüll über Bord gehen.
Lebensmittelabfälle dürfen so weit draußen wie möglich, nicht aber unter 12 sm von Land entfernt eingeleitet werden.
Schiffsabwässer dürfen nur bei Fahrzeugen, die bis zu 10 Personen zugelassen sind, unaufbereitet eingeleitet werden. Öle und ölhaltige Gemische dürfen nicht eingeleitet werden.

109. SSS Welche weiteren Vorschriften regeln die Einleitungen von Schadstoffen ins Wasser?

Das Wasserhaushaltsgesetz, sowie die einzelnen Hafenvorschriften.

110. SSS Inwieweit besteht eine allgemeine Meldepflicht für Meeresverschmutzungen?

Eigene und auch beobachtete Einleitungen oder Verschmutzungen sind im Bereich des deutschen Küstenmeeres an den zentralen Meldekopf (ZMK) Cuxhaven zu melden. Dabei ist das vorgeschriebene Formular zu benutzen (siehe „Handbuch für Brücke und Kartenhaus").

111. SSS Was beinhaltet die Meldung über eine Meeresverschmutzung?

- Bezeichnung, Länge und Art des beteiligten Schiffes,
- Zeitpunkt, Ort und Art des Ereignisses,
- Menge und Art der betreffenden Schadstoffe,
- Hilfs- und Bergungsmaßnahmen.

112. SSS Welche Auflagen gibt es für die Abwasserbeseitigung einer Ausbildungsyacht im Küsten-Einsatz, die für 12 Personen zugelassen ist und die über keine Abwasseraufbereitungsanlage verfügt?

Ist keine Aufbereitungsanlage verfügbar, so darf die Einleitung des Abwassers in den Gewässern nur mindestens 12 sm vom nächstgelegenen Land entfernt folgen und auch nur in kleinen Mengen und bei über 4 kn Fahrt.

113. SSS Wie erfährt der Schiffer, wo die Schutzauflagen für die Nationalparks gelten?

Aus den amtlichen Seekarten und Seehandbüchern.

114. SSS Was bedeutet Zone I im Zusammenhang mit den Nationalparks Wattenmeer und welche Bedeutung haben Fahrwasser, die durch eine Zone I führen?

Die Zonen I sind besondere, in den Seekarten verzeichnete Schutzzonen, in denen man sich nur innerhalb der Fahrwasser unbeschränkt aufhalten darf. Die Flächen außerhalb der Fahrwasser dürfen nur drei Stunden vor bis drei Stunden nach Hochwasser befahren werden.
Dann besteht dort jedoch eine Geschwindigkeitsbegrenzung von 15 km/h, sowie das generelle Verbot von motorisierten Wasserskiern, Wassermotorrädern oder sonstigen motorisierten Wassersportgeräten.

115. SSS Wonach richtet sich der Umfang der Fernmeldeausrüstung der Seeschiffe?

Die neuen Funkausrüstungsvorschriften gelten nach den SOLAS-Kriterien für ausrüstungspflichtige Schiffe. Das sind Seeschiffe ab 300 BRZ.

116. SSS Wie funktioniert der Seenotruf bei DSC (Digital-Selective-Calling)?

In der Regel ist das „Bord-DSC-Gerät" an ein GPS oder ähnliches Navigationsgerät angeschlossen und besitzt eine Seenot-Taste. Wird sie betätigt, entsteht automatisch ein Informationspaket aus Schiffsname, Rufzeichen, MMSI, Position bzw. Schiffsort, Uhrzeit und gewünschter Betriebsart, z.B. entsprechender Sprechfunkkanal, welches auf dem Anrufkanal umgehend an alle gesendet wird.

117. SSS Verbessert DSC die Sprechqualität der Funktelefonie?

Nein, es wird lediglich die Kapazität der Sprechwege besser ausgenutzt.

118. SSS Wie erfolgt die Ortung einer COSPAS-SARSAT-Bake durch Suchschiffe und durch Suchflugzeuge?

Die COSPAS-SARSAT-Bake gehört zu einem System von 6 auf niedrigen Polbahnen umlaufenden Satelliten, die das Bakensignal auf der Frequenz von 406 MHz empfangen.

Das Signal enthält einen Code für das Herkunftsland und die Identifizierungsnummer. Die Position wird durch die Doppelverfälschung des durch den Satelliten empfangenen Bakensignals ermittelt.

Die Bake sendet auch mit den Notfrequenzen der Luftfahrt, **121,5 und 243 MHz,** so dass Suchflugzeuge zur Feinortung die Bake Funkpeilen können.

Schifffahrtsrecht — Allgemeine Vorschriften

119. SSS/SHS Wie erkennt man einen aktivierten Seenot-Radartransponder auf dem Radarschirm?

Auf dem Radarschirm erscheint, von dem Standort des Transponders radial nach außen weisend, eine Perlenschnur von 12 Echos, die eindeutig auf einen SAR-Transponder hinweist. Wegen der geringeren Reichweite von 10 bis 2 sm eignet sich der SAR-Transponder nur für die Endansteuerung, nachdem das Suchflugzeug die Grobposition bereits erreicht hat.

120. SSS Wie verhindert ein Navtex-Nutzer, dass er nicht mit einer Flut von unnötigen Meldungen überschüttet wird?

Im Nautischen Funkdienst Band I bzw. im Yachtfunkdienst in den „weißen Seiten", sind die NAVTEX sendenden Stationen und ihre Sendezeitpläne unter **„Warnfunk"** aufgeführt. Am Empfangsgerät lässt sich die gewünschte Auswahl an Meldungen programmieren. Dies geschieht nach Station und nach Art der Meldung.

Jede Navtex-Meldung wird nämlich mit einem Identifizierungscode eingeleitet, sodass der automatische Selektierer im Empfänger auswählen kann, ob die Meldung ausgedrückt werden soll oder nicht.

121. SSS Welche Fernmeldedienste werden von INMARSAT geleistet?

Die UKW-, Grenzwellen- und Navtex-Verbindungen sind ausschließlich für den Küstenfunk vorgesehen. Für den Fernmeldeverkehr auf hoher See bietet INMARSAT einen ähnlich zuverlässigen Verbindungsdienst, der weltweite Telefonate im Direktwahlbetrieb, Telex und Datenübertragung sowie den Gruppenruf ermöglicht. Ähnlich wie beim DSC sind Prioritäts- und Sonderschaltungen, z.B. für Seenotmeldungen, möglich.

122. SSS Was versteht man unter Vessel Traffic Service und welche Aufgaben hat dieser Dienst?

Weltweit bestehen an den Küsten Einrichtungen zur Radarüberwachung des Schiffsverkehrs, die International als **Vessel Traffic Service** bezeichnet werden.

An der deutschen Nordseeküste heißt dieser Dienst **Maritime Verkehrssicherung**.

123. SSS Inwieweit kann die Maritime Verkehrssicherung auch für Yachten einen Sicherheitsbeitrag leisten?

Im Prinzip ist die Maritime Verkehrssicherung für die Großschifffahrt geschaffen worden. Meldepflichtig sind nur Schiffe über 50 m Länge. Allerdings besteht darüber hinaus für alle Fahrzeuge mit UKW-Funk die Pflicht, in den Sprechverkehr der Verkehrszentralen einzuhören.

124. SSS Was bedeutet „in Fahrt"?

Der Ausdruck in Fahrt bedeutet nicht an Land fest gemacht, nicht vor Anker liegend und nicht auf Grund sitzend (Regel 3i KVR).

SEERECHT / SCHIFFFAHRTSRECHT

125. SSS Was bedeutet „manövrierbehindertes und manövrierunfähiges" Fahrzeug?

Ein manövrierbehindertes Fahrzeug ist ein Fahrzeug, das **durch die Art seines Einsatzes** behindert ist so zu manövrieren, wie es die KVR vorschreiben und kann daher einem anderen Fahrzeug nicht ausweichen (Regel 3g KVR).

Ein manövrierunfähiges Fahrzeug ist ein Fahrzeug, das wegen **außergewöhnlicher Umstände** nicht so manövrieren und deshalb nicht ausweichen kann, wie es die KVR vorschreiben.

126. SSS Wann gelten Fahrzeuge als einander in Sicht befindlich?

Wenn jedes vom anderen **optisch** (im Gegensatz zu akustisch oder mit Radarunterstützung) wahrgenommen werden kann (Regel 3k KVR).

127. SSS Was bedeutet verminderte Sicht ?

Wenn die Sicht durch Nebel, dickes Wetter, Schneefall, heftige Regengüsse, Sandstürme oder ähnliche Ursachen eingeschränkt ist (Regel 3l KVR).

128. SSS Über welche Sektoren strahlen die Positionslichter ab?

Topplicht:
Von recht voraus bis 22,5° achterlicher als querab nach jeder Seite 225°.
Seitenlichter:
Von recht voraus bis 22,5° achterlicher als querab auf der jeweiligen Seite je 112,5°.
Hecklicht:
von recht achteraus 67,5° nach jeder Seite 135°.

(Regel 21 KVR).

129. SSS Wann müssen Positionslichter geführt oder gezeigt werden?

Von Sonnenuntergang bis Sonnenaufgang und bei verminderter Sicht (Regel 20 KVR).

Schifffahrtsrecht

Seerecht, Schifffahrtsrecht

130. SSS In welchen Fällen führen Fahrzeuge, die sich in Fahrt befinden, keine Seitenlichter und Hecklicht?

Fischende, manövrierbehinderte und manövrierunfähige Fahrzeuge, wenn sie keine Fahrt durchs Wasser machen. (Regel 26 und 27 KVR)

131. SSS Von welchen Fahrzeugen wird das Topplicht nicht geführt, obwohl sie unter Maschine Fahrt durchs Wasser machen?

Von manövrierunfähigen Fahrzeugen, von fischenden Fahrzeugen, die nicht trawlen, und von Lotsenfahrzeugen.
Fischende Trawler von weniger als 50 m Länge brauchen kein Topplicht zu führen, können es aber.
(Regeln 26, 27 und 29 KVR)

132. SSS Welche Lichter führt ein manövrierunfähiges Fahrzeug, nachdem es vor Anker gegangen ist?

Ein Ankerlicht; bei 50 m Länge oder mehr: zwei Ankerlichter. Es führt **nicht** mehr rot über rot. Vor Anker ist der Zustand manövrierunfähig zu sein, ohne Bedeutung.
Die Kombination rot über rot plus Ankerlicht wird deshalb auch anderweitig, nämlich für den Grundsitzer verwendet.

(Regeln 27 und 30 KVR)

133. SSS Führt ein wegen begrenzter Ruderwirkung manövrierunfähiges Fahrzeug, das unter Maschine seine Fahrt fortsetzt, zusätzlich zu den Lichtern des manövrierunfähigen Fahrzeugs das Topplicht?

Nein, manövrierunfähige Fahrzeuge führen keine Topplichter.

134. SSS Welche Fahrzeuge dürfen in engen Fahrwassern die freie Durchfahrt bestimmter Fahrzeuge nicht behindern?

Fahrzeuge von weniger als 20 m Länge und Segelfahrzeuge, sowie fischende Fahrzeuge (Regeln 9b und 9c KVR).

135. SSS Für welche Fahrzeuge gilt das Behinderungsverbot gegenüber allen anderen durchfahrenden Fahrzeugen?

Für Fahrzeuge mit weniger als 20 m Länge und für Segelfahrzeuge gilt das Behinderungsverbot lediglich gegenüber Fahrzeugen, die nur innerhalb eines engen Fahrwassers oder Fahrrinne sicher fahren können. Dies gilt auch für fischende Fahrzeuge unter 20 m Länge (Regel 9b+c KVR).

136. SSS Wie ist das Queren der Einbahnwege eines Verkehrstrennungsgebietes (VGT) geregelt?

Ein Fahrzeug muss so weit wie möglich das Queren von Einbahnwegen vermeiden. Ist es jedoch zum Queren gezwungen, so muss dies möglichst mit der Kielrichtung **im rechten Winkel** zur allgemeinen Verkehrsrichtung erfolgen (Regel 10c KVR).

137. SSS Dürfen Schiffe ab 20 m Länge die Küstenverkehrszone benutzen?

Nur wenn sie den Einbahnweg nicht sicher befahren können oder wenn sie sich auf dem Wege zu oder von einem Hafen, einer Einrichtung oder einem Bauwerk vor der Küste befinden, dürfen sie die Küstenverkehrszone benutzen (Regel 10 d KVR).

138. SSS Welche Rolle spielen Wind und Strom, wenn auf einem Segelfahrzeug zum Queren des Einbahnweges eines VTG der Steuerkurs ermittelt wird?

Wind und Strom spielen keine Rolle. Das Queren **muss** mit der Kielrichtung (also dem rwK) im rechten Winkel zur allgemeinen Verkehrsrichtung erfolgen (Regel 10c KVR). **Nicht „vorhalten"!**

139. SSS Muss ein dem Einbahnweg eines Verkehrstrennungsgebietes folgendes Maschinenfahrzeug einem von Stb querenden Maschinenfahrzeug ausweichen, wenn die Gefahr des Zusammenstoßes besteht?

Ja, und zwar nach Regel 15 KVR. Regel 10 KVR „Verkehrstrennungsgebiete" befreit nicht von den anderen Regeln nach KVR (Regel 10a KVR).

140. SSS Wie müssen Manöver zur Vermeidung eines Zusammenstoßes angelegt sein?

Ausweichmanöver müssen **entschlossen, durchgreifend, frühzeitig** und **klar erkennbar** angelegt werden (Regeln 8 und 16 KVR). Änderungen von Kurs und Geschwindigkeit müssen groß genug sein, sodass das andere Fahrzeug die Änderung optisch und durch Radar klar erkennen kann (Regel 8b KVR).
Bei Maschinenfahrzeugen nach Ankündigung mit Schallsignal (Regel 34a KVR). Unter gebührender Berücksichtigung aller Gefahren der Schifffahrt, die ein Abweichen von der KVR erfordern (Regel 2b KVR).

141. SSS Ein Segelfahrzeug gerät auf dem Einbahnweg eines VTG gegenüber einem Maschinenfahrzeug in eine Ausweichsituation. Muss das Segelfahrzeug seiner Kurshaltepflicht oder dem Nichtbehinderungsgebot nachkommen?

Das Nichtbehinderungsgebot nach Regel 10 geht vor. Das Segelfahrzeug muss so manövrieren, dass die sichere Durchfahrt des Maschinenfahrzeugs nicht behindert wird (Regel 8f II KVR).

Schifffahrtsrecht

142. SSS Unter welchen Umständen muss ein Fahrzeug, das in einer Ausweichsituation kurshaltepflichtig ist, dennoch manövrieren?

- Wenn es das andere Fahrzeug zugleich nicht behindern darf (Regel 8e KVR).
- Wenn navigatorische Zwänge (Untiefen, Fahrwasserkrümmungen) vorliegen (Regel 2 KVR).
- Wenn durch das Manöver des Ausweichpflichtigen allein eine Kollision nicht vermieden werden kann (Regel 17b KVR).
- Wenn es z.B. gegenüber einem dritten Fahrzeug ausweichpflichtig ist (Regel 12 KVR).

143. SSS Unter welchen Umständen darf in einer Ausweichsituation der Kurshalter bereits vor dem Manöver des letzten Augenblicks (Regel 17b) manövrieren?

Wenn offensichtlich wird, dass der Ausweichpflichtige nicht angemessen nach den Regeln handelt (Regel 17a II oder im Zweifelsfall Regel 2 KVR).

144. SSS Welches sind die drei Ausweichregeln unter Segelfahrzeugen?

Es weicht aus: Bei Wind von verschiedenen Seiten: Wer den Wind von Bb hat (Regel 12a I KVR). Bei Wind von der gleichen Seite: Der Luvwärtige (Regel 12a II KVR).

Wer den Wind von Bb hat, gegenüber einem Segelfahrzeug, dass sich aus Luv nähert und von dem man nicht erkennen kann, ob es den Wind von Bb oder Stb hat (Regel 12a III KVR). (siehe auch Frage 243 SHS)

145. SSS Besteht gegenüber tiefgangbehinderten Fahrzeugen eine Ausweichpflicht?

Nein, statt dessen das Gebot für alle Fahrzeuge, außer manövrierbehinderten und unfähigen, die sichere Durchfahrt nicht zu behindern (Regel 18d-i KVR).

146. SSS Ein manövrierbehindertes Fahrzeug A (Saugbagger) nähert sich von achtern einem Segelfahrzeug B. Wer muss ausweichen?

A muss als Überholer ausweichen. Sein Status als manövrierbehindertes Fahrzeug hat in der Überholsituation keine Bedeutung (Regel 13a KVR).

147. SSS Dem Maschinenfahrzeug A nähert sich von Stb voraus das Maschinenfahrzeug B auf Kollisionskurs. Wie weicht A aus?

A vermeidet, wenn es die Umstände zulassen, den Bug von B zu kreuzen (Regel 15 KVR), kündigt sein Manöver mit entsprechendem Schallsignal an und leitet das Manöver ein (Regel 34a KVR).

Seerecht, Schifffahrtsrecht — Schifffahrtsrecht

148. SSS Dem Maschinenfahrzeug A nähert sich von Bb das Maschinenfahrzeug B. Es besteht die Gefahr des Zusammenstoßes, aber B scheint nicht den Regeln zu folgen. Wie verhält man sich auf A?

A macht mit dem Schallsignal 5x kurz auf die Ausweichpflicht aufmerksam, kündigt sodann seine Kursänderung nach Stb mit 1x kurz an und dreht nach Stb (Regeln 17a und 34a KVR).

149. SSS Dem Maschinenfahrzeug A nähert sich etwas Bb voraus das Maschinenfahrzeug B, dessen beide Seitenlichter man auf A abwechselnd oder zugleich erkennen kann. Die Peilung steht. Wer weicht aus?

A kann nicht sicher erkennen, ob entgegen gesetzte Kurse vorliegen. Nach Regel 14c KVR muss A in solchem Zweifelsfall aber davon ausgehen und entsprechend handeln. Beide drehen nach Stb.

150. SSS Das Segelfahrzeug A erkennt Bb voraus bei stehender Peilung und Annäherung abwechselnd ein weißes und ein grünes Licht.
Wie verhält man sich auf A?

Bei den Lichtern handelt es sich um das Stb-Seitenlicht und das Hecklicht eines Segelfahrzeuges.

A befindet sich im Grenzbereich des Hecklichtsektors von B. Nach Regel 13c KVR muss A im Zweifelsfalle als Überholer handeln. Die Art des Fahrzeugs B spielt keine Rolle. A weicht aus.

151. SSS Das Maschinenfahrzeug A nähert sich dem Maschinenfahrzeug B in dessen Hecksektor mit stehender Peilung. A dreht nach Erkennen der Situation 20° nach Stb, worauf die Peilung von B langsam achterlich auswandert. A behält den Kurs etwa 30 Minuten bei, dreht dann aber etwa 40° nach Bb. Dadurch kommt die Peilung von B allerdings wieder zum stehen, wobei sich A diesmal deutlich im Seitenlichtsektor (grün) von B befindet.

Wie ist die Ausweichsituation zu beurteilen?

Als zwischen den Fahrzeugen A und B der Sichtkontakt zustande kam, bestand die Überholsituation. Dies allein ist entscheidend für das Ausweichen, das erst dann abgeschlossen ist, wenn das andere Fahrzeug „endgültig vorbei" ist (Regel 8d KVR).

Durch eine spätere Änderung der Peilung wird das überholende Fahrzeug nicht zu einem kreuzenden (Regel 13d KVR).

Schifffahrtsrecht

Seerecht, Schifffahrtsrecht

---

152. SSS Wie verhält man sich, wenn man in einem Gebiet verminderter Sicht einläuft oder sich in der Nähe eines solchen Gebietes befindet?

- Mit sicherer Geschwindigkeit fahren (Regel 19b KVR)
- Positionslichter an (Regel 20c KVR)
- Schallsignale nach Regel 35 geben
- Ausguck nach vorn, Ruhe an Deck, Radar auswerten (Regel 5 und 7 KVR)
- Maschine für ein sofortiges Manöver bereit halten (Regel 19 b KVR)

---

153. SSS Nach welchen Gesichtspunkten richtet sich die „sichere Geschwindigkeit" ohne Radar?

- Sichtverhältnisse
- Verkehrsdichte, einschließlich Ansammlungen von Fischerei und sonstigen Fahrzeugen
- bei Nacht eine Hintergrundhelligkeit, z.B. durch Lichter an Land
- Manövrierfähigkeit des eigenen Fahrzeugs
- Wind, Strom, Seegang und besondere Schifffahrtsgefahren
- Tiefgang im Verhältnis zu Wassertiefe
- Gewicht des Fahrzeugs und Länge das Bremsweges

(Regel 6 KVR).

---

154. SSS Nach welchen Gesichtspunkten richtet sich die Sichere Geschwindigkeit bei betriebsfähigem Radar?

- Eigenschaften, Wirksamkeit und Leistungsgrenzen der Anlage
- nach dem eingeschalteten Entfernungsbereich
- Störungen auf dem Radar
- Möglichkeit, dass kleinere Fahrzeuge nicht erkannt werden
- Anzahl, Lage und Bewegung der gleichzeitig georteten Fahrzeuge
- nach der verbleibenden Sichtweite

(Regel 6b KVR).

Seerecht, Schifffahrtsrecht — Schifffahrtsrecht

155. SSS Worin unterscheiden sich die Ausweichregeln zwischen Fahrzeugen in Sicht von den Verhaltensregeln zur Vermeidung eines Nahbereichs bei verminderter Sicht unter Radar?

Unter Radar wird nicht zwischen Kurshalter und Ausweichpflichtigem unterschieden. Jedes Fahrzeug, das bei verminderter Sicht ein anderes ortet, muss so manövrieren, dass ein Nahbereich mit diesem vermieden wird (Regel 19d KVR).

156. SSS Zur Verhinderung einer Nahbereichslage sind je nach Sektor, in welchem das andere Fahrzeug geortet wurde, Kursänderungen nach bestimmten Seiten zu vermeiden. Um welche handelt es sich?

Kursänderungen nach Bb gegenüber einem Fahrzeug vorlicher als querab, außer beim Überholen. Kursänderungen auf ein Fahrzeug zu, das querab oder achterlicher als querab ist (Regel 19d KVR).

157. SSS Wie verhält man sich auf einem Fahrzeug ohne Radar, auf dem man bei verminderter Sicht vorlicher als querab das Schallsignal eines anderen Fahrzeugs vernimmt, bzw. wie verhält man sich auf einem Fahrzeug mit Radar, wenn sich ein Nahbereich nicht vermeiden lässt?

Fahrt bis auf das für Erhaltung der Steuerfähigkeit geringst mögliche Maß verringern. Erforderlichenfalls muss jegliche Fahrt weggenommen werden bis die Gefahr eines Zusammenstoßes vorbei ist (Regel 19e KVR). Sobald das andere Fahrzeug in Sicht kommt, verfahren nach den Ausweichregeln 2 und 7ff KVR.

158. SSS/SHS Welche Fahrzeuge geben bei verminderter Sicht folgende Schallsignale mit Glocke bzw. Gong?

    A) 5 Sekunden langes Läuten.
    B) 5 Sekunden langes Läuten der Glocke auf dem Vorschiff und unmittelbar danach auf dem Achterschiff 5 Sekunden rasches Schlagen des Gongs.
    C) 3 Einzelschläge mit der Glocke, 5 Sekunden langes Läuten und wieder 3 Einzelschläge, desgleichen mit anschließendem 5 Sekunden langem Schlagen des Gongs.
    D) desgleichen mit anschließendem 5 Sekunden langem Schlagen des Gongs.

    A) Fahrzeug vor Anker von weniger als 100 m Länge.
    B) Fahrzeug vor Anker von 100 m Länge und mehr.
    C) Grundsitzer von weniger als 100 m Länge.
    D) Grundsitzer von 100 m Länge und mehr.

(Regel 35 KVR)

Schifffahrtsrecht

159. SSS   Was bedeuten folgende Schallsignale nach KVR?

    1. kurz
    2. kurz-kurz
    3. kurz-kurz-kurz
    4. lang-lang-kurz
    5. lang-lang-kurz-kurz
    6. lang-kurz-lang-kurz
    7. kurz-kurz-kurz-kurz-kurz
    8. lang

1. Ich ändere meinen Kurs nach Stb.
2. Ich ändere meinen Kurs nach Bb.
3. Ich arbeite rückwärts.
4. Ich beabsichtige, Sie an ihrer Stb-Seite zu überholen.
5. Ich beabsichtige, Sie an ihrer Bb-Seite zu überholen. (Beides im engen Fahrwasser, wenn die Mitwirkung des zu Überholenden erforderlich ist).
6. Zustimmung zum beabsichtigten Überholen.
7. Ich verstehe die Maßnahme des anderen Fahrzeuges nicht oder bezweifle, dass es zur Vermeidung eines Zusammenstoßes ausreichend manövriert.
8. Ich nähere mich einer Sichtabdeckung des Fahrwassers. Jedes andere Fahrzeug, das sich jenseits der Sichtabdeckung nähert, antwortet ebenfalls mit einem langen Ton.

(Regel 34 KVR).

160. SSS   Sind Sportfahrzeuge von der maritimen Verkehrssicherung betroffen?

Alle Fahrzeuge, die mit UKW-Sprechfunk ausgerüstet sind, sind verpflichtet Verkehrsinformationen und – unterstützungen der Verkehrszentralen abzuhören und bei ihrem Verhalten im Verkehr zu berücksichtigen (§ 3.1 SeeSchStrO).

161. SSS   Bis zu welcher Länge brauchen nach SeeSchStrO Maschinenfahrzeuge keine Lichter zu führen, wenn sie nachts und bei verminderter Sicht nicht fahren?

Maschinenfahrzeuge von weniger als 7 m Länge (§ 10.3 SeeSchStrO).

162. SSS   Bis zu welcher Länge brauchen Fahrzeuge unter Segel oder Ruder keine Positionslaternen zu führen, wenn sie Nachts und bei verminderter Sicht nicht fahren?

Segelfahrzeuge von weniger als 12 m Länge und Fahrzeuge unter Ruder, wenn die Positionslichter oder auch nur ein weißes Rundumlicht nicht fest installierbar sind (§ 10.2 SeeSchStrO).

163. SSS Welche Erleichterungen für die Lichterführung bestehen gegenüber den KVR für Fahrzeuge von weniger als 12 m Länge?

Wenn Fahrzeuge von weniger als 12 m Länge nicht die Lichter nach Regel 25 KVR führen können, haben diese mindestens ein weißes Rundumlicht nach Regel 21e KVR zu führen.

Können diese Fahrzeuge auch das Rundumlicht nicht führen, dürfen sie in der Zeit, in der die Lichterführung vorgeschrieben ist, nicht fahren, es sei denn, dass ein Notstand vorliegt.

Für diesen Fall ist eine elektrische Handleuchte gebrauchsfertig mitzuführen und rechtzeitig zu zeigen, um einen Zusammenstoß zu vermeiden.

164. SSS Die Ausweichregeln nach KVR gelten nur für Fahrzeuge, die sich einander in Sicht haben. Wie verhält es sich mit den Fahrregeln der SeeSchStrO in Bezug auf die Sichtverhältnisse?

Die Fahrregeln nach SeeSchStrO gelten unabhängig von den Sichtverhältnissen (§ 21.1 SeeSchStrO). Im Fahrwasser gelten bestimmte Ausweichregeln der KVR (Überholen und Begegnen) auch dann, wenn die Fahrzeuge einander nicht in Sicht, sich aber mittels Radar geortet haben (§ 21.1 SeeSchStrO).

165. SSS Unter welchen Umständen ist das Überholen verboten?

- Wenn das vorausfahrende Fahrzeug, dessen Mitwirkung erforderlich ist, nicht eindeutig zugestimmt hat.
- In der Nähe befinden sich nicht frei fahrende Fähren in Fahrt.
- An engen Stellen und unübersichtlichen Krümmungen.
- Vor und in Schleusen, sowie in den Schleusenvorhäfen und Zufahrten zum NOK.
- Innerhalb bestimmter Strecken und zwischen bestimmten Fahrzeugen, wie von der Wasser und Schifffahrtsdirektion verfügt.

(§ 23 SeeSchStrO)

166. SSS Gegenüber welchen Fahrzeugen hat im Fahrwasser ein dem Fahrwasserverlauf folgendes Fahrzeug Vorfahrt?

Gegenüber Fahrzeugen, die in das Fahrwasser einlaufen, es queren, dort drehen, ankern oder ihre Liegeplätze verlassen (§ 25.2 SeeSchStrO) und gegenüber Fahrzeugen, die aus einem abzweigenden oder einmündenden Fahrwasser einlaufen (§25.4 SeeSchStrO).

Schifffahrtsrecht

167. SSS Welches von zwei Fahrzeugen, die sich an einer Engstelle oder an einer mit Begegnungsverbot bezeichneten Stelle begegnen, hat Vorfahrt?

- In Tidengewässern oder Gewässern mit Strömung:
  Das mit dem Strom fahrendes Fahrzeug (Talfahrer).
- In Tidengewässern bei Stromstillstand:
  Das Fahrzeug, das mitlaufenden Strom erwartet.
- In tidenfreien Gewässern:
  Das Fahrzeug, das die Stb-Seite des Fahrwassers zu benutzen hat (Die Stb-Seite des Fahrwassers ist von See kommend die rechte).

(§25.5 SeeSchStrO)

168. SSS Wo insbesondere muss die Geschwindigkeit/Fahrt reduziert werden, um Sog- und Wellenschlag zu vermeiden?

Beim Vorbeifahren an:
- Häfen, Schleusen und Sperrwerken,
- festliegenden Fähren,
- manövrierunfähigen, festgekommenen oder manövrierbehinderten Fahrzeugen,
- schwimmenden Geräten und Anlagen,
- außergewöhnlichen Schwimmkörpern, die geschleppt werden,
- Stellen, die mit Flagge A gekennzeichnet sind,
- Strecken, die mit Sichtzeichen für Geschwindigkeitsbegrenzung gekennzeichnet sind

(§ 26 SeeSchStrO).

169. SSS Auf welcher Seite ist ein manövrierbehindertes Fahrzeug, das im Fahrwasser baggert, zu passieren?

Wenn durch Sichtzeichen eine Seite der Behinderung gekennzeichnet ist, passiert man auf der anderen Seite. Wenn nicht, passiert man auf der rechten Seite (Rechtsfahrgebot im Fahrwasser nach Regel 9a KVR). Sog und Wellenschlag vermeiden!

170. SSS Nennen Sie ein klassisches Beispiel aus dem Bereich der Sportschifffahrt, bei dem die Fahrregeln der SeeSchStrO und die KVR befolgt werden müssen.

Segelfahrzeuge, die nicht deutlich der Richtung des Fahrwassers (+/-10°) folgen, haben sich untereinander nach den KVR zu verhalten, wenn sie dadurch vorfahrtsberechtigte Fahrzeuge nicht behindern oder gefährden (§ 25.3 SeeSchStrO).

171. SSS Wie sehen Bb-Fahrwassertonnen aus?

- Farbe: rot
- Form: Stumpftonne, Leuchttonne, Spierentonne, Stange
- Beschriftung (wenn vorhanden): fortlaufende gerade Nummern
- Toppzeichen (wenn vorhanden): Roter Zylinder oder Besen aufwärts: Stangen immer mit Toppzeichen
- Feuer (wenn vorhanden): rot
- Kennung: z.B. Fl, Fl(2), Oc(2), Oc(3), Q oder IQ (Anl. IB 1 Int-1).

172. SSS Was bedeutet die Nr. 7a einer Fahrwassertonne und wie heißen die nächsten Tonnen seewärts und landwärts?

Die Tonne 7a ist eine eingeschobene Tonne. Seewärts ist die nächste Tonne die Nr. 7, landwärts die Nr. 9 oder 7b, falls eine weitere eingeschoben ist.

173. SSS Wie sieht die erste Backbordtonne eines Nebenfahrwassers aus, das auf der Stb-Seite eines Hauptfahrwassers abzweigt?

- Farbe: grün mit rotem Band
- Form: Spitz-, Leuchttonne oder Stange
- Beschriftung: unter der ungeraden Tonnennummer nach dem Hauptfahrwasser die erste (oder letzte) Nummer des Nebenfahrwassers sowie der Name des Nebenfahrwassers
- Feuer (wenn vorhanden): grün
- Kennung: (Fl 2+1).

174. SSS Woran erkennt man bei zwei sich trennenden Fahrwassern, welches das Hauptfahrwasser und welches das Nebenfahrwasser ist? (Bedeutung für die Vorfahrtsregelung).

Wenn die Scheiteltonne grün ist mit rotem Band, so ist das nach Bb gerichtete Fahrwasser das Hauptfahrwasser; ist sie rot mit grünem Band, so ist es das nach Stb weisende.

175. SSS Wie sieht das Schifffahrtszeichen aus, das eine wegen Badebetriebs für Maschinenfahrzeuge und Wassermotorräder gesperrte Wasserfläche markiert?

Weiße Fasstonne oder Kugeltonne mit einem breiten gelben Band oder Stange mit gelbem Kreuz. (§ 5 Abs. 1 und 2ab SeeSchStrO / Emsmündung).

Schifffahrtsrecht

176. SSS Wie werden nach der SeeSchStrO allgemeine Gefahrenstellen gekennzeichnet?

Allgemeine Gefahrenstellen, z.B. Untiefen, Wracks, Buhnen und sonstige Schifffahrtshindernisse werden in der Regel mit einem oder mehreren Kardinal-Zeichen gekennzeichnet, die für den jeweiligen Quadranten den Bezug zur Lage der Gefahrenstelle angeben.

177. SSS Beschreiben Sie alle Unterscheidungsmerkmale eines Süd-Kardinalzeichens.

- Farbe: gelb über Schwarz
- Form: Leucht-, Baken-, Spierentonne oder Stange
- Beschriftung (wenn vorhanden): Angabe des Bezugs oder Kompassrichtung
- Toppzeichen: 2 schwarze Kegel, Spitzen unten
- Feuer (wenn vorhanden): weiß
- Kennung: VQ (6) + LFl oder Q (6) +LFl.

178. SSS Welche einheitliche Kennung hat das Feuer von Einzelgefahrentonnen?

Zweimal Blitz, weiß.

179. SSS Wie werden neue Gefahrenstellen besonders gekennzeichnet?

Bezeichnung wie allgemeine Gefahrenstellen oder Einzelgefahrenstellen, jedoch wegen besonderer Umstände mindesten ein Sichtzeichen doppelt und gegebenenfalls mit einer Radarantwortbake mit Kennung D.

180. SSS An wen sind unmittelbare Gefahren für die Schifffahrt zu melden?

An die nächste Küstenfunkstelle oder Verkehrszentrale.

Zumindest an die in der Nähe befindlichen Schiffe.

181. SSS Welche Beispiele werden zur Beschreibung von unmittelbarer Gefahr für die Schifffahrt angeführt?

Eis, Wrack, Mine, im Wasser treibende Gegenstände/Schifffahrtshindernisse, Wirbelsturm, schwerer Sturm (Bft10 und mehr).

182. SSS Welche Pflichten hat ein Schiffsführer, dem gemeldet wird, dass sich Menschen in Seenot befinden?

Er muss ihnen mit größtmöglicher Geschwindigkeit zur Hilfe eilen und ihnen nach Möglichkeit Kenntnis davon geben.

Er hat Anordnungen der Stelle zu befolgen, die mit der Koordinierung der Suche und Rettung beauftragt ist (On-scene commander)
(Verordnung über die Sicherung der Seefahrt §2).

183. SSS Durch welches internationale Übereinkommen werden die Ansprüche der Küstenstaaten auf Meereszonen und die damit verbundenen rechtlichen und administrativen Auswirkungen geregelt?

Durch das Seerechtübereinkommen der Vereinten Nationen von 1982. Es legt die Breite der Zuständigkeitszonen der Küstenstaaten fest.

184. SSS/SHS Welche Abstufungen der nationalen Gewässer gibt es nach dem Seerechtübereinkommen der Vereinten Nationen?

Innere Gewässer
(Landwärts der Küstenbasislinie (3-Meilenzone) gelegene Wasserflächen)

Buchten, Flüsse und Häfen; dort gelten unbeschränkte Hoheitsbefugnisse des Küstenstaates.

Küstenmeer
(12-Meilenzone vor der Küstenbasislinie)

Es besteht die volle Souveränität des Küstenstaates und gleichzeitig das Recht der friedlichen Durchfahrt anderer Schiffe.

Anschlusszone
(von der Basislinie sich nicht mehr als 24sm seewärts erstreckende Zone)

Der Küstenstaat hat bestimmte polizeiliche Kontrollrechte.

Ausschließliche Wirtschaftszone
(bis 200sm von der Basislinie an seewärts sich erstreckende Zone)

Der Küstenstaat hat allein das Recht zur wirtschaftlichen und wissenschaftlichen Nutzung.

Schifffahrtsrecht

185. SSS Was bedeutet „friedliche Durchfahrt"?

Der Küstenstaat muss Schiffen, auch Sportfahrzeugen, anderer Nationen die Durchfahrt durch sein Küstenmeer gewähren, solange dies im Einklang mit den Gesetzen und Vorschriften des Küstenstaates geschieht.

Verstöße gegen die friedliche Durchfahrt sind z.B.:
- Spionage oder Propaganda gegen den Küstenstaat,
- illegales Anbordnehmen oder Anlanden von Personen und Sachen,
- gesetzwidrige Umweltverschmutzung,
- Fischerei, Forschung oder Vermessung.

186. SSS Erläutern Sie die nachfolgenden Begriffe und deren praktische Umsetzung „Vorfahrt haben" sowie „Vorfahrt beachten".

Vorfahrt haben gilt nur für ein im Fahrwasser fahrendes oder dem Fahrwasserverlauf folgendes Fahrzeug. Das bedeutet, dass andere Fahrzeuge, die in das Fahrwasser einlaufen wollen, dort drehen, sowie an- und ablegen wollen, mit diesem Vorhaben warten müssen bis das vorfahrtsberechtigte Fahrzeug vorüber ist.

„Vorfahrt haben" bedeutet aber nicht Vorfahrt erzwingen!
Falls erforderlich muss ein vorfahrtsberechtigtes Fahrzeug Maßnahmen zur Verhinderung einer drohenden Kollision ergreifen.

Vorfahrt beachten begründet eine Wartepflicht. Wer die Vorfahrt zu beachten hat, muss rechtzeitig durch sein Fahrverhalten erkennen lassen, dass er warten wird. Er darf nur dann weiter fahren, wenn er übersehen kann, dass die Schifffahrt im Fahrwasser nicht beeinträchtigt wird. Erforderlichenfalls hat der Vorfahrtsberechtigte seinen Kurs und / oder die Geschwindigkeit zu ändern.

187. SSS Kleine Fahrzeuge, z.B. Segelfahrzeuge unter 12 m Länge, dürfen abweichend von Regel 25d KVR besondere Lichter auf der Seeschifffahrtsstraße führen. Geben Sie an, welches Licht anstelle von Regel 25d KVR vorgeschrieben zu führen ist und was zu unternehmen ist, wenn ein Führen nicht möglich ist.

Fahrzeuge unter Segel von weniger als 12 m Länge haben (abweichend von Regel 25d KVR) nach §10 SeeSchStrO mindestens ein weißes Rundumlicht zu führen.

Wenn dieses Licht nicht geführt werden kann, darf das Segelfahrzeug in der Zeit, in der die Lichterführung vorgeschrieben ist, nicht fahren, es sei denn, dass ein Notstand vorliegt. Für diesen Fall muss eine elektrische Leuchte bzw. eine Laterne mit weißem Licht ständig gebrauchsbereit mitgeführt und rechtzeitig gezeigt werden, um einen Zusammenstoß zu vermeiden.

188. SSS Auf einem Segelfahrzeug unterwegs auf der Nordsee ca. 30sm westlich vor Helgoland, sichten Sie einen im Wasser treibenden 20 Fuß Container. Welche Maßnahmen müssen Sie gemäß Verordnung über die Sicherung der Seefahrt ergreifen?

Sie erhalten Kenntnis über eine noch unbekannte Gefahr für die Schifffahrt und müssen dies auf dem schnellsten Weg direkt oder über Telefon/Funk einer Verkehrszentrale bzw. Küstenfunkstelle der Seewarndienstzentrale Cuxhaven in Form einer Sicherheitsmeldung mitteilen. (Eine Sicherheitsmeldung beginnt immer mit „securité - securité - securité".)

189. SSS Was ist laut Seeschifffahrtsstraßenordnung ein Schleppverband ? Was ist ein Schubverband ?

Schleppverband:

Die Zusammenstellung von einem oder mehreren Maschinenfahrzeugen (Schlepper) mit einem oder mehreren dahinter geschleppten Anhängen, die keine oder eine nicht betriebsbereite Antriebsanlage besitzen oder in ihrer Manövrierfähigkeit eingeschränkt sind. (§2 Abs. 7a SeeSchStrO)

Schubverband:

Eine starre Verbindung von verschiedenen und geschobenen Fahrzeugen. Mindestens ein geschobenes Fahrzeug befindet sich vor dem Fahrzeug mit Maschinenantrieb. (§2 Abs. 8 SeeSchStrO)

190. SSS Welche Verkehrszuordnung erfahren Schub- und Schleppverbände ?

Schleppverband und Schubverband gelten jeweils als ein Maschinenfahrzeug.

191. SSS Was ist die Kennzeichnung von Schleppverbänden am Tag?

Der Schleppzug führt, wenn die Länge mehr als 200 Meter ist, je einen Rhombus auf Schlepper und Anhängen.

192. SSS Welche Bedeutung hat ihrer Definition gemäß die SeeSchStrO für ein Motorfahrzeug, das eines oder mehrere Sportfahrzeuge schleppt?

Motorfahrzeuge beim Schleppen gelten nicht als schleppende Maschinenfahrzeuge im Sinne der KVR. Sie müssen nicht besonders gekennzeichnet sein.

Schifffahrtsrecht

193. SSS Einlaufend an Ihrer Bb-Seite sehen Sie eine Tonne mit der Aufschrift 6a. Was für eine Tonne ist das?
Nennen Sie alle weiteren Unterscheidungs-merkmale für dieses Seezeichen für Tag und Nacht.
Welche Beschriftung trägt die vorige und die nachfolgende Tonne auf der selben Fahrwasserseite?

Die Backbord Fahrwassertonne. Tags rote Stumpf-, Leucht- oder Spierentonne, gerade Zahlen ggf. mit Kleinbuchstaben als Zwischentonne.

Toppzeichen – roter Zylinder oder Besen aufwärts.

Vorige Tonne ist die Tonne Nr. 6, die nachfolgende Tonne ist die Nr. 6b oder die Nr. 8.

Nachts hat die Tonne rotes Feuer mit entsprechender Kennung.

194. SSS Wie nennt man das Betonnungssystem der Fahrwasserbezeichnung?

Lateralsystem, Lateralzeichen.

195. SSS Sie hören auf der Elbe aus einer Nebelbank heraus, anscheinend vorlicher als querab, in kurzen Zwischenräumen rasches Läuten einer Glocke mit jeweils drei einzelnen Glockenschlägen vor und nach dem raschen Läuten. Welche Bedeutung hat dieses Schallsignal?

Ein „auf dem Grund sitzendes" Fahrzeug unter 100 Meter, das schräg oder quer im Fahrwasser liegt.

196. SSS Sie kollidieren bei diesigem Wetter auf der Weser bei Bremerhafen mit einer anderen Yacht. Während Ihre Yacht nahezu unbeschädigt blieb, droht die andere zu sinken. Was ist in dieser Situation von den an der Kollision beteiligten Fahrzeugen nach der SeeSchStrO zu unternehmen?

§37 der SeeSchStrO besagt:

„Bei Gefahr des Sinkens ist das Fahrzeug möglichst so weit aus dem Fahrwasser zu schaffen, dass die Schifffahrt nicht beeinträchtigt wird. Nach einem Zusammenstoß ist hierzu auch der Fahrer eines beteiligten schwimmfähig gebliebenen Fahrzeugs verpflichtet. Das zuständige Wasser- und Schifffahrtsamt ist zu benachrichtigen.

Der Platz des gesunkenen Fahrzeugs ist behelfsmäßig zu kennzeichnen. Fahrt erst nach Genehmigung des WSA fortsetzen".

197. SSS Sie fahren bei verminderter Sicht den Vorschriften entsprechend mit Ihrer Yacht am Rande des Fahrwassers um ein Nebenfahrwasser anzusteuern, z.B. auf der Elbe. Beim Erreichen der Abzweigposition hören Sie das Nebelsignal „zwei Gruppen von drei langen Tönen". Nennen Sie die Bedeutung dieses Signals und das Tagessignal, das entsprechend aufgestellt ist.

Sperrung der Seeschifffahrtstraße.

Tagessignal:
Rechteckige Tafel rot-weiß-rot. Oder senkrecht übereinander Ball / Kegel Spitze unten / Kegel Spitze oben.

Nachts:
Rot-grün-weiße Rundumlichter senkrecht übereinander.

198. SSS Erläutern Sie den Begriff „Kurshalter" und geben Sie an, wie Sie sich als Kurshalter verhalten, wenn Sie feststellen, dass ein anderes Fahrzeug seiner Ausweichpflicht nicht nachkommt.

Kurshalter bedeutet: Kurs und Geschwindigkeit beibehalten. Zunächst behält man Kurs und Geschwindigkeit bei und gibt mindestens 5 kurze Töne, um das andere Fahrzeug auf seine Ausweichpflicht aufmerksam zu machen.

- Der Kurshalter **darf** jedoch zur Abwendung eines Zusammenstoßes selbst manövrieren, sobald klar wird, dass der Ausweichpflichtige nicht angemessen handelt (Manöver des vorletzten Augenblicks).

- Sollten sich allerdings beide Schiffe so nahe kommen, dass der Ausweichpflichtige allein einen Zusammenstoß nicht mehr vermeiden kann, **muss** der Kurshalter so manövrieren, wie es zur Vermeidung eines Zusammenstoßes am dienlichsten ist (Manöver des letzten Augenblicks).

    (Regel 17 KVR)

199. SSS Was versteht man nach allgemeiner Rechtsauffassung in diesem Zusammenhang unter „nicht deutlich der Richtung eines Fahrwassers folgen" und welche Hilfe haben Sie hierzu häufig in der Praxis?

Abweichungen von der Richtung des Fahrwassers von mehr als 10° nach einer Seite. Generelle Richtung des Fahrwassers ist häufig durch Richtfeuerlinie und/oder Radarlinie in der Seekarte angegeben.

Schifffahrtsrecht

200. SSS Was für ein Positionslicht müssen Sie auf ein Sportboot setzen, wenn Sie festgemacht haben und keine ausreichende Beleuchtung vom Ufer vorhanden ist?

Ein festes weißes Rundumlicht mittschiffs, an gut sichtbarer Stelle, auf der Fahrwasserseite.

201. SSS/SHS Sie wollen mit Freunden einen längeren Segeltörn durch die Biskaya ins Mittelmeer antreten, bei dem nachts nicht mehr ein Hafen angelaufen werden kann. Wie kommen Sie Ihrer verkehrsrechtlichen Verantwortung einschließlich Schiffsführung und Wachplan nach?

- Vor Antritt der Reise ist erforderlichenfalls festzulegen, wer verantwortlicher Fahrzeugführer ist.
- Da abends kein Hafen angelaufen wird, hat der Schiffsführer darauf zu achten, dass mindestens ein weiteres Besatzungsmitglied über die nötige Qualifikation verfügt, verantwortlich eine Seewache zu gehen.
- Der Schiffsführer hat sich von der Qualifikation zu überzeugen.
- Es muss eine ordentliche Wachübergabe erfolgen. Dabei sind diverse Informationen wie die jeweilige Position, der Kurs und die Fahrt des Schiffes, sowie das Vorhandensein von anderen Fahrzeugen zu übergeben.
- Auf die eigene vorgeschriebene Lichterführung ist zu achten.
- Der jeweilige Wachwechsel ist im Logbuch zu vermerken, damit immer Klarheit besteht, wer der jeweilige Wachgänger war.
- Falls der Schiffsführer nicht selbst die Wache geht, hat er zu veranlassen, dass er bei besonderen Ereignissen unverzüglich und rechtzeitig vom jeweiligen Wachgänger informiert wird.

202. SSS Einlaufend an Ihrer Bb-Seite sehen Sie bei Nacht auf der Elbe zwischen Elbe Feuerschiff und Cuxhaven ein Seezeichen, Feuer: Weiß mit der Kennung SFkl.(3). Was ist das für ein Seezeichen? Welche Bedeutung hat dieses Seezeichen und wie werden Sie dieses passieren? Nennen Sie die weiteren Unterscheidungsmerkmale dieses Seezeichens am Tage

Seezeichen: Tonne mit Ost-Kardinal-Zeichen.
Diese Tonne bezeichnet eine allgemeine Gefahrenstelle und liegt östlich dieser Gefahrenstelle. Diese Tonne muss östlich passiert werden.

Am Tage:
- Leucht-, Baken- oder Spierentonne.
- Farbe: schwarz mit einem breiten waagerechten gelben Band.
- Toppzeichen: zwei schwarze Kegel übereinander, Spitze voneinander.
- Beschriftung: ggf. Angabe des Bezugs und / oder Kompassrichtung, hier Ost.

Schifffahrtsrecht

203. SSS Sie segeln auf der Elbe am Fahrwasserrand und erkennen auf einem größeren Schiff, das sich im Fahrwasser bewegt, zwei Signalflaggen. Die obere Flagge ist gelb-rot diagonal geteilt, die untere Flagge ist gelb. Erklären Sie die Bedeutung dieses Flaggensignals.

Mit diesem Flaggensignal Oscar über Quebec wird angezeigt, dass dieses Schiff zur Regulierung nautischer Instrumente dreht.

204. SSS Nennen Sie die Europäischen Sondergebiete nach MARPOL.

- Ostsee
- Nordsee
- Mittelmeer

205. SSS Was bedeutet „Sondergebiete" gemäß MARPOL ?

In Sondergebieten ist das Einleiten von Schadstoffen jeglicher Art verboten.

206. SSS Sie fahren in dichtem Nebel unter Motor und hören anscheinend vorlicher als querab ca. jede Minute zwei lange Töne. Welches Fahrzeug gibt dieses Schallsignal und wie haben Sie sich zu verhalten?

Ein Maschinenfahrzeug in Fahrt, dass seine Maschine gestoppt hat und keine Fahrt durchs Wasser macht (zwei lange Töne mindestens alle 2 Min.).

Nach Regel 19e KVR die Fahrt bis auf das Steuerminimum reduzieren. Falls erforderlich die Fahrt ganz wegnehmen und mit äußerster Vorsicht manövrieren bis die Gefahr des Zusammenstoßes vorüber ist. Vor Insichtkommen keine Kursänderung, kein Ausweichmanöver.

Nebelschallsignal: einen langen Ton mindestens alle 2 Min. geben.

(Regel 35a KVR)

207. SSS Auf der Seeschifffahrtsstraße Elbe hören Sie im Nebel ca. alle 55 bis 60s folgendes Schallsignal: 5 Sekunden lang rasches Läuten einer Glocke mit darauf folgenden 3 Einzelschlägen. Was bedeutet dieses Schallsignal?

Ein auf Grund sitzendes oder vor Anker liegendes Fahrzeug von weniger als 100 Meter Länge, das schräg oder quer im Fahrwasser liegt.

(Regel 35a KVR)

Schifffahrtsrecht

208. SSS Die Verordnung über die Sicherung der Seefahrt legt dem Schiffsführer einer Yacht verschiedene Pflichten auf. Nennen Sie einige dieser Pflichten.

Pflichten des Schiffsführers:

- Meiden von Eisgebieten und Fischgründen,
- unverzügliche Abgabe von Gefahrenmeldungen (Eis, Wrack, Mine, Wirbelsturm etc.) an in der Nähe befindliche Schiffe und Küstenfunkstellen,
- Hilfeleistung in Seenotfällen,
- besondere Beistandspflicht nach Zusammenstößen,
- Pflicht zur Benutzung vorgeschriebener Rettungssignale.

209. SSS Sie steuern mit einem Segelfahrzeug unter Segel auf die Elbe Mitte Fahrwasser bei böigem Ostwind in einer Richtfeuerlinie MgK 261°, um die Ablenkung Ihres Magnetkompasses zu kontrollieren (Sie weichen also vorübergehend bewusst vom Rechtsfahrgebot ab).
Ebenfalls in der Richtfeuerlinie stehend kommt Ihnen eine schnelle Motoryacht auf Gegenkurs entgegen. Es besteht Kollisionsgefahr.
Wie ist die Ausweichpflicht geregelt?

Nach § 24.1 SeeSchStrO müssen beide Fahrzeuge nach Steuerbord ausweichen.

210. SSS Die hören vor sich von einem anderen Fahrzeug auf der Ems zweimal hintereinander das Schallsignal: lang-kurz-kurz-kurz-kurz. Was bedeutet es und wie verhalten Sie sich?

Es handelt sich um das allgemeine Gefahr- und Warnsignal (Zwei Gruppen von je einem langen und vier kurzen Tönen). Sie werden von dem anderen Fahrzeug darauf aufmerksam gemacht, dass Sie gefährdet sind bzw. das andere Fahrzeug sich durch Sie gefährdet sieht.

Schnellstens einen Überblick über die Situation verschaffen und dann entsprechende Manöver zur Vermeidung eines Zusammenstoßes einleiten bzw. sich schnellstens aus der Gefahrenzone entfernen.

211. SSS Ein 22 m langes Segelfahrzeug macht mit 15 Besatzungsmitgliedern eine Ausbildungsfahrt in der Ostsee. Welche Auflagen sind nach MARPOL und nach dem Helsinki-Übereinkommen zu berücksichtigen, hinsichtlich Lebensmittelabfällen, leeren Flaschen, anfallenden Fäkalien?

Für die Ostsee gelten nach dem Helsinki-Übereinkommen bzw. nach MARPOL folgende Bestimmungen: Lebensmittelabfälle sollten in Müllbehältern in Häfen entsorgt werden. Sie dürfen auf See nur in einem Abstand von mindestens 12 sm von Land entfernt außenbords entsorgt werden. Leere Flaschen aller Art dürfen nur an Land entsorgt werden. Fäkalien bzw. Abwässer müssen, da das Schiff für die Beförderung von mehr als 10 Personen zugelassen ist, in einem Tank gesammelt und entweder an Land entsorgt oder in einer mäßigen Rate bei einer Geschwindigkeit von 4 kn in einem Abstand von mindestens 12 sm von Land eingeleitet werden. Wenn das Abwasser desinfiziert ist und die Rückstände zerkleinert sind, genügt ein Mindestabstand von Land von 4 sm.

212. SSS/SHS Wie müssen sich Segelfahrzeuge im Fahrwasser verhalten, wenn sie sich dort auf Kollisionskurs mit anderen Segelfahrzeugen befinden. Nennen Sie die verschiedenen Möglichkeiten.

Segelfahrzeuge, die dem Fahrwasserverlauf folgen, haben Vorfahrt vor solchen Segelfahrzeugen, die das Fahrwasser queren (auch zum Kreuzen), die im Fahrwasser drehen und die am Fahrwasserrand an- und ablegen (§ 25.2+3 SeeSchStrO).

Beim Begegnen auf entgegengesetzten oder nahezu entgegengesetzten Kursen, dem Fahrwasserverlauf folgend, ist nach Steuerbord auszuweichen (§ 24.1 SeeSchStrO).

Segelfahrzeuge, die beide kreuzen, weichen untereinander nach KVR aus (§ 25.3 SeeSchStrO). Beim Überholen weicht der Überholer aus (§ 23.2 SeeSchStrO).

213. SSS Was bedeutet das Queren eines Fahrwassers?

Queren bedeutet deutliches Abweichen vom Fahrwasserverlauf, nach allgemeiner Verkehrsmeinung mehr als 10°.

214. SSS Wenn man mit einem Segelfahrzeug eine Seeschifffahrtsstraße befährt, hat man es in der Regel mit zwei Situationen zu tun: Entweder kommt der Wind von dort, wohin man strebt oder man kann mit dem Wind segeln. Worin liegt der verkehrsrechtliche Unterschied, der sich dabei aus den geltenden Verordnungen ergibt?

Wind **gegenan** bedeutet:

Häufiges kreuzen des Fahrwassers. Dabei dürfen die im Fahrwasser befindlichen und in Fahrwasserrichtung fahrenden Fahrzeuge nicht durch kreuzende Segelfahrzeuge behindert werden. Diese haben Vorfahrt. Segelfahrzeuge dürfen nur Kreuzen, wenn die durchgehende Schifffahrt nicht behindert wird.

Mit dem Wind segeln:

Das Fahrzeug bewegt sich in Richtung des Fahrwassers, es muss sich auf der rechten Fahrwasserseite halten. Segler haben Vorfahrt vor kreuzenden Fahrzeugen, sowie in das Fahrwasser einlaufenden, dort drehenden und Fahrzeugen, die ihre Anker und Liegeplätze verlassen.

Schifffahrtsrecht

215. SSS Wo darf auf einer Seeschifffahrtsstraße geankert werden?

Ankern ist im Fahrwasser mit Ausnahme auf den Reeden und den bekannt gemachten Wasserflächen verboten.

Außerhalb des Fahrwassers ist Ankern erlaubt, außer:

- An engen Stellen und unübersichtlichen Krümmungen
- In einem Abstand von 300 m und weniger von schwimmenden Geräten, Wracks, Hochspannungsleitungen
- Vor Hafeneinfahrten, Anlegestellen, Schleusen, Fährstrecken etc.

216. SSS Wie unterscheidet sich (Schall- und Lichtsignale) ein Ankerlieger von einem Grundsitzer bei Tag, bei Nacht und bei Nebel?

Tagsüber:

- Der Ankerlieger hat 1 schwarzen Ball.
- Der Grundsitzer hat 3 schwarze Bälle senkrecht übereinander (Regel 30 KVR).

Nachts:

- Der Ankerlieger hat ein weißes Rundumlicht im vorderen Teil und ein weißes Rundumlicht niedriger am Heck.
- Der Grundsitzer hat zusätzlich zwei rote Rundumlichter senkrecht übereinander. (Regel §0 KVR).

Nebel:

- Der Ankerlieger muss mindestens jede Minute etwa 5 Sek. lang Glocke auf Vorschiff läuten und – wenn mehr als 100 m Länge – unmittelbar danach am Achterschiff den Gong rasch schlagen. Ein Fahrzeug vor Anker darf außerdem drei aufeinander folgende Töne – *kurz, lang, kurz* – geben, um einem sich nähernden Fahrzeug seinen Standort anzuzeigen und es vor einem möglichen Zusammenstoß zu warnen. (Regel 35g KVR).
- Das Fahrzeug auf Grund muss das Glockensignal und, soweit vorgeschrieben, das Gongsignal nach Regel 35 Buchstabe g KVR (siehe oben) geben, sowie zusätzlich unmittelbar vor und nach den raschen Glockenschlägen.

217. SSS Erläutern Sie den Begriff MARPOL.

MARPOL ist das Kürzel für das Internationale Übereinkommen zur Verhütung der Verschmutzung der Meere durch Schiffe (marine pollution).

Seerecht, Schifffahrtsrecht — Schifffahrtsrecht

218. SSS Was sind Sondergebiete nach MARPOL? Geben Sie Beispiele an.

Sondergebiete sind Meeresgebiete, in die das Einleiten von Schadstoffen fast jeglicher Art verboten oder zumindest eingeschränkt ist. Sondergebiete unter anderem: Nordsee, Ostsee, Mittelmeer und schwarzes Meer.

219. SSS Welche Umweltvorschriften sind von Yachten in Sondergebieten (MARPOL) zu befolgen?

Für Yachten gilt in Sondergebieten das Verbot des Einleitens von Öl, festen und flüssigen Schadstoffen jeglicher Art, sowie Schiffsmüll. Lebensmittelabfälle, zerkleinert oder nicht, dürfen nur in einem Mindestabstand von 12 sm vom Land entfernt ins Meer geleitet werden.

220. SSS Was ist eine Engstelle und wie ist der Verkehr dort geregelt?

Engstellen sind solche Stellen im Fahrwasser, an denen, von der Fahrwasserbreite her gesehen, nicht zwei oder mehrere Schiffe gleichzeitig nebeneinander fahren können. An Engstellen darf nicht überholt werden. Das wartepflichtige Fahrzeug muss außerhalb der Engstelle so lange warten, bis das andere Fahrzeug vorbeigefahren ist.
(Regel 9 KVR; § 25.5 SeeSchStrO)

221. SSS Was ist ein Wegerechtschiff? Wie ist es bei Tag und Nacht gekennzeichnet und welches Nebelsignal gibt es?

Wegerechtschiffe sind Fahrzeuge, welche die für eine Seeschifffahrtsstraße bekannt gemachten Abmessungen überschreiten, oder die wegen ihres Tiefgangs, ihrer Länge oder wegen anderer Eigenschaften gezwungen sind, den tiefsten Teil des Fahrwassers für sich in Anspruch zu nehmen, und gelten als manövrierbehinderte Fahrzeuge.

Wegerechtschiffe führen am Tage senkrecht untereinander Ball-Rhombus-Ball und bei Nacht zusätzlich zu den vorgeschriebenen Lichtern eines Maschinenfahrzeuges in Fahrt drei Rundumlichter senkrecht übereinander, rot-weiß-rot.

Nebelsignal: lang-kurz-kurz, mindestens alle 2 min.

222. SSS Welche Tag- und Nachtsignale muss ein Segelfahrzeug von 12,5 m Länge führen, wenn es auf Grund sitzt?

Ein Segelfahrzeug von 12,5 m Länge führt, wenn es auf Grund sitzt, am Tage drei Bälle senkrecht übereinander und bei Nacht im vorderen Teil ein weißes Rundumlicht und zwei rote Rundumlichter senkrecht übereinander (Regel 30 KVR).

Schifffahrtsrecht

223. SSS Welches Nebelsignal ist in der Elbmündung außerhalb des Geltungsbereiches der SeeSchStrO von einem Segelfahrzeug „auf Grund" von 12,5 m Länge zu geben?

Mindestens jede Minute etwa 5 s lang die Glocke rasch läuten, sowie zusätzlich unmittelbar vor und nach dem raschen Glockenläuten drei scharf voneinander getrennte Glockenschläge.

Ein Fahrzeug auf Grund darf zusätzlich ein geeignetes Pfeifsignal geben.
(Regel 35h KVR).

224. SSS Sie kreuzen mit Ihrer Yacht von Cuxhaven kommend elbaufwärts. Kurz vor Brunsbüttel werden Sie von dichtem Nebel (verminderte Sicht) überrascht als Sie sich auf der Steuerbordseite des Fahrwassers befinden.

Welche Maßnahmen ergreifen Sie? Was schreibt die SeeSchStrO für Ihre weitere Fahrweise vor? Sie wollen trotz dichten Nebels in Brunsbüttel anlegen. Kann dieses Manöver durchgeführt werden und gegebenenfalls wie?

Kollisionsgefahr! Sofort exakte Position feststellen, Lichter an, Ausguck besetzen, Motor klarmachen, gegebenenfalls unter Motor weiter fahren. Schallsignal lang-kurz-kurz (Regel 35 KVR), mindestens alle 2 Minuten. Sichere Geschwindigkeit, Westen anlegen, Lärmquellen ausschalten.

Nicht mehr kreuzen, da im Nebel nicht beurteilt werden kann ob durchgehende Schifffahrt behindert wird oder nicht. Innerhalb des Fahrwassers äußerst rechts fahren eventuell außerhalb des Fahrwassers vorsichtig weiterfahren.

Bei Radarberatung anmelden, exakte Position angeben und sich vom Radarberater nach Brunsbüttel lotsen lassen, wenn die Verkehrssituation dies zu lässt. Ohne Radarberatung ist zu Ankern.

225. SSS Sie sehen auf einer Seeschifffahrtsstraße auf einem Containerschiff einen roten Doppelstander (Flagge B). Was bedeutet dies?

Containerschiff, das explosive Stoffe geladen hat.

226. SSS/SHS Eine Motoryacht, Länge 8 m, treibt nachts manövrierunfähig in der Nordsee und sieht ein großes Fahrzeug direkt auf sich zukommen (rote Rundumlichter befinden sich nicht an Bord, weil kleiner als 12 m). Welche Maßnahmen hat das Fahrzeug zu ergreifen?

Ein Fahrzeug unter 12 m Länge, das die roten Rundumlichter senkrecht übereinander nicht führt, muss folgende Maßnahmen ergreifen:

- Durch jedes andere verfügbare Mittel anzeigen, dass es manövrierunfähig ist, z.B. über UKW-Funk oder durch ein Schall- oder Lichtsignal lang-kurz-kurz.
- Bei weiterer Annäherung das andere Fahrzeug mit einer starken Handlampe anleuchten und so auf sich aufmerksam machen.
- Führen eines weißen Rundumlichtes, das mit keinem anderen Licht verwechselt werden kann.
- Abfeuern eines Signals „weißer Stern" oder „Blitz-Knall".
- Sofort bei Eintritt der Manövrierunfähigkeit die Verkehrszentrale informieren.

227. SSS/SHS Auf der Elbe hören Sie nachts vor sich von einem Fahrzeug, das zusätzlich zu seinen Fahrtlichtern ein rotes Rundumlicht führt, fortwährend das Schallsignal kurz-lang. Um welches Schallsignal handelt es sich? Wann ist es zu geben und wie verhalten Sie sich?

Es handelt sich um das Bleib-Weg-Signal, das von einem Fahrzeug gegeben wird, bei dem bestimmte gefährliche Güter oder radioaktive Stoffe frei werden oder drohen frei zu werden, oder es besteht Explosionsgefahr. Man hat sich mit seinem Fahrzeug möglichst weit von dem anderen Fahrzeug zu entfernen (sicherer Abstand) und keine elektrischen Schalter zu bedienen, sowie kein offenes Feuer zu unterhalten.

228. SSS Wie ist eine allgemeine Gefahrenstelle auf einer Seeschifffahrtsstraße südlich der Gefahrenstelle bei Tage und bei Nacht gekennzeichnet?

Tonne mit Süd-Kardinalzeichen: Farbe: gelb über schwarz, Toppzeichen: zwei schwarze Kegel übereinander, Spitze nach unten, Feuer: weiß, Kennung:

VQ(6) + LFl bzw. SFkl. (6) + Blk. (schnelles Funkelfeuer in 6er-Gruppen plus 1 Blink)

oder:

Q(6) + LFl bzw. Fkl. (6) + Blk. (Funkelfeuer in 6er-Gruppen plus 1 Blink)

229. SSS Sie befinden sich im Küstenbereich bei verminderter Sicht und hören die nautische Warnnachricht, dass ein 70 m langes Schiff auf einer Untiefe fest gekommen ist. Nennen Sie das Nebelsignal, das Tagessignal und die Lichterführung des festsitzenden Fahrzeuges.

Das auf Grund sitzende Fahrzeug:
- gibt mindestens jede Minute ein 5s langes Läuten mit der Glocke, unmittelbar davor und danach drei scharf voneinander getrennte Einzelschläge mit der Glocke,
- setzt am Tage drei schwarze Bälle senkrecht übereinander,
- setzt nachts jeweils ein Ankerlicht am Vorschiff und am Heck und zusätzlich zwei rote Rundumlichter senkrecht übereinander.

(Regel 30 + 35 KVR)

230. SSS Ein Fahrzeug A unter Motor will aus einem Hafen in das Fahrwasser Elbe einlaufen um seewärts zu gehen. Dabei will das Fahrzeug A noch vor dem von Bb im Fahrwasser schnell näher kommenden Fahrzeug B in das Fahrwasser eindrehen. Es kommt zwischen den beiden Fahrzeugen zu einer Kollision.
Kommentieren Sie diesen Unfall und begründen Sie stichwortartig Ihre Aussage.

Nach § 25 SeeSchStrO hat ein in ein Fahrwasser einlaufendes Fahrzeug die Vorfahrt eines im Fahrwasser befindlichen und dem Fahrwasserverlauf folgendem Fahrzeug zu beachten.

Das Verschulden bzw. fehlerhafte Verhalten liegt beim Fahrzeug A.

Begründung:

Vorfahrtsregel § 25 SeeSchStrO.

Fahrzeug A, als das in das Fahrwasser einlaufende Fahrzeug, muss die Vorfahrt des Fahrzeugs B beachten. Außerdem hat A einen langen Ton zu geben.

231. SSS/SHS Auf welcher Vereinbarung beruht die internationale Zusammenarbeit der zuständigen Behörden, wie Polizei und/oder Zoll, gegen den unerlaubten Verkehr mit Suchtstoffen? Erläutern Sie, inwieweit, durch das Übereinkommen, das Hoheitsrecht eines Flaggenstaates auch auf See eingeschränkt werden kann und welche Voraussetzungen seitens des fremden Staates hierfür zu erfüllen sind.

Die internationale Zusammenarbeit beruht auf dem Wiener Übereinkommen von 1988.

Es ist das Übereinkommen der Vereinten Nationen gegen den unerlaubten Verkehr mit Suchtstoffen und psychotrophen Stoffen. Gemäß dem Wiener Übereinkommen darf ein fremder Staat (z.B. Spanien) ein fremdes Schiff (z.B. ein deutsches Schiff) anhalten oder andere Maßnahmen ergreifen, wenn der begründete Verdacht besteht, dass dieses Schiff Drogen befördert.

Voraussetzungen:

Der fremde Staat muss den Verdacht bei der BRD anzeigen und die Zustimmung ersuchen, geeignete Maßnahmen im Hinblick auf dieses Schiff ergreifen zu dürfen. Das Anhalten, Durchsuchen oder andere geeignete Maßnahmen dürfen nur durch Kriegsschiffe oder andere behördliche Fahrzeuge vorgenommen werden.

Schifffahrtsrecht

232. SHS Die Verordnung über die Sicherung der Seefahrt legt dem Schiffsführer verschiedene Pflichten auf. Nennen Sie einige dieser Pflichten.

Pflichten des Schiffsführers:

- Meiden von Eisgebieten und Fischgründen.
- Unverzügliche Abgabe von Gefahrenmeldungen (Eis, Wrack, Mine, Wirbelsturm etc.) an in der Nähe befindliche Schiffe und Küstenfunkstellen.
- Hilfeleistung in Seenotfällen.
- Besondere Beistandspflicht nach Zusammenstößen.
- Pflicht zur Benutzung vorgeschriebener Rettungssignale.

233. SHS Für Gefahrenmeldungen gibt es Formvorschriften. Nennen Sie einige dieser Formvorschriften bei der Gefahrenmeldung eines tropischen Wirbelsturmes.

Formvorschriften für Gefahrenmeldungen über Wirbelstürme:

- Angabe der Beobachtungszeit (Datum und Uhrzeit in UTC), Position, rwK und Geschwindigkeit des Schiffes.
- Barometerstand in hPa.
- Barometertendenz während der letzten drei Stunden.
- Windrichtung und –stärke nach Bft.
- Windsee und Dünung.
- Seegangshöhe

234. SSS/SHS Sie hören bei verminderter Sicht (im Nebel) ca. jede Minute das Schallsignal lang-kurz-kurz. Welche Schiffe geben dieses Schallsignal (Aufzählung) und welchem dieser Schiffe muss ein Segelfahrzeug beim Insichtkommen ausweichen?

Lang-kurz-kurz geben mindestens alle 2 min als Nebelsignal:

Segler, Fischer, manövrierunfähige, manövrierbehinderte, tiefgangbehinderte Fahrzeuge und ein Fahrzeug, das ein anderes Fahrzeug schleppt oder schiebt. Ein Segelfahrzeug muss allen Maschinenfahrzeugen, außer den schleppenden Fahrzeugen, ausweichen und darf die sichere Durchfahrt von tiefgangbehinderten Fahrzeugen nicht behindern (Regel 18 KVR).
Bei Segelfahrzeugen untereinander gilt Regel 12 KVR.

Ein Maschinenfahrzeug, das Fahrt durchs Wasser macht gibt bei verminderter Sicht mind. alle 2 Minuten einen langen Ton (Regel 35a KVR).

Schifffahrtsrecht

235. SHS Was bestimmen die KVR über das Verhalten von Fahrzeugen von weniger als 20 m Länge oder von Segelfahrzeugen in engen Fahrwassern, z.B. auch auf einer Seeschifffahrtstraße?

Fahrzeuge von weniger als 20m Länge oder Segelfahrzeuge dürfen nicht die Durchfahrt eines Fahrzeugs behindern, das nur innerhalb eines engen Fahrwassers oder einer Fahrrinne sicher fahren kann (Regel 9b KVR). Sie müssen, wenn es die Umstände erfordern, frühzeitig Maßnahmen ergreifen, um genügend Raum für die sichere Durchfahrt des anderen Fahrzeugs zu lassen (Regel 8 KVR).

236. SHS Beschreiben Sie die Gewässerzone „Küstenmeer" und geben Sie an, welche Befugnisse der Küstenstaat darin hat (allgemein zu beantworten, nicht alleine auf Deutschland bezogen).

Küstenmeer:
Seewärts der Basislinien gelegene Meeresgewässer bis zu einer Breite von 12 sm.
Hier hat der Küstenstaat die volle Souveränität, muss jedoch das Recht der friedlichen Durchfahrt gewähren.

237. SHS Welche Auswirkungen ergeben sich für ein Sportfahrzeug, wenn fremde Küstengewässer befahren werden?

Da das Küstenmeer Hoheitsgebiet des Flaggenstaates ist, untersteht das Fahrzeug dem Recht des Küstenstaates.

238. SHS Welche Bedeutung hat die Anschlusszone?

In der Anschlusszone hat der Küstenstaat das Recht, vorbeugend gegen Verstöße gegen Zoll-, Steuer-, Einreise- und Gesundheitsvorschriften tätig zu werden.

239. SHS Nach Artikel 98 Seerechtsübereinkommen verpflichtet jeder Flaggenstaat die Kapitäne seiner Schiffe, bei Seeunfällen nach Kräften für die in Seenot geratenen Personen Hilfe zu leisten. Durch welche Ausführungsregelung wird diese internationale Bestimmung in Deutschland in nationales Recht umgesetzt?

Die nationale Ausführungsregelung ist die „Verordnung über die Sicherung der Seefahrt".

240. SHS Erläutern Sie den Begriff KVR und den Geltungsbereich dieser Bestimmungen international und national (auf Deutschland bezogen).

Die KVR sind die international vereinbarten Regeln zur Vermeidung von Zusammenstößen auf See. Die KVR gelten für alle Fahrzeuge auf Hoher See und auf den mit dieser zusammenhängenden, von Seeschiffen befahrbaren, Gewässern.

National: Die KVR gelten grundsätzlich auf den Seeschifffahrtsstraßen und in den an ihnen gelegenen öffentlichen bundeseigenen Häfen, sowie im übrigen Küstenmeer.

241. SHS Nennen Sie die eindeutigen Anzeichen dafür, dass es zwischen (zwei) Fahrzeugen zu einer Kollision kommen kann.

Kollisionsgefahr besteht, wenn sich die Kompasspeilung nicht merklich ändert (stehende Peilung) und die Fahrzeuge sich einander nähern.

242. SHS Welche Möglichkeiten der Annäherung unterscheiden die KVR ?

Fahrzeuge können sich einander nähern:
- auf kreuzenden Kursen,
- auf entgegengesetzten Kursen,
- auf überholenden Kursen.

243. SHS In welcher Weise regeln die KVR die Ausweichpflicht für Segelfahrzeuge tagsüber (bei normaler Sicht) und nachts (bei verminderter Sicht, wenn die jeweilige Baumstellung nicht erkennbar ist) untereinander?

Regel 12 KVR „Segelfahrzeuge"
Wenn zwei Segelfahrzeuge sich einander so nähern, dass die Möglichkeit der Gefahr eines Zusammenstoßes besteht, muss das eine dem anderen wie folgt ausweichen:

1) Wenn sie den Wind nicht von der selben Seite haben, muss das Fahrzeug das den Wind von Backbord hat, dem anderen ausweichen; (Regel 12 a I KVR)

2) Wenn sie den Wind von derselben Seite haben, muss das luvwärtige Fahrzeug dem leewärtigen ausweichen; (Regel 12 a II KVR)

3) Wenn ein Fahrzeug mit Wind von Backbord ein Fahrzeug im Luv sichtet und nicht mit Sicherheit feststellen kann, ob das andere Fahrzeug den Wind von Backbord oder von Steuerbord hat, muss es dem anderen ausweichen.
(Regel 12 a III KVR)

siehe auch Frage 144. SSS

244. SHS Wo finden Sie die Definition für die Seitenbezeichnung des Fahrwassers ?

In der Seeschifffahrtsstraßenordnung werden die „Steuerbordseiten" definiert (§2).

Schifffahrtsrecht

245. SHS Auf der Elbe sehen Sie bei Nacht im Fahrwasser zwei dicht nebeneinander liegende Tonnen mit Feuer weiß Blz (2). Welche Bedeutung haben diese Tonnen und wie können Sie diese passieren? Nennen Sie die Unterscheidungsmerkmale dieses Seezeichens bei Tage.

Es handelt sich um eine Einzelgefahrenstelle, hier um eine neue Gefahrenstelle. Deshalb sind die Tonnen noch doppelt ausgelegt. Die Gefahrenstelle kann an allen Seiten passiert werden.

Bei Tage:

- Leucht-, Baken- oder Spierentonne.
- Farbe: schwarz mit einem breiten waagerechten roten Band.
- Toppzeichen: zwei schwarze Bälle übereinander.
- Beschriftung: ggf. Name der Gefahrenstelle.

246. SHS Welche Vorschriften gemäß MARPOL hat die Schifffahrt beim Befahren der Ostsee hinsichtlich Öl, Abwasser und Müll zu beachten? In welchen anderen europäischen Meeren gelten gemäß MARPOL die gleichen Bestimmungen?

Öl oder ölhaltige Gemische dürfen nicht eingeleitet werden, außer in Seenot oder bei Havarie, was durch die Meldung gem. Protokoll I anzuzeigen ist. Entsorgung von Öl, ölhaltigen Gemischen oder Ölrückständen hat an den Auffanganlagen zu erfolgen.

Laut MARPOL ist das Einleiten von Abwasser aus dem Personenbereich untersagt. Abwasser ist an Land zu entsorgen. Müll jeglicher Art, von Kunststoff bis zu Getränkeflaschen, darf nicht eingebracht werden. Lebensmittelreste, zerkleinert oder nicht, dürfen im Abstand von mindestens 12 sm von Land entfernt eingeleitet werden.

Die gleichen Bestimmungen gelten im Mittelmeer, sowie eingeschränkt in der Nordsee.

247. SHS Sie planen eine Schiffsreise von Stralsund nach Emden und befahren dabei im wesentlichen das Küstenmeer der BRD. Ihr Schiff ist 16m lang mit einer Motorleistung von 60 KW, unter anderem ausgerüstet mit UKW-Funk. Eine Signalpistole befindet sich an Bord. Nennen Sie die amtlichen Schiffspapiere, die aufgrund der oben genannten Angaben an Bord sein müssen, und welcher amtliche Qualifikationsnachweis für das Führen des Schiffes an Bord sein sollte.

Amtliche Schiffspapiere:

- Schiffszertifikat
- üblicherweise Auszug aus dem Schiffszertifikat
- Bootsführerschein

Schifffahrtsrecht

- Sprechfunkzeugnis
- Fachkundenachweis für Seenotsignalmittel

Empfehlenswert für den Skipper ist der Besitz des amtlichen SSS-Scheins.

---

248. SHS Wie kennzeichnen Sie ihr Schiff bei Nacht und bei Tage auf hoher See, das infolge eines Ruderbruches manövrierunfähig wird, wenn Sie zunächst treiben und dann mit dem Ruderschaden wieder Fahrt aufnehmen um in Küstennähe zu gelangen? Welches Nebel-Schallsignal ist jeweils zu geben?

Ohne FdW:
Zwei rote Rundumlichter bzw. zwei schwarze Bälle senkrecht übereinander.

Mit FdW:
Bei Nacht zusätzlich Positionslichter Back und Steuerbord sowie das Hecklicht.
Am Tage kein Unterschied zur Situation ohne FdW.

---

249. SHS Was bedeuten die folgenden Schallsignale und welche Fahrzeuge geben Sie?
1) kurz, lang, kurz, kurz
2) lang, kurz, kurz, kurz, kurz; lang, kurz, kurz, kurz, kurz
3) lang, kurz, lang, lang

1) „Anhalten", gegeben von einem Fahrzeug des öffentlichen Dienstes.

2) Allgemeines Gefahr- und Warnsignal: dieses Signal hat das Fahrzeug, das ein anderes Fahrzeug gefährdet oder durch dieses selbst gefährdet wird, rechtzeitig zu geben.

3) Nebelsignal eines Bugsierverbandes.

---

250. SHS Auf einer Seeschifffahrtsstraße begegnet man folgenden Tagessignalen:
1) Roter Zylinder am Ende einer Verladebrücke.
2) Flagge B des internationalen Signalbuches auf einem Schiff.
3) Drei Signalkörper übereinander, oben ein Ball, in der Mitte ein Kegel, Spitze unten, unten ein Kegel, Spitze oben.
Geben Sie die Bedeutung der Signale an und nennen Sie die an deren Stelle gezeigten Lichter bei Nacht.

1) Es handelt sich um eine schutzbedürftige Anlage. Nachts: drei Lichter senkrecht übereinander, weiß-rot-weiß. Sog und Wellenschlag vermeiden.

2) Fahrzeug befördert bestimmte gefährliche Güter. Nachts: rotes Rundumlicht.

3) Sperrung der Seeschifffahrtsstraße, vor dem Sichtzeichen ist anzuhalten. Nachts: rot-grün-weiß übereinander

Schifffahrtsrecht

Seerecht, Schifffahrtsrecht

251. SHS Erläutern Sie den Begriff „Hohe See" und die dort gültige Rechtsstellung der Schiffe. Nennen Sie mögliche Ausnahmeregelungen.

„Hohe See" sind Meeresgebiete, die außerhalb der von den Küstenstaaten beanspruchten Zonen liegen. Auf hoher See unterstehen die Schiffe der Hoheitsgewalt des Staates, dessen Flagge sie führen. Hiervon gibt es Ausnahmen bei Piraterie und Drogenschmuggel.

252. SHS Die Verordnung zu den KVR verbietet die Führung eines Fahrzeugs, wenn man infolge des Genusses alkoholischer Getränke in der sicheren Führung eines Fahrzeuges behindert ist.

Welchen örtlichen Geltungsbereich hat die vorgenannte Verordnung und welche Blutalkoholkonzentration/Grenzwert darf nicht überschritten werden, um in der sicheren Führung des Fahrzeugs nicht behindert zu sein?

Diese Verordnung gilt

1. auf den Seeschifffahrtstraßen und in den an ihnen gelegenen öffentlichen bundeseigenen Häfen sowie im übrigen deutschen Küstenmeer
2. für Schiffe, die berechtigt sind, die Bundesflagge zu führen, seewärts der Begrenzung des Küstenmeeres der Bundesrepublik Deutschland, soweit nicht in Hoheitsgewässern anderer Staaten abweichende Regelungen gelten.

Eine Blutalkoholkonzentration von 0,5 Promille darf nicht überschritten werden.

253. SHS Die KVR regeln im Rahmen der Verantwortlichkeit Situationen (Folgen), die ein Fahrzeug, dessen Eigentümer, Kapitän oder Besatzung zu berücksichtigen haben. Was folgt daraus?

Die KVR befreien nicht von den Folgen, die durch unzureichende Einhaltung der KVR oder unzureichende Vorsichtsmaßnahmen entstehen. Dies bedeutet: allgemeine seemännische Praxis oder besondere Umstände des Falles können über die Mindestanforderungen der KVR hinausgehende Maßnahmen erfordern (Regel 2a und 2b).

254. SHS Erläutern Sie den Begriff „Durchgehende Schifffahrt" auf einer Seeschifffahrtsstraße, auch unter Berücksichtigung der allgemeinen Verkehrsauffassung.

Die „Durchgehende Schifffahrt" umfasst alle Fahrzeuge, die deutlich dem Fahrwasserverlauf einer Seeschifffahrtsstraße folgen. Dies erlaubt nach allgemeiner Verkehrsauffassung, ein Abweichen von höchstens +/- 10° von der Richtung des Fahrwassers.

Dabei ist es gleichgültig, ob es sich um ein Berufs- oder Sportschiff handelt.

Seerecht, Schifffahrtsrecht — Schifffahrtsrecht

255. SHS Sie sehen in der Dämmerung auf einem Schiff auf der Nordsee westlich Deutsche Bucht Ansteuerung Feuerschiff (d.h. im freien Seeraum), einen großen Tanker mit den üblichen Fahrtlichtern und zusätzlich drei roten Rundumlichtern senkrecht übereinander. Beim Passieren des Feuerschiffs bzw. beim Einlaufen in die „TSS Jade Approach" (Schifffahrtsweg im Küstenmeer) wird das mittlere rote Rundumlicht durch ein weißes Rundumlicht ersetzt; Lichterführung jetzt zusätzlich zu den üblichen Fahrtlichtern „rot-weiß-rot" senkrecht übereinander.

Welche rechtliche Bedeutung hat das ursprüngliche Signal „drei rote Rundumlichter senkrecht übereinander"? Welche Bedeutung hat die geänderte Signalgebung für Sie?

Beim Insichtkommen war der Tanker als tiefgangbehindertes Fahrzeug, dessen sichere Durchfahrt nicht behindert werden darf, gekennzeichnet.

Beim Erreichen des Geltungsbereiches der SeeSchStrO (Einlaufen in das Küstenmeer) kennzeichnet sich das Fahrzeug als Wegerechtschiff, das als manövrierbehindertes Fahrzeug gilt.

Diesem so gekennzeichneten Fahrzeug muss im Falle einer Kollisionsgefahr ausgewichen werden.

256. SHS Welche verkehrsrechtlichen Bestimmungen gelten auf den deutschen Seeschifffahrtsstraßen?

Auf den deutschen Seeschifffahrtsstraßen gelten:
- Die Seeschifffahrtsstraßen-Ordnung.
- Die Bekanntmachungen der Wasser- und Schifffahrtsdirektionen (WSD) Nord und Nordwest.
- Die KVR.

257. SHS Sie hören auf ihrem Fahrzeug A im Nordatlantik auf der Reise zur Karibik den Seenotruf eines Fahrzeuges B in ihrer Nähe, welches mit einem im Wasser treibenden Container zusammengestoßen ist. Was haben Sie als Schiffsführer des Fahrzeuges A entsprechend der Verordnung über die Sicherung der Seefahrt unverzüglich zu unternehmen?

- Unverzügliche Abgabe einer Gefahrenmeldung (hier: treibender Container) an in der Nähe befindliche Schiffe und Küstenfunkstellen.
- Unverzügliche Hilfeleistung bei der in Not befindlichen Segelyacht B.

Schifffahrtsrecht

Seerecht, Schifffahrtsrecht

258. SHS Mehrere Schlepper schleppen eine Bohrinsel von Hamburg elbabwärts auf die offene See. Die Bohrinsel gerät auf Grund. Die Seeschifffahrtsstraße wird in diesem Bereich gesperrt. Welches Tag- und Nachtsignal zeigt die Sperrung der Seeschifffahrtsstraße an?

Das Tagsignal besteht aus drei Signalkörpern senkrecht übereinander: oben ein schwarzer Ball, in der Mitte ein schwarzer Kegel (Spitze nach unten) und unten ein schwarzer Kegel (Spitze nach oben).

Nachtsignal: Drei Rundumlichter senkrecht übereinander, das obere rot, das mittlere grün und das untere weiß.

259. SHS Welche einschlägigen Bestimmungen der KVR hat ein Segelfahrzeug (unter Segel) beim Queren eines Verkehrstrennungsgebietes zu beachten?

Ein Segelfahrzeug darf nach Regel 10 beim Queren eines VTG die sichere Durchfahrt eines Maschinenfahrzeugs auf dem Einbahnweg nicht behindern. Ein Segelfahrzeug muss soweit wie möglich das Queren von Einbahnwegen vermeiden.

Ist es jedoch zum queren gezwungen, so muss dies möglichst mit der Kielrichtung im rechten Winkel zur allgemeinen Verkehrsrichtung erfolgen (Regel 10c KVR).

260. SHS Ein Segelfahrzeug kreuzt bei westsüdwestlichen Winden Bft 2 elbabwärts in Richtung Nordsee (Kurs: 245°) als dichter Nebel aufkommt. Ein Radargerät ist nicht vorhanden. Wie hat sich das Fahrzeug nunmehr verkehrsrechtlich zu verhalten?

Wenn dichter Nebel aufkommt, darf die Yacht noch weiter im Tonnenstrich elbabwärts segeln, wenn eine sichere Positionsbestimmung möglich ist. Das Fahrwasser darf nicht mehr gekreuzt werden, da man ohne Radargerät nicht feststellen kann, ob die durchgehende Schifffahrt behindert wird oder nicht. Man kann außerhalb des Fahrwassers ankern oder aber versuchen, mit Lotsen-Landradarberatung nach Cuxhaven einzulaufen.

261. SHS Sie wollen mit einem Segelfahrzeug A am Tage den Hamburger Yachthafen Wedel (rechte Ausfahrt) verlassen, um im Fahrwasser der Elbe elbabwärts zu segeln.
Welche Verkehrsvorschriften sind beim Verlassen des Yachthafens und welche Verkehrsvorschriften sind beim Einlaufen in das Fahrwasser bei der Tonne 122 gegenüber anderen Segelfahrzeugen zu beachten, die bei Ostwind sowohl außerhalb als auch innerhalb des Fahrwassers ebenfalls elbabwärts segeln?

Für die Strecke vom Yachthafen bis zur Fahrwassergrenze gelten für Fahrzeug A die **KVR**. Für das Eindrehen in das Fahrwasser gilt für A die SeeSchStrO. Bis zum Erreichen der Fahrwassergrenze muss A mit Wind von Bb anderen elbabwärts fahrenden Segelfahrzeugen mit Wind von Stb ausweichen (Regel 12a I).

Haben die anderen Segelfahrzeuge ebenfalls den Wind von Bb, müssen diese als luvwärtige Fahrzeuge ausweichen. Dann ist A Kurshalter (Regel12a II). Beim Eindrehen in das Fahrwasser muss A die Vorfahrt der im Fahrwasser elbabwärts fahrenden Segelyachten beachten: A ist nach §25 SeeSchStrO wartepflichtig.

A muss Kurs und Geschwindigkeit anpassen, um der Wartepflicht nachzukommen.

---

262. SHS Nennen Sie die Werte, die man durch Radarplotten ermitteln und vorhersagen kann.

Durch Plotten kann man ermitteln:
- Die unmittelbare Kollisionsgefahr
- die relative Bewegung des Gegners (Kurs und Fahrt)
- die absolute Bewegung des Gegners (Kurs und Fahrt)
- Zeitpunkt, Peilung und Abstand der größten Annäherung
- den Abstand beim Passieren der Kurslinie voraus und achteraus
- die Wirkung der vorgesehenen eigenen Kursänderung gegenüber anderen Fahrzeugen
- die Maßnahmen anderer Fahrzeuge (Kurs-/ Fahrtänderung)

---

263. SHS Beim Passieren von Cuxhaven, elbaufwärts fahrend, sehen Sie am Tage am Signalturm folgendes Signal: zwei schwarze Bälle übereinander und darunter ein schwarzer Kegel, Spitze unten. Was bedeutet dieses Signal und was wurde dort nachts gezeigt?

Außergewöhnliche Schifffahrtsbehinderung. Nachts: drei feste Lichter senkrecht übereinander, die beiden oberen rot, das untere grün.

---

264. SHS Welches ist der wesentliche Zweck der Seeunfalluntersuchung? Nennen Sie Punkte, die Sie als Skipper eines Sportbootes betreffen.

Generell sollen Ursachen und Umstände eines Seeunfalls festgestellt werden und ob ein fehlerhaftes Verhalten eines der Beteiligten vorliegt.

Den Skipper eines Schiffes betreffen:
- Mängel in der Besetzung des Schiffes
- Fehler bei der Führung oder beim Betrieb des Schiffes
- Verstoß gegen Verkehrs-, Sicherheits- und Umweltvorschriften.
- Unterlassung einer Hilfe- oder Beistandsleistung,
- Fehlen der notwendigen Eigenschaften zur Führung des Schiffes

Schifffahrtsrecht

265. SHS Das Hoheitsrecht der Küstenstaaten (Meeresanrainer) erstreckt sich über verschiedene Gewässer-Zonen. Nennen Sie:
1) die hoheitsrechtlichen Befugnisse des Küstenstaates innerhalb der Anschlusszone.
2) die von Deutschland beanspruchten Zonen, deren Breite und das Verfahren zur Bestimmung der Zonenbreite, sprich deren Ausdehnung,

1) Die jeweiligen Hoheitsrechte Deutschlands erstrecken sich auf das Küstenmeer, die Anschlusszone und die Wirtschaftszone.

2)
- Die Breite des Küstenmeeres beträgt 12sm und wird von der Basislinie / Niedrigwasserlinie seewärts gemessen.
- Die Anschlusszone ist 24sm breit und wird von der Basislinie aus gemessen.
- Die Wirtschaftszone erstreckt sich bis zu 200sm seewärts der Basislinie.

266. SHS Nennen Sie die Voraussetzungen für ein zuverlässiges Plotergebnis.

Ein Plotergebnis kann nur zuverlässig sein, wenn

- das Eigenschiff während des Plottens Kurs und Geschwindigkeit beibehält,
- für das Plotten ein angemessener Zeitraum zur Verfügung steht,
- mindestens drei Ortungen vorgenommen wurden.

267. SHS Erläutern Sie die Begriffe: Schifffahrtszeichen und Sichtzeichen.

Schifffahrtszeichen sind Sichtzeichen und Schallsignale, die Gebote, Verbote, Warnungen, Hinweise und Empfehlungen ausdrücken.

Sichtzeichen sind Lichter, Signalkörper, Tafeln, Tonnen und Flaggen.

268. SHS Erläutern Sie, wie beim Vermessen der 12sm Grenze verfahren wird bzw. welche Punkte / Linien hier eine Rolle spielen.

Die Ausgangslinie für die Abstandsbestimmung von 12sm ist die **Basislinie,** die zwischen den Basispunkten verläuft.

269. SHS Wo verläuft die seewärtige Begrenzung des Geltungsbereiches der SeeSchStrO?

Die seewärtige Begrenzung des Geltungsbereiches der SeeSchStrO ist die 12sm Grenze.

270. SHS Welche Bedeutung hat die bis zu 200sm ausgedehnte Wirtschaftszone ?

Die Wirtschaftszone ist die Meereszone, in der dem Flaggenstaat das Fischereirecht und das Recht zur Nutzung der Bodenschätze zusteht.

271. SHS Nennen Sie die 4 Hauptangaben einer Meldung, die gemäß MARPOL (Protokoll 1) im Zusammenhang mit dem Ereignis einer Schadstoffeinleitung zu machen sind.

Bei Schadstoffeinleitung ist eine Meldung abzugeben, die mindestens enthält:

- Die genaue Bezeichnung des bzw. der beteiligten Schiffe
- Zeitpunkt, Art und Ort des Ereignisses
- Menge und Art des eingeleiteten Schadstoffes
- bisherige Maßnahmen

272. SHS Geben Sie an, in welcher nautischen Veröffentlichung Sie umfangreiche Informationen über das Verhalten gemäß MARPOL hinsichtlich Meeresumweltschutz finden.

Das **Handbuch für Brücke und Kartenhaus**.

Wetterkunde

GRUNDLAGEN

1. SSS Nennen Sie die gesetzlich vorgeschriebenen Temperatureinheiten. Zwischen welchen Extremwerten schwanken die Temperaturen in Deutschland?

Die Temperatur wird gemäß dem internationalen Einheitssystem in Kelvin (K) oder, als besonderer Name für das Kelvin, in Grad Celsius (°C) gemessen. In Deutschland liegen die Extremtemperaturen ohne Strahlungsanteil zwischen +40°C und −35°C.

2. SSS Mit welchen mechanischen Methoden werden Lufttemperatur und Luftfeuchte gemessen?

Die Lufttemperatur wird mit den üblichen Flüssigkeitsthermometern gemessen. Es gibt auch elektronische Temperaturfühler, deren Messwert über einen Wandler digital angezeigt wird.

Die Luftfeuchte wird mit Hygrometern gemessen.

3. SSS Nennen Sie meteorologische Messgeräte, die sich an Bord eines Schiffes befinden sollen.

- Barometer/Barograph
- Thermometer
- Windmesser (Stärke und Richtung)

4. SSS Das Barometer ist ein wichtiges Hilfsmittel für Seefahrer, erläutern Sie welche Wetterentwicklung zu erwarten ist: bei gleichbleibendem Luftdruck, wenn ein schneller Druckanstieg beobachtet wird, wenn ein gleichmäßiger und langsamer Druckanstieg erfolgt?
Welches Wetter bei einem beständigen Barometerstand erwartet wird, und welche Wetteränderungen erwarten Sie bei einem langfristigen Druckabfall?

Bei gleichbleibendem Luftdruck ist mit beständigem Wetter zu rechnen. Ein schneller Druckanstieg deutet in der Regel auf eine kurzfristige Wetterverbesserung hin. Wenn ein gleichmäßiger und langsamer Druckanstieg erfolgt, deutet das auf anhaltende Wetterverbesserung hin. Bei einem beständigen Barometerstand wird in den meisten Fällen beständiges Wetter erwartet. Ausnahme: bei Nordwestlage infolge eines Hochs über Schottland (Wind und Sturm über Kattegatt).

Bei einem langfristigen Druckabfall wird in der Regel aufkommender stürmischer Wind, Wetterumschlag und Frontenveränderung erwartet. Bei einem Druckabfall von 3 bis 5 (Hektopascal) hPa pro Stunde ist mit Sturm zu rechnen.

Grundlagen — Wetterkunde

5. SSS Wie heißen die unteren drei Schichten der Atmosphäre?

Von Unten nach Oben:
- Troposphäre
- Tropopause
- Stratosphäre

6. SSS Was sind Isobaren und in welchen Abständen werden sie gezeichnet?

Isobaren sind Linien die Orte gleichen Luftdrucks miteinander verbinden. In Wetterkarten sind Isobaren im Abstand von 5 zu 5 hPa gezeichnet (In England von 4 zu 4 hPa).

7. SSS/SHS Erklären Sie den Begriff Gradient.

Der Gradient ist der Luftdruckunterschied in hPa auf einer Strecke von 60 sm senkrecht zu den Isobaren (Horizontaler Druckgradient).

8. SSS Welche Wassertemperaturen werden in der Deutschen Bucht, in der Ostsee und bei den Balearen im langjährigen Mittel im Februar und im August erreicht?

	Februar	August
Dt. Bucht	6°	16°
Ostsee	2°	15°
Mittelmeer	14°	25°

9. SSS Wie arbeitet ein Flüssigkeitsbarometer und wie hoch steht die Quecksilbersäule unter Normalbedingungen?

Bei Flüssigkeitsbarometern wird die auf die Flächeneinheit bezogene Gewichtskraft einer Flüssigkeitssäule, die dem Luftdruck das Gleichgewicht hält, gemessen.

Unter Normalbedingungen erzeugt die Luftsäule in Meereshöhe einen Druck von 1013,2 Hektopascal (hPa) oder Millibar (mb oder mbar).

10. SSS Was ist beim Aufstellen eines Barometers zu beachten, wenn der Druck stets auf Meereshöhe bezogen ist?

Der Druck nimmt mit der Höhe über der Erdoberfläche ab. In einer Höhe von 5400 Metern beträgt er nur noch 500 hPa. In Bodennähe gilt, dass der Druck ungefähr je 8 m Höhe um 1 hPa fällt (vertikaler Druckgradient).

Wetterkunde — Grundlagen

11. SSS Inwiefern kann man aus einem Barogramm die Weiterentwicklung des Wetters ableiten?

Das Barogramm gestattet eine nachträgliche Auswertung (hindcasting) des Wettergeschehens (Luftdruckänderung in Hektopascal pro Zeiteinheit (Stunden) in Form einer Barogrammkurve). Insofern ist es für die Beurteilung der Wetterentwicklung eine sehr wichtige Informationsquelle.

12. SSS Wie kann man bei einem Barometer die Drucktendenz festhalten?

Bei einfachen Barometern fehlt die Aufzeichnungsfunktion. Man kann nur den augenblicklichen Druck ablesen. Um die Drucktendenz zu erkennen, muss der Druck regelmäßig, üblicherweise zweistündlich, abgelesen und aufgeschrieben werden.

Der Druck wird zusammen mit einfachen Wetterzeichen ins Logbuch eingetragen.

13. SSS Der Wind wird ursächlich von der Druckgradientkraft erzeugt. Welche zusätzlichen Kräfte (Scheinkräfte) beeinflussen die Stärke des Windes?

- Die Corioliskraft,
- die Reibungskraft,
- die Zentrifugalkraft.

14. SSS Welche Größen bestimmen die Stärke des Windes?

Die Windstärke nimmt mit der Höhe zu, da die Bodenreibung abnimmt. Daher hat man auf See größere Windstärken zu erwarten als über Land. Störungsgebiete erlöschen schnell, sobald sie über Land kommen.

Die Stärke des Windes hängt hauptsächlich von folgenden Faktoren ab:
- Luftdruckgefälle - also vom Abstand der Isobaren
- Größe der ablenkenden Kraft der Erdrotation (Coriolis), also von der geografischen Breite
- Reibung an der Erdoberfläche
- Krümmung der Windbahn

15. SSS/SHS Wetter ist der Zustand der Lufthülle unserer Erde zu einem bestimmten Zeitpunkt. Nennen Sie die Parameter (min. 6), die für die Wetterbeschreibung erforderlich sind.

Temperatur, Luftdruck, Luftfeuchte, Bewölkung, Niederschlag, Wind (Richtung & Stärke)

Grundlagen — Wetterkunde

16. SSS/SHS   Definieren Sie die Begriffe Wetter, Witterung und Klima.

Wetter ist der augenblickliche Zustand der Atmosphäre am Beobachtungsort.

Witterung ist der Ablauf der Wettererscheinungen über einen bestimmten, meist kürzeren Zeitraum an einem Ort.

Klima sind die auf einen geographischen Raum bezogenen, über mehrere Jahrzehnte gemittelten Eigenschaften des Wetters.

17. SSS   Wie wird der Druckgradient und wie die Drucktendenz bestimmt? Wozu dienen sie?

Der vertikale Druckgradient beschreibt die Druckabnahme mit zunehmender Höhe. In Bodennähe beträgt er 1 hPa pro 8m Höhe. Ein Barometer auf einer 20 m hohen Brücke zeigt 2,5 hPa weniger als an der Wasseroberfläche (Berichtigung einstellen)!

Der horizontale Druckgradient errechnet sich in der Regel, indem der Druckunterschied von einigen Isobaren durch die senkrechte Entfernung zwischen den Isobaren geteilt wird. Er dient zur Bestimmung der Windstärke.

Die Drucktendenz erhält man durch die Differenz zweier Barometermessungen geteilt durch die dazwischen liegende Zeit, also eine Luftdruckänderung pro Zeiteinheit.
Aus einem Druckabfall von mehr als 4 hPa in 3 Stunden (also über 1 hPa pro Std.), schließt man auf eine Windzunahme von 6 bis 8 Bft. Druckänderungen von mehr als 10 hPa in 3 Stunden deuten auf schweren Sturm hin.

18. SSS   Wie entsteht Wind?

Die Entstehung des Windes lässt sich an einem vereinfachten Modell beschreiben (sogenannter geostrophischer Wind): Durch eine horizontale Druckgradientkraft wird die Luft in Bewegung vom Hoch zum Tief gesetzt. Die Corioliskraft dreht die Luft aus dieser Richtung, bis die Bewegung rechtwinklig nach rechts zum Gradienten verläuft. Der Wind weht dadurch parallel zu den Isobaren und zwar rechtwinklig nach rechts, wenn man vom hohen zum tiefen Druck schaut. Dies gilt allerdings nur für die Nordhalbkugel und stellt eine erste Annäherung an den wahren Wind dar.

19. SSS   Unter welchem Winkel schneidet der Wind die Isobaren?

Infolge der Reibung weht der Wind nicht parallel zu den Isobaren, sondern schneidet sie unter einem Winkel so, dass die Richtung zum tiefen Druck hinweist. Der „Windwinkel" beträgt über See um die 22° und über Land 30° bis 50°.
Wird beim geostrophischen Wind zusätzlich die Reibung berücksichtigt, kommt man dem wahren Wind in Form einer zweiten Näherung nahe.

Wetterkunde — Grundlagen

20. SSS Was bewirkt die Corioliskraft?

Die Erddrehung hat zufolge, dass alle auf der Erde ablaufenden Bewegungen nach rechts abgelenkt werden (Nordhalbkugel). Diese „Ablenkung" ist am Äquator gleich Null und wächst mit der geografischen Breite an.

Diese durch die Erddrehung erzeugte Richtungsänderung wird Corioliskraft genannt und wirkt auf der Nordhalbkugel immer rechtwinklig nach rechts.

21. SSS Um wie viel wird in amerikanischen Wetterkarten der geostrophische Wind verringert um eine gute Näherung für den Bodenwind zu erhalten?

Um 65%.

22. SSS Wie wird der geostrophische Wind in den Bordwetterkarten Nr. 9 und 11 angewandt?

In den von DWD herausgegebenen Bordwetterkarten Nr. 9 (Nord und Ostsee) und Nr. 11 (Mittelmeer) ist für 55° Nord bzw. für 40° Nord ein geostrophisches Windlineal für einen Isobarenabstand von 10 hPa eingezeichnet.

23. SSS Wie wird der Wind gemessen? Welchen Wind zeigen die Geräte an, wenn das Schiff Fahrt macht? Wie lässt sich der wahre Wind in guter Näherung bestimmen?

Windmessanlagen, auch Aneometer genannt, bestehen aus zwei getrennten Geräten,

- Windgeschwindigkeitsmesser
- Windrichtungsanzeiger

Die Geber sind die am Masttop deutlich sichtbaren Schalensterne und Windfahnen. Ihre Bewegungen werden durch Messwertwandler in elektrische Größen umgesetzt und über eine Leitung den Anzeigegeräten zugeleitet.

Windmessanlagen zeigen nur auf einem ortsfesten Schiff den wahren Wind an. Auf einem fahrenden Schiff bezieht sich die Anzeige auf den scheinbaren Wind, es sei denn, es handelt sich um eine sehr aufwendige Anlage, die mit Navigations- und Messsensoren ausgestattet ist.

Die Schwierigkeit an Bord Windrichtung und Stärke zu bestimmen, liegt darin begründet, dass man auf dem fahrenden Schiff einen „gefühlten" (scheinbaren) Wind wahrnimmt, der sich aus dem wahren Wind, der an diesem Ort weht und dem Fahrtwind zusammen setzt.

- Man ermittelt den wahren Wind mit folgendem abgekürzten Verfahren:
- Vom Koordinatenursprung (A) aus, wird als erstes die Fahrt des Schiffes als Pfeil abgetragen.
- An die Spitze dieses Pfeils legt man den Pfeil des „gefühlten" scheinbaren Windes.
- Der Verbindungspfeil von A zum Endpunkt des zweiten Pfeils ergibt den Pfeil, der den wahren Wind darstellt.

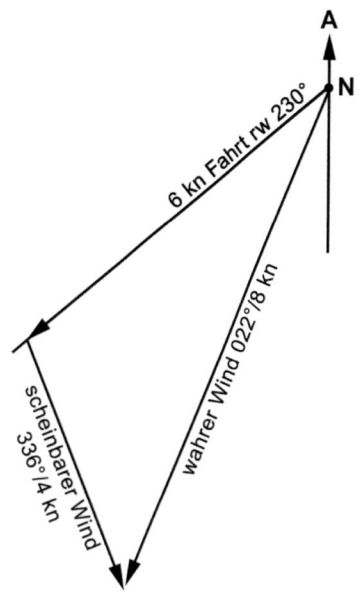

24. SSS Aus welchen grundsätzlichen Funktionsteilen bestehen Messgeräte?

Messinstrumente bestehen im Allgemeinen aus folgenden Funktionsteilen:
- Messwertgeber
- Messwertwandler
- Messwertüberträger
- Messwertanzeige

25. SSS Wie wird die Stärke des Windes ausgedrückt?

Die Stärke des Windes, d.h. die Geschwindigkeit der Luftteilchen, kann sowohl in Meter pro Sekunde, Kilometer pro Stunde, als auch in Knoten, also Seemeilen, sowie (für Seewetterberichte) in Beaufort ausgedrückt werden.

26. SSS Wie wird der Wind hinsichtlich seiner Richtung angegeben?

Bei Wind gibt man die Richtung an, aus der er kommt.

27. SSS Wie weht der Wind in Bezug auf Isobaren, in erster und zweiter Näherung?

Der Wind weht parallel zu den Isobaren und rechtwinklig nach rechts, wenn man vom hohen zum tiefen Druck blickt (Nordhalbkugel). Dieser Wind, der parallel zu den Isobaren weht, heißt geostrophischer Wind. In Erdbodennähe verringert die Bodenreibung die Windgeschwindigkeit und verhindert, dass der Wind parallel zu den Isobaren weht. Die Windrichtung schneidet die Isobaren auf See unter einem Winkel von 22° und weist zum tiefen Druck hin.

Wetterkunde — Grundlagen

28. SSS Wie entstehen Böen und welche Eigenschaften haben sie?

Der Wind nimmt in der unteren Schicht der Atmosphäre in der Regel mit der Höhe zu und ändert seine Richtung, da die Reibung fehlt.
Fallen nun Luftmassen aus einer höheren in die bodennahe Luftschicht, dann spricht man von Böen.

- Böen haben eine höhere Windgeschwindigkeit als der Wind in Bodennähe. Sie kann sich um 2 Bft erhöhen.
- In den Böen ist die Windrichtung rechtsdrehend (Nordhalbkugel).
- Ihre Lufttemperatur ist niedriger.
- Die zeitliche Dauer ist begrenzt.

29. SSS Wodurch unterscheiden sich Böen vom normalen Wind?

Die im Wetterbericht verbreiteten Angaben zur Windgeschwindigkeit sind Mittelwerte, gemittelt aus den Schwankungen der Windanzeige, sie erfassen keine Böen.

Da Böen Winde aus höheren Schichten sind, unterliegen sie einer geringen Bodenreibung, sie haben deshalb höhere Geschwindigkeiten und eine andere Richtung.

30. SSS Worauf ist bei Windangaben besonders zu achten?

Besonders wichtig ist es, bei Windangaben auf die jeweilige Einheit zu achten.

In der Regel sind in Wetterkarten Windgeschwindigkeiten in Beaufortgraden und Beaufortbefiederung angegeben. Skandinavische Wetterdienste verwenden für die Windgeschwindigkeit m/s.

31. SSS Was bedeuten die Windangaben des DWD, Geschäftsfeld Seeschifffahrt (nicht international)?

Bft 0	Windstille
Bft 1-3	Schwacher Wind (leiser Zug, leichte und schwache Brise)
Bft 4	mäßiger Wind
Bft 5	frischer Wind
Bft 6-8	starker, steifer und stürmischer Wind
Bft 9	Sturm
Bft 10	schwerer Sturm
Bft 11	orkanartiger Sturm
Bft 12	Orkan

Grundlagen — Wetterkunde

32. SSS Wie lässt sich aus den Isobarenabständen die Windgeschwindigkeit näherungsweise bestimmen?

Isobaren

Isobaren sind Linien, die Orte gleichen Luftdrucks miteinander verbinden.
Je enger die Isobaren liegen, desto stärker ist der Wind und desto größer das Gefälle.
Hier zwei Methoden zur Bestimmung der Windstärke anhand der Isobarendichte.

Erste Methode

Man nimmt aus der Wetterkarte den Abstand der Fünfer-Isobaren in Breitengraden, d.h. einen Druckgradienten von 5 hPa pro x Breitengrade (man zählt aus wie viele Breitengrade senkrecht zwischen zwei Isobaren liegen). Mit dem so gefundenen Wert geht man in eine entsprechende Tabelle für die **Bestimmung** der Windgeschwindigkeit anhand der Isobarenabstände.

Abstand der 5-hPa-Isobaren	Windstärke	Bezeichnung
600 km	Beaufort 2	Leichte Brise
500 km	Beaufort 4	Mäßige Brise
400 km	Beaufort 5	Frische Brise
300 km	Beaufort 6	Starker Wind
200 km	Beaufort 7	Steifer Wind
100 km	Beaufort 9	Stürmischer Wind

Zweite Methode

Eine weitere einfache, näherungsweise Bestimmung der Windgeschwindigkeit zwischen 45° und 60° kann dadurch geschehen, dass man 300 Seemeilen im Zirkel nimmt und um den Standort herum die Druckdifferenz innerhalb dieser 300 Seemeilen bestimmt. Dies ist ein Druckgradient bezogen auf 300 Seemeilen. Multipliziert man ihn dann mit dem Faktor 2, entspricht der gewonnene Zahlenwert näherungsweise der dort herrschenden Windgeschwindigkeit.

33. SSS Zeichnen Sie die Kaltfronttypen A und B.

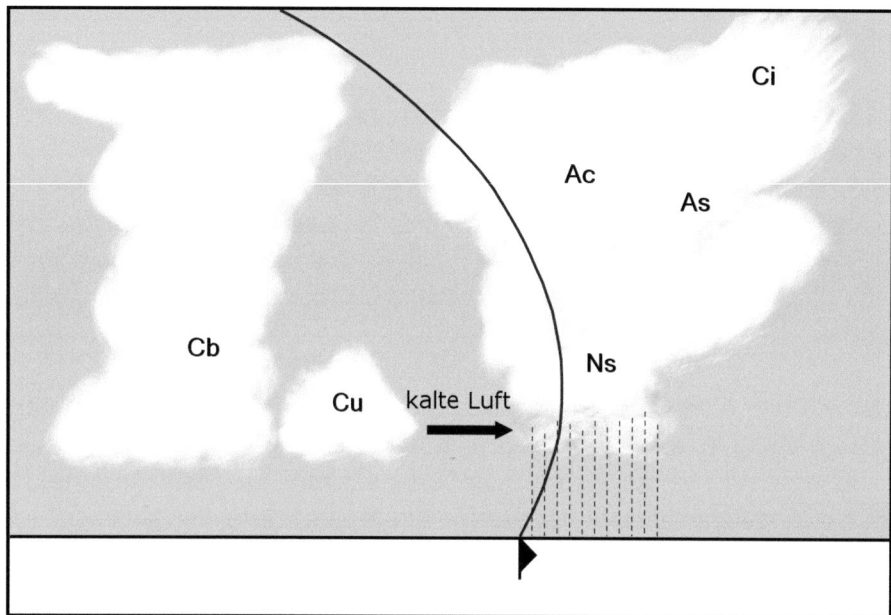

Kaltfront Typ A

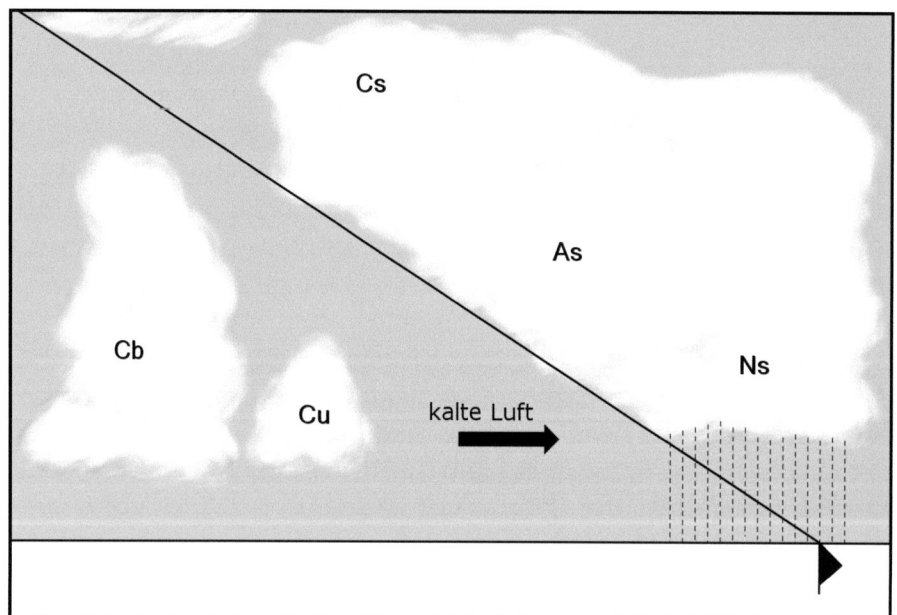

Kaltfront Typ B

34. SSS Zeichnen Sie die planetarische Windzirkulation in Bodennähe mit ihren Wind- und Druckgürteln.

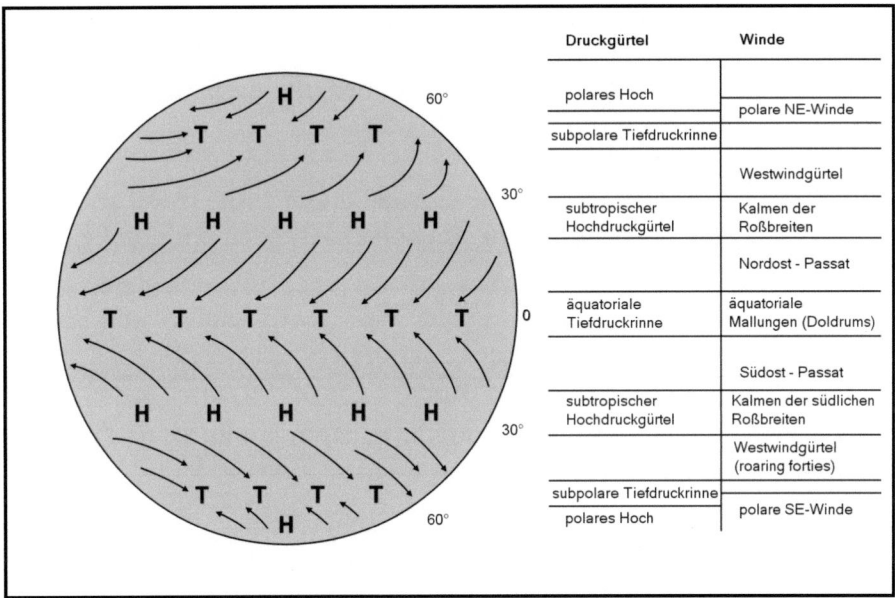

35. SSS Wie nähert man sich den tatsächlichen Wind- und Druckverhältnissen?

Erste Näherung: die planetarische Windzirkulation.

Zweite Näherung: Zerfallen der Druckgürtel in einzelne umfangreiche Druckzellen, die sich in den aus Messungen gewonnenen Jahresmitteln für den Luftdruck wiederfinden. Es treten die bekannten Aktionszentren, wie das Azorenhoch und das Islandtief auf.

Als dritte Näherung können jahreszeitliche Mittelwerte für Sommer und Winter herangezogen werden.

Eine vierte Näherung wäre das Monatsmittel von meteorologischen Größen, wie Luftdruck, Wind, Temperatur und Feuchte.

36. SSS Welche sind die Hauptluftmassen? Wie können sie geprägt sein? Welche Wege nehmen sie nach Mitteleuropa?

P = Polare Luft
T = Tropische Luft

Sie kann kontinental = C (trocken) oder maritim = M (feucht) geprägt sein, z.B.:

CP = polare Festlandluft
MT = tropische Meeresluft

Wetterkunde — Grundlagen

Weiterhin lässt sich angeben, woher die Luft in unseren Breiten gekommen ist:

PA = arktische Polarluft,
TS = Tropikluft aus der Sahara.

Ferner kann der Umweg beschrieben werden, den die Luft auf ihrer Reise zu uns gemacht hat:

PT = Polarluft, die schon einmal tropische Gebiete durchlaufen hatte, oder
TP = Tropikluft, die weit nach Norden in den polaren Bereich vorgestoßen war.

37. SSS Warum verschafft man sich bei einer Wetterkarte zuerst einen Eindruck von der möglichen Großwetterlage?

Die Großwetterlage gibt an, woher die Hauptluftmassen kommen, die in das betrachtete Gebiet einströmen und welche Eigenschaften sie haben können.

38. SSS Was ist eine Großwetterlage und wodurch wird sie charakterisiert?

Das Wetter von einem kurzen Zeitabschnitt wird durch die Wetterlage beschrieben. Bleiben charakteristische Wettermerkmale über einen längeren Zeitabschnitt erhalten, vereinheitlicht man diese Wetterlagen in einer Großwetterlage. Herrschen über einen längeren Zeitraum beständige Hoch- und Tiefdruckgebiete, werden bestimmte Zirkulationsformen vorgegeben, deren Lage zur Einteilung der Großwetterlage dient.

Die wichtigsten Wettertypen für unseren Raum sind: Westlagen, Südlagen, Nordlagen, Ostlagen, Südwestlagen, Nordwestlagen, sowie Zentrallagen mit Tief über Mitteleuropa oder Hoch über Mitteleuropa.

Die Himmelsrichtungen entsprechen den Gebieten, aus denen die Hauptluftmassen stammen und deren Eigenschaften sie wenn auch etwas verändert mitbringen. Je nach dem, welchen Weg sie genommen haben, sind sie z.B. maritim (M) oder kontinental (C) geprägt.

39. SSS Wie sollte man sich seine Wetterinformation gliedern?

Bei der Auswertung der Wetterinformationen sollte man Kenntnis erlangen über:

- die Großwetterlage
- die Wettervorhersage für das Fahrtgebiet
- das Streckenwetter für den Törn

40. SSS Warum sollten Kenntnisse über die Großwetterlage vorhanden sein?

Sich Kenntnisse über die Großwetterlage zu verschaffen, gehört zur seemännischen Sorgfaltspflicht. Sie dienen nicht nur dem eigenen Schutz und dem anderer, sondern haben auch rechtliche bzw. versicherungsrechtliche Bedeutung. Solches Wissen wird über die Wetteranalyse vermittelt. Sie stellt die Wetterlage zu einem bestimmten Haupttermin 0600, 1200, 1800, 2400 UTC dar und ist somit das Abbild der tatsächlich herrschenden Wetterverhältnisse und eignet sich als Vorhersage bis zu zwei Stunden (Nowcasting).

Die Vorhersage für das Fahrtgebiet sollte möglichst großräumig interpretiert werden. Insbesondere bezüglich der Richtung, aus der die Druckgebiete heranziehen.

FRONTEN, WOLKEN, GEWITTER, NEBEL

41. SSS Definieren Sie die absolute, die Sättigungs- und die relative Feuchte, sowie die Taupunkttemperatur.

Taupunkttemperatur:

Die Temperatur, auf welche die Luft abgekühlt werden muss, um mit Feuchtigkeit gesättigt zu werden, bzw. die Temperatur, bei der eine in der Luft vorhandene Wasserdampfmenge die Sättigungsgrenze erreicht.

Absolute Feuchte:

Die uns umgebende Luft ist ein Gasgemisch mit verschiedenartigen Molekülen. Zwischen diesen bewegen sich die Moleküle des unsichtbaren Wasserdampfes.
Sein Anteil in diesem Gasgemisch schwankt stark. Dieser Anteil wird die absolute Feuchte (a) genannt. Es gibt allerdings eine obere Grenze. Bei einer bestimmten Temperatur kann die Luft nur eine maximalmögliche Wasserdampfmenge aufnehmen. Dies ist die Sättigungsfeuchte (A).

Das Verhältnis der tatsächlichen in der Luft vorhandenen Dampfmenge a zu der maximal möglichen Menge A, bei der herrschenden Temperatur, ausgedrückt in Prozent, ist die relative Feuchte U. Die Einheiten A und a sind die Anzahl Gramm (g) Wasser pro Kubikmeter (m^3) trockener Luft.

Wetterkunde — Fronten, Wolken, Gewitter, Nebel

42. SSS Folgende Prozesse haben Wolken- bzw. Nebelbildung und somit Regen zur Folge: Sättigung, Kondensation, Tröpfchenbildung. Bitte erklären Sie den Zusammenhang dieser Begriffe. Siehe auch Frage 46.

Fällt die Lufttemperatur unter die Taupunkttemperatur, muss Wasser aus der Luft ausgeschieden werden. In der Luft befinden sich Kondensationskerne oder, in der höheren Troposphäre, Gefrierkerne. Sie können z.B. von Salzkristallen stammen, die aus Gischt in die Luft abgegeben werden. An diesen Kernen lagert sich das ausgeschiedene Wasser an. Die Kerne quellen auf, es wird diesig. Setzt sich der Anlagerungsprozess, also die Kondensation fort, bilden sich kleine Tröpfchen, die mit der allgemeinen Unruhe in der Luft schweben. Diese Tröpfchen verdichten sich zu Wolken oder Nebel. Auch die hohen Eiswolken bilden sich auf diesem Wege. Regen bildet sich auch aus Eiskristallen. Diese können erheblich größer werden als Wassertröpfchen.

Das Wachstum der Wolkentröpfchen zu Regentropfen erfolgt durch Kollision und Koaleszenz (Zusammenwachsen).

43. SSS Auf welche Weise kann die Luft zur Sättigung gebracht werden? Nennen Sie ein Beispiel.

Auf zwei verschiedene Weisen kann Luft mit Wasserdampf gesättigt werden:

- Durch Abkühlung, das heißt, Luft wird auf die Taupunkttemperatur Td (d = dewpoint) abgekühlt.
- Durch Wasserdampf/Feuchtezufuhr. Das bedeutet, Wasser wird solange verdampft bis in der Luft die Sättigungsfeuchte erreicht ist.

44. SSS Wie verhalten sich absolute Feuchte, Sättigungsfeuchte, relative Feuchte und Taupunkt bei Abkühlung?

- Der Wert der absoluten Feuchte bleibt unverändert.
- Der Wert der Sättigungsfeuchte nimmt ab.
- Der Wert der relativen Feuchte steigt bis 100%, also bis die Sättigung erreicht ist.
- Die Taupunkttemperatur ändert sich nicht.

45. SSS Welche Vorgänge bringen Luft in größere Höhen und welche Wolken können dabei entstehen?

Wolken entstehen vorzugsweise durch Vertikalbewegungen der Luft. Ab einer bestimmten Höhe, dem Kondensationsniveau, tritt Sättigung und dann Kondensation ein, und zwar auf folgende Weise: Steigt Luft auf, weil sie wärmer ist als die Umgebung (Konvektion), bilden sich Quellwolken (Cumulus). Gleitet feuchtwarme Luft an einer

Fronten, Wolken, Gewitter, Nebel — Wetterkunde

kalten Luftschicht auf, entstehen Schichtwolken (Aufgleitwolken) Stratus. Wird die Luft durch Berge, also durch so genannte orographische Hindernisse, zum Aufsteigen gezwungen, zeigt sich Staubewölkung: Cumulus und Stratus. Auch Wind und die allgemeine Rauhigkeit des Untergrundes lassen Luft bis zum Kondensationsniveau aufwirbeln (Turbulenzwolken). Es können dabei Schicht- oder Schichthaufenwolken entstehen: Stratus oder Stratucumulus. Steigt die Luft wellenförmig in das Kondensationsniveau hinein und wieder heraus, zeigen sich Wogenwolken. Häufig erscheinen sie im Lee der Gebirge.

46. SSS Nennen Sie einige wichtige Faktoren mit deren Hilfe Wolkenbildung und Niederschläge entstehen. Siehe auch Frage 42.

Bei der Wolkenbildung spielen mehrere Prozesse eine Rolle:

- Sättigungsprozesse der Luft
- Kondensationsprozesse
- Wachstumsprozesse von Wassertröpfchen bzw. Eiskristallen
- Prozesse bei der Niederschlagsbildung

47. SSS Wie werden Wolken hinsichtlich ihrer Höhe eingeteilt?

Wolken werden in drei Stockwerke eingeordnet, wobei sich die Grenzen der Stockwerke überschneiden und sich auch mit der Breite ändern. Für die gemäßigten Breiten gelten ungefähr folgende Höhenangaben:

- oberes Stockwerk: Hohe Wolken   5 bis 13 km
- mittleres Stockwerk: Mittelhohe Wolken   2 bis 7 km
- unteres Stockwerk: Tiefe Wolken   0 bis 2 km

Wolken mit vertikaler Entwicklung, die ihre Basis im Bereich der tiefen Wolken haben und bis zu den hohen reichen, durchbrechen alle Stockwerke.

48. SSS Wie sind die vier Wolkenfamilien international festgelegt worden?

Die Temperatur nimmt mit der Höhe ab. In unseren Breiten findet man im Mittel ungefähr 0°C in 2 km Höhe, ~10°C in 4 km und ~35°C in 7 km Höhe. Somit bestehen Wolken entweder nur aus Wasser, aus Wasser und Eis oder nur aus Eis. Entsprechend dem Aufbau und der Höhenlage der Wolken unterscheidet die internationale Wolkenklassifikation vier Wolkenfamilien:

- Hohe Wolken: Cirrus / Cirrostratus / Cirrocumulus
- Mittelhohe Wolken: Altostratus / Altocumulus
- Tiefe Wolken: Stratocumulus / Stratus
- Wolken mit vertikaler Entwicklung: Cumulus / Cumulonimbus / Nimbostratus

Wetterkunde — Fronten, Wolken, Gewitter, Nebel

49. SSS Wie lauten die zehn amtlichen Wolkengattungen? Welche deutschen Bezeichnungen und welche lateinischen Abkürzungen haben sie?

Cirrus (Ci)	hohe Federwolken
Cirrostratus (Cs)	hohe Schleierwolken
Cirrocumulus (Cc)	hohe Schäfchenwolken
Altostratus (As)	mittelhohe Schichtwolken
Nimbostratus (Ns)	Regenschichtwolken
Altocumulus (Ac)	grobe Schäfchenwolken
Stratus (St)	niedrige Schichtwolken
Stratocumulus (Sc)	Schicht-Haufenwolken
Cumulus (Cu)	Haufenwolken
Cumulonimbus (Cb)	Schauer- / Gewitterwolken

Außer den bereits erwähnten lateinischen Bezeichnungen Cumulus (Haufen) und Stratus (ausgebreitet, schichtförmig) sind noch Nimbus (Regen), Alto (Hoch) und Cirrus (Haarlocke, Franse) für die Beschreibung der zehn amtlichen Wolkengattungen gebräuchlich.

50. SSS Es gibt zwei Arten von Gewittern. Wie unterscheiden sie sich und wie entstehen sie?

Gewitter entstehen durch gewaltige Umlagerungen von Luftmassen, wobei starke vertikale Aufwinde mit bis zu 60 kn mit entsprechenden Abwinden in Cumulonimben wechseln.

Man unterscheidet Wärmegewitter und Frontgewitter:

Wärmegewitter bilden sich in einer einheitlichen Luftmasse in der Luft zum Aufsteigen gebracht (labilisiert) wird durch:

- Erwärmung von unten, z.B. Sonneneinstrahlung
- Hebung an Gebirgen (orographische Hebung)
- Stau von strömender Luft am Boden und ausweichen in die Höhe (Konvergenz, Konvergenzlinie)

Frontgewitter entstehen an Fronten von Luftmassengrenzen. Durch sich darunter schiebende Kaltluft erfolgt eine Hebung und Labilisierung der Warmluft.

50b. SSS Wann tritt ein Gewitter in Nordeuropa auf?

Gewitter treten in Nordeuropa in der Regel beim Durchgang einer Kaltfront auf.

Ausnahme: im Sommer Wärmegewitter (sehr gefährlich auf der Ostsee)

Fronten, Wolken, Gewitter, Nebel — Wetterkunde

51. SSS Woran können Gewitter erkannt werden und was macht sie gefährlich?

Charakteristika für aufkommendes Gewitter:

- riesige einzelne Cumulonimben oder zusammenhängendes, dunkles, ins Schwarze gehendes, hoch reichendes Gewölk aus Cumulonimben
- Abflauen des Windes und plötzliche Zunahme aus anderer Richtung
- Auftreten von kälterer Luft
- Störungen im Radio (Mw, LW)
- Wetterleuchten

Gefahren bei Gewittern gehen aus von:

- Blitzschlag
- Böen in Orkanstärke, auch bei sonst mittleren Windstärken
- extremen Windrichtungsänderungen
- starker Sichtminderung durch Regen- und Hagelschauer
- Windsee, kurz und steil, Gischtbildung

52. SSS Beschreiben Sie die Gefahren, die ein aufziehendes Gewitter mit sich bringen kann sowie die Anzeichen für ein heraufziehendes Gewitter und entsprechenden Wolken. Geben Sie bitte an, wann Starkwindwarnung und wann Sturmwarnung gegeben wird?

Durch Gewitter ergeben sich folgende Gefahren für die Schifffahrt: starke Böen, die Sturm oder auch Orkanstärke erreichen können, unvorhersehbare und plötzliche Änderungen der Windrichtung (Umschlagen des Baumes auf Segelschiffen), Sichtbeeinträchtigung durch starke Regenfälle/Niederschlag sowie Hagel und Blitzschlag. Das Herannahen eines Gewitters kann man an mächtigen turmartigen Haufenwolken erkennen.

Der vorhandene Wind schläft zunächst ein und frischt wieder auf und weht aus einer anderen Richtung. Aus einem auf Mittelwelle geschalteten Rundfunkgerät ertönen Störgeräusche, verursacht durch das noch entfernte Gewitter. Gewitter treten in der Regel in Verbindung mit Cumulonimben auf. Sind, der Wetterlage nach, Windstärken von 6 und 7 Bft zu erwarten, so werden Starkwindwarnungen herausgegeben. Ab Bft 8 erfolgt Sturmwarnung.

Wetterkunde — Fronten, Wolken, Gewitter, Nebel

53. SSS Was sind Böenkragen und Böenlinien?

Böen und Winde an Gewittern sind ganz unterschiedlich. In der Regel findet man nur unterhalb des Gewitters im Reifestadium die maximalen Fallwinde, die sich am Boden horizontal in alle Richtungen ausbreiten. Manchmal bildet sich auf der Vorderseite des Gewitters zusätzlich ein um die Horizontale rotierender Böenkragen. Vereinzelt eilt die aus dem Gewitter stammende Kaltluft den Wolken voraus. Sind die vielen Gewitter noch in einer Reihe angeordnet, so lässt sich eine Böenlinie als äußere Grenze des Kaltluftschwalls zeichnen.

54. SSS Was sind Fronten?

Eine Front ist eine Übergangszone/Grenzschicht zwischen zwei unterschiedlichen Luftmassen, z.B. hinsichtlich der Temperatur. Als Front bezeichnet man die vordere Grenze einer Luftmasse in Bewegungsrichtung.

55. SSS Welche Regeln gelten für das Zugverhalten von Fronten?

Kaltfronten und Okklusionen verlagern sich mit der Geschwindigkeit und in Richtung des Bodenwindes hinter ihnen. Warmfronten etwas langsamer. Fronten, deren Lage sich derjenigen der Isobaren nähert oder die sogar isobarenparallel liegen, verlagern sich sehr langsam oder werden stationär.
Fronten, die gegen ein stationäres Hoch laufen, verlagern sich nur noch langsam.

56. SSS Welche Wettererscheinungen treten an einer Warmfront auf?

Zieht eine Warmfront heran, beobachtet man folgenden Wolkenaufzug vor der Front beobachtet:
- Cirrus   7 bis 13 km
- Cirrostratus, Altocumulus   5 bis 7 km
- Altostratus, Cumulus   2 bis 5 km
- Nimbostratus, sehr tief hängend   bis 2 km

Der Wind ist schwach, nimmt aber zur Front hin zu. Dabei ist er rechtsdrehend und kommt häufig aus südwestlicher Richtung.
Die Lufttemperatur ändert sich kaum, der Luftdruck jedoch fällt und die Sicht wird schlechter.

Bei dem Durchgang der Warmfront wird beobachtet:

- Anstieg der Temperatur,
- Ende des stetigen Druckfalls,
- Windsprung mit rechtsdrehendem Wind,
- stärkste Niederschläge und schlechte Sicht.

Wetterkunde
Fronten, Wolken, Gewitter, Nebel

57. SSS Welche Wettererscheinungen treten beim Passieren einer Kaltfront auf ?

Kurz vor der Kaltfront:

- Luftdruck fällt,
- Windgeschwindigkeit nimmt zu,
- Wolkenwand aus tief hängenden Nimbostratus,
- beginnender Niederschlag.

Beim Passieren der Front:
- Luftdruck steigt sprunghaft,
- Windsprung, rechtsdrehend,
- Zunahme der Windgeschwindigkeit, Böen,
- Schauerartiger Niederschlag, schlechte Sicht,
- Temperatur sinkt, Sicht verbessert sich, Rückseitenwetter.

58. SSS Zeichnen Sie einen senkrechten Schnitt durch eine Warmfront :

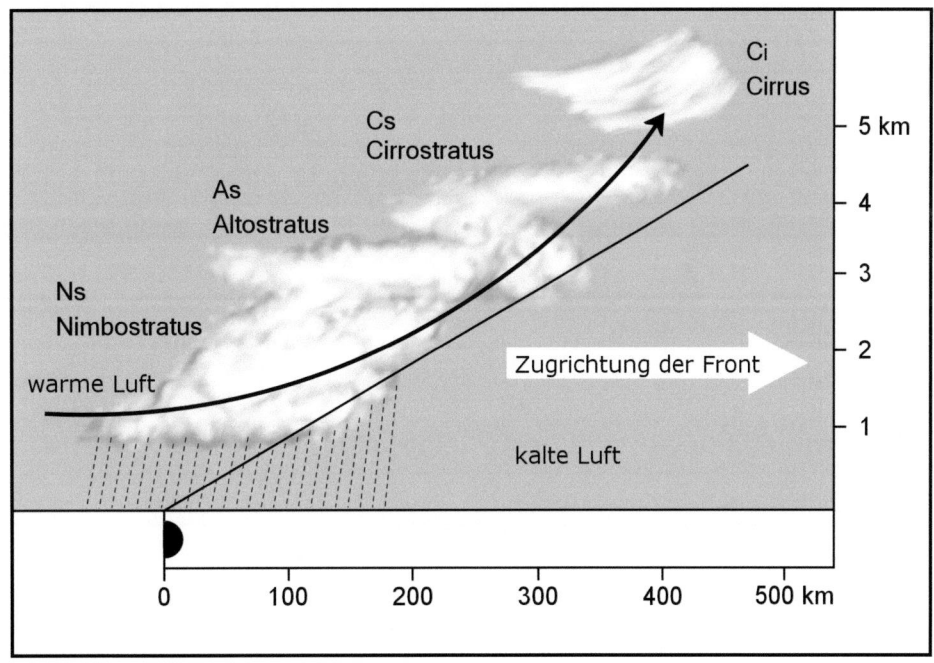

59. SSS Beschreiben Sie die zwei Kaltfronttypen A und B.

Stößt Kaltluft heftig gegen Warmluft vor, ist die Neigung der Frontfläche geringer. An der Vorderseite bilden sich Regenwolken und in der in die Höhe abgedrängten Luft entstehen Altocumulus Wolken. Dies ist die auf See am häufigsten vorkommende Kaltfront Typ A.

Es gibt allerdings auch Fälle, in denen die Kaltluft sich langsam unter die Warmluft schiebt und sie hoch hebt. Dabei wird die Warmluft von unten abgekühlt, es entstehen Schichtwolken. Dies ist die Kaltfront Typ B.

(siehe auch Frage Nr. 33)

60. SSS Geben Sie die ungefähre Entfernung an, auf der man am Wolkenbild die ersten Anzeichen für das Herannahen einer Warmfront ausmachen kann.

Die Cirren, als erste Anzeichen einer ausgeprägten Warmfront, erscheinen 500-600 km vor der Bodenfront.

61. SSS Zeichnen Sie schematisch eine Warm- und eine Kaltfront-Okklusion :

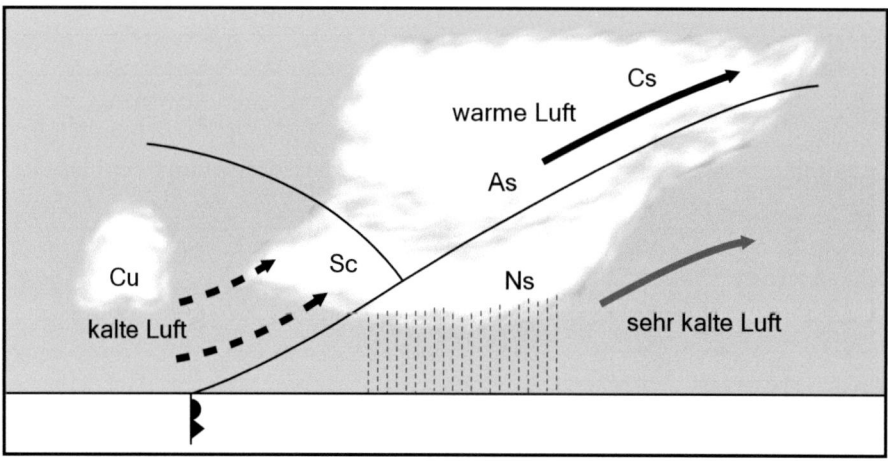

Warmfront-Okklusion

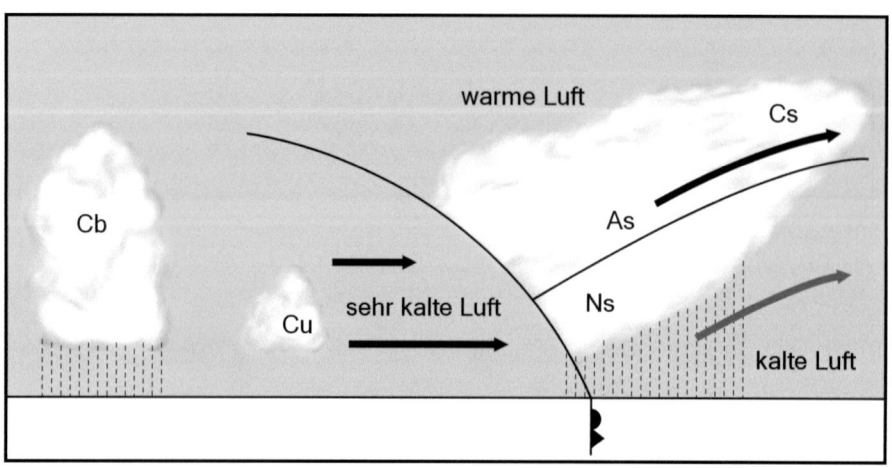

Kaltfront-Okklusion

Wetterkunde

Fronten, Wolken, Gewitter, Nebel

62. SSS Wie entsteht eine Okklusion und welche zwei Typen gibt es?

Kaltfronten ziehen schneller als Warmfronten. Sie holen die Warmfronten ein und drücken die Luft zwischen ihnen aus dem Warmsektor in die Höhe. Diese neu entstandene Front heißt Okklusion. Tritt nach Durchgang einer Okklusion eine Erwärmung ein, spricht man von einer Warmfront-Okklusion. Tritt Abkühlung ein, so ist es eine Kaltfront-Okklusion.

63. SSS Was ist eine Okklusion? Erläutern Sie die Entstehung einer Okklusion und welche Unterscheidungen es dabei gibt. Machen Sie Angaben über deren Zugbahn.

Okklusion ist die Front in einem Tiefdruckgebiet bei der die Kaltfront (durch die höhere Verlagerungsgeschwindigkeit) die Warmfront eingeholt hat. Dieser Vorgang beginnt im kernnahen Bereich des Tiefs und setzt sich nach außen fort, dabei schiebt sich die Kaltluft unter die Warmfront und hebt diese an. Ein okkludierendes Tief schwenkt auf der Nordhalbkugel von seiner bisherigen Bahn nach links (Poltendenz). Die Bahngeschwindigkeit verringert sich. Man unterscheidet zwischen Kalt- und Warmfrontokklusion.

64. SSS Wie entsteht Nebel? Welche Prozesse führen zur verschiedenen Nebelbildungen?

Nebel bildet sich ganz ähnlich wie Wolken: Die Luft muss mit Feuchtigkeit gesättigt werden, und zwar durch Abkühlung oder Feuchtezufuhr. Entsprechend gibt es unter anderem:

Abkühlungsnebel

(**Seenebel, Frühjahrsnebel, Kaltwassernebel**). Durch Abkühlung wird Sättigung und dann Kondensation erreicht, wenn feuchtwarme Luft über eine kalte Wasseroberfläche geführt wird. Dieses Heranführen von Luftmassen nennt man Advektion, hier Warmluft-Advektion.

Verdunstungsnebel

(**Warmwassernebel, Herbstnebel, Seerauch**). Durch Feuchtezufuhr von einer warmen Wasseroberfläche her, kommt es in einer heranziehenden Kaltluft, (einer Kaltluft-Advektion), zur Kondensation und Nebelbildung.

Mischungsnebel

Auch wenn sich zwei Luftmassen von unterschiedlicher Temperatur und Feuchte vermischen, ist Nebelbildung möglich: die eine Luft kühlt die andere ab oder reichert sie mit Wasserdampf an.

Wetterkunde
Fronten, Wolken, Gewitter, Nebel

Strahlungsnebel

Wird häufig an Land beobachtet; in klaren Nächten und Morgenstunden strahlt die Erde Wärme ins All ab. Das bedingt Abkühlung und Nebelbildung in der bodennahen Luftschicht. Gleiche Verhältnisse liegen auf See über Eisflächen vor. Als verdrifteter Nebel erscheint dieser dann über den küstennahen Gewässern (Abkühlung durch Ausstrahlung).

Auch **Hochnebel** – Stratus

kann infolge von Ausstrahlung an einer höheren Luftschicht entstehen. Bei längerer Abkühlung wächst der Nebel von oben nach unten.

Orographischer Nebel

Wird Luft mit hoher Feuchte an Gebirgen oder Inseln zum Aufsteigen gezwungen, dehnt sie sich infolge des geringen Druckes in der Höhe aus und kühlt sich ab. Wird Sättigung erreicht, kann Nebel entstehen (Abkühlung durch Hebung der Luft).

---

65. SSS Wie kann man die Windpfeile in eine Beaufort-Befiederung umwandeln?

Man liest die Befiederung in 5 kn Stufen: 40 kn = Bft 8 / 50 kn = Bft 10

Wichtig: Bei den ermittelten Beaufortwerten von 1 bis 7, muss jeweils 1 dazugezählt und bei Beaufort 11 und 12 jeweils 1 abgezogen werden.

---

66. SSS Wie werden Sichtweiten angegeben?

- Dichter oder starker Nebel
- leichter Nebel
- stark diesig, schlechte Sicht
- diesig
- mittlere Sicht
- gute Sicht

DRUCKGEBILDE, HOCH, TIEF, TROG

67. SSS Welche zwei Arten von Hochdruckgebieten gibt es?

Hoher Luftdruck kann auf zweierlei Weise entstehen:

1. Der hohe Luftdruck rührt von Luft größerer Dichte her. In der Regel ist diese Luft kälter als die der Umgebung. So entstehen thermisch bedingte Hochs.

2. Hoher Luftdruck kann auch dadurch entstehen, dass in einem Bereich „mehr Luft" vorhanden ist als in der Umgebung. Solche Hochdruckgebiete sind dynamisch bedingt.

Beispiel: Das Azorenhoch. Es ist umfangreich, warm und bis in große Höhen nachweisbar.

68. SSS Wie wehen die Winde in einem Hochdruckgebiet auf der Nordhalbkugel?

Im Zentrum des Hochs herrscht Flaute. Aus dem Hoch (Antizyklone) weht der Wind auf der Nordhalbkugel im Uhrzeigersinn (antizyklonal) heraus.

69. SSS Weshalb ist es in Hochdruckgebieten oft wolkenlos?

Im Hoch steigt die Luft ab, kommt dabei unter höheren Druck, erwärmt sich, trocknet aus und die Wolken lösen sich auf.

70. SSS Welches Wetter ist in Hochdruckgebieten im Sommer, im Winter und in der Übergangszeit zu erwarten?

Aufgrund des hohen Luftdrucks im Hochdruckgebiet strömt die Luft aus dem Hoch heraus.

Das bedeutet: In dem Hoch muss absteigende Luft die abfließende ersetzen. Absteigende Luft kommt unter höherem Druck, erwärmt sich dadurch und die Wolken lösen sich auf. Im Sommer haben wir bei Hochdrucklage sonniges Wetter mit blauem Himmel. Am Tage bilden sich vereinzelt kleine Cumuli, bei großer Feuchte ist es auch oftmals dunstig. Im Winter bringen nur die aus trockener Kaltluft aufgebauten Hochs den klirrenden Frost bei strahlend blauem Himmel.

Anmerkung: Der Übergang von der einen zur anderen Schicht wird Inversion genannt.

Wetterkunde — Druckgebilde, Hoch, Tief, Trog

71. SSS Zeichnen Sie eine Hochdruckbrücke und ein Zwischenhoch:

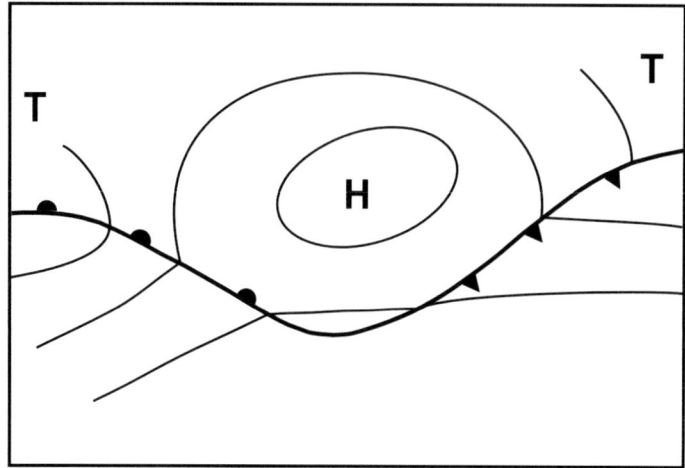

Zwischenhoch

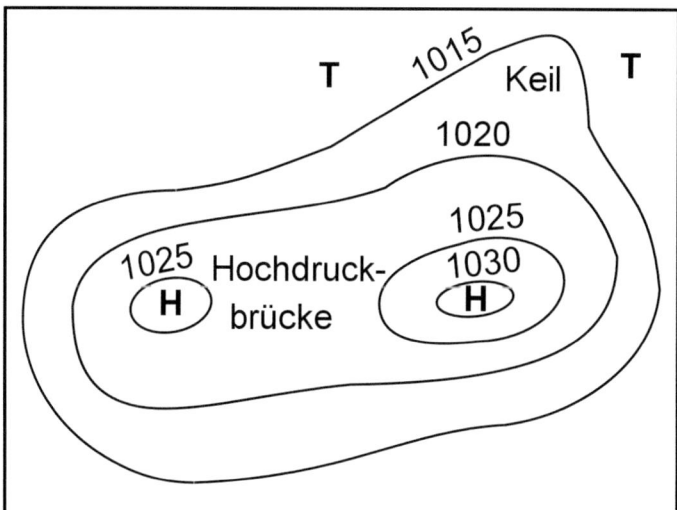

Hochdruckbrücke mit Keil

72. SSS Zeichnen und beschreiben Sie das Wetter in Norddeutschland zwischen zwei Hochdruckgebieten:

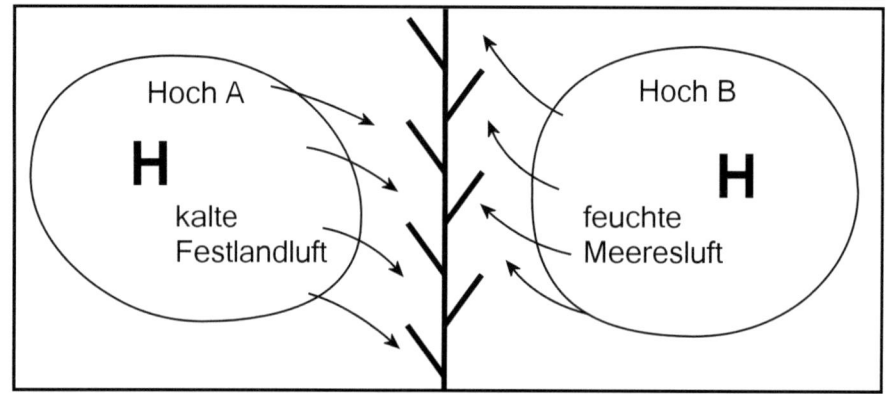

Konvergenzlinie zwischen zwei Hochdruckgebieten: Dauerregen

Druckgebilde, Hoch, Tief, Trog — Wetterkunde

Bei Hochdrucklagen sollte man darauf achten, welche Luftmassen sie transportieren. An der Konvergenzlinie kommt es zu lange andauernden Niederschlägen, da dort feuchte Meeresluft von Hoch „A" mit kalter Festlandluft von Hoch „B" zusammenstößt.

73. SSS Es gibt zwei verschieden aufgebaute Hochdruckgebiete. Wie unterscheiden sie sich?

Thermisch entstandene Hochdruckgebiete rühren von dichter, kalter Luft her. Sie sind in ihrer vertikalen Ausdehnung flach (Kältehochs). Dynamisch bedingte Hochdruckgebiete entstehen durch Luftstau in der Höhe durch das planetarische Windsystem. Sie sind warm und hoch reichend.

74. SSS Welche Seiten sollten bei einem Hoch unterschieden werden?

Hochdruckgebiete können auf der westlichen Seite warme Luftmassen nach Norden und auf der östlichen Seite kalte Luftmassen nach Süden transportieren. Sie haben also eine warme und eine kalte Seite.

75. SSS Warum ist das Wetter bei Hochdrucklagen oft nicht so schön, wie es allgemein erwartet wird?

Hochdruckgebiete haben eine warme Seite mit südlichen Winden und eine kalte Seite mit nördlichen Winden. Auf der kalten Seite wird über dem Wasser kalte, wolkenreiche Luft transportiert.

In Hochdruckgebieten steigt erwärmte Luft ab, welche die bodennahe Luft verdrängt. Es bildet sich eine Übergangsschicht, eine Inversion. An dieser entstehen durchgehende Schichtwolken (Stratus).

76. SSS Erläutern Sie die folgenden Begriffe aus dem Wetterbericht: rechtsdrehend und rückdrehend.

Rechtsdrehend bedeutet, dass sich die Windrichtung im Urzeigersinn ändert.

Rückdrehend bedeutet, dass sich die Windrichtung linksherum ändert (gegen den Uhrzeigersinn).

In Hochdruckgebieten steigt die Luft ab, das bedeutet, dass sie aus dem Hoch heraus fließt. Unter dem Einfluss der Corioliskraft wird sie auf der Nordhalbkugel nach rechts abgelenkt. In erster Näherung durchlaufen die Luftteilchen eine Drehung im Uhrzeigersinn.

Die Reibung an der Erdoberfläche verhindert jedoch, dass sich eine Kreisbahn bildet. Die Luft strömt unter einem Winkel von 22° aus dem Hoch heraus, behält aber die Drehrichtung bei.

Wetterkunde — Druckgebilde, Hoch, Tief, Trog

Die Drehung verläuft entgegen dem Drehsinn der Erde. Daher heißen Hochdruckgebiete auch Antizyklonen. Der Massenfluss aus dem Hoch heraus findet sich wieder in der Redewendung „ein Hoch baut sich ab". Die Luft strömt zum tiefen Druck hin, wird aber durch die Corioliskraft in eine Kreisbahn entgegen dem Uhrzeigersinn (Nordhalbkugel) um das Tief herum gezwungen.

Aufgrund der Bodenreibung strömt die Luft unter einem Winkel von „zwei Strich" in das Tief hinein.

Daher heißt es: „ein Tief füllt sich auf". Da die Drehrichtung des Tiefs der Drehrichtung der Erddrehung entspricht, wird es auch Zyklone genannt.

77. SSS Welche Veränderung erfährt bei gleichem Isobarenabstand der Wind an einem Hoch- bzw. Tiefdruckgebiet?

An Hoch- und Tiefdruckgebieten befinden sich „gekrümmte Isobaren". Ein Luftteilchen, das solch eine Krümmung durchläuft, unterliegt der Fliehkraft, welche die Windstärke ändert. An Tiefdruckgebieten ist bei gleichem Isobarenabstand die Windstärke geringer als bei parallelen Isobaren. An Hochdruckgebieten ist bei gleichem Isobarenabstand die Windstärke größer als bei parallelen Isobaren.

78. SSS Wie lautet die alte Regel von Buys Ballot?

Regel von Buys Ballot:

Stellt man sich mit dem Rücken zum Wind, dann befindet sich der tiefe Druck auf der linken Seite, zwei Strich vorlicher als querab. Der hohe Druck liegt auf der anderen Seite, zwei Strich achterlicher als querab. Dies gilt allerdings nur auf der Nordhalbkugel!

79. SSS/SHS Beschreiben Sie das Wetter in einer idealtypischen Westwetterzyklone auf der Nordhalbkugel, wenn Sie als Beobachter südlich des Zentrums der Zyklone/ des Tiefs stehen und diese von West nach Ost an Ihnen vorbei zieht. Es sind die einzelnen Abschnitte ausführlich darzustellen.

Für einen Beobachter, der sich südlich der Zugbahn einer idealtypischen Westwetterzyklone befindet, erscheint diese nach folgendem Ablauf:

1. Aufzug:

Dies beginnt vielfach bereits etwa 1000 km vor der Warmfront mit Schicht-, Feder- und Schleierwolken. (Cirrus, Stratus und Cirrostratus), Halo, Übergang zu mittelhohen Schichtwolken (dünne, dann dichte Altostratus Wolken), Hof.

2. Aufheiterung vor der Front (präfrontale, prä = vor):
Gelegentliche Abnahme der niedrigen Wolkendecke. Mögliche Ursache: Sogeffekt der

Fronten.

3. Niederschlagsgebiet:

Die Untergrenze der Schichtwolken sinkt weiter ab und aus den Schichtwolken fällt Regen, im Winter Schnee. Unter diesen Schichtwolken können sich zusätzlich tief hängende, zerrissene Schlechtwetterwolken bilden.

4. Warmfront:

Beginn des Warmluftsektors am Boden. Ende des stetigen Druckabfalls. Wind springt rechts.
Plötzlicher Temperaturanstieg.

5. Warmsektor:

Durch Warm- und Kaltfront abgegrenzter Bereich warmer Luft, die sich stets schnell dem Untergrund anpasst.

6. Böenlinie:

In den wärmeren Jahreszeiten (labile Luft) kommt es oftmals bereits vor der Kaltfront zu Gewitterbildung (Frontgewitter). Die dabei freiwerdenden Eis- / Regenmassen führen zu einer starken Abkühlung der Luft am Rande des Gewitters, was kräftige Luftbewegungen bewirkt.

7. Kaltfront

Beginn der Kaltluftmasse; Windsprung (rechtsdrehend); Temperatur sinkt; Luftdruck beginnt zu steigen; Starke Niederschläge.

8. Aufheiterung hinter der Front (postfrontale, post = nach):

Nach Durchzug der Kaltfront gelegentlich völlige Aufheiterung, die allerdings kaum länger als eine Stunde andauert. Ursache: Absteigende Zirkulationsbewegung hinter der Kaltfront führt zur Wolkenauflösung.

9. Rückseitenwetter:

Auf der Rückseite des Tiefs folgen Schauer mit Aufheiterungen (Aprilwetter) aus aufgelockerter Quellbewölkung (Cu, Cb) – gelegentlich auch Graupeln, Hagel, vereinzelt Blitz und Donner.

80. SSS Wie sieht der Wetterverlauf beim Vorüberziehen einer idealtypischen Westwetterzyklone auf der Nordhalbkugel aus? Zeichnen Sie längs eines Schnittes durch den Warmsektor parallel zu den Isobaren den dort stattfindenden Temperatur-, Druck-, Sicht- und Windverlauf.

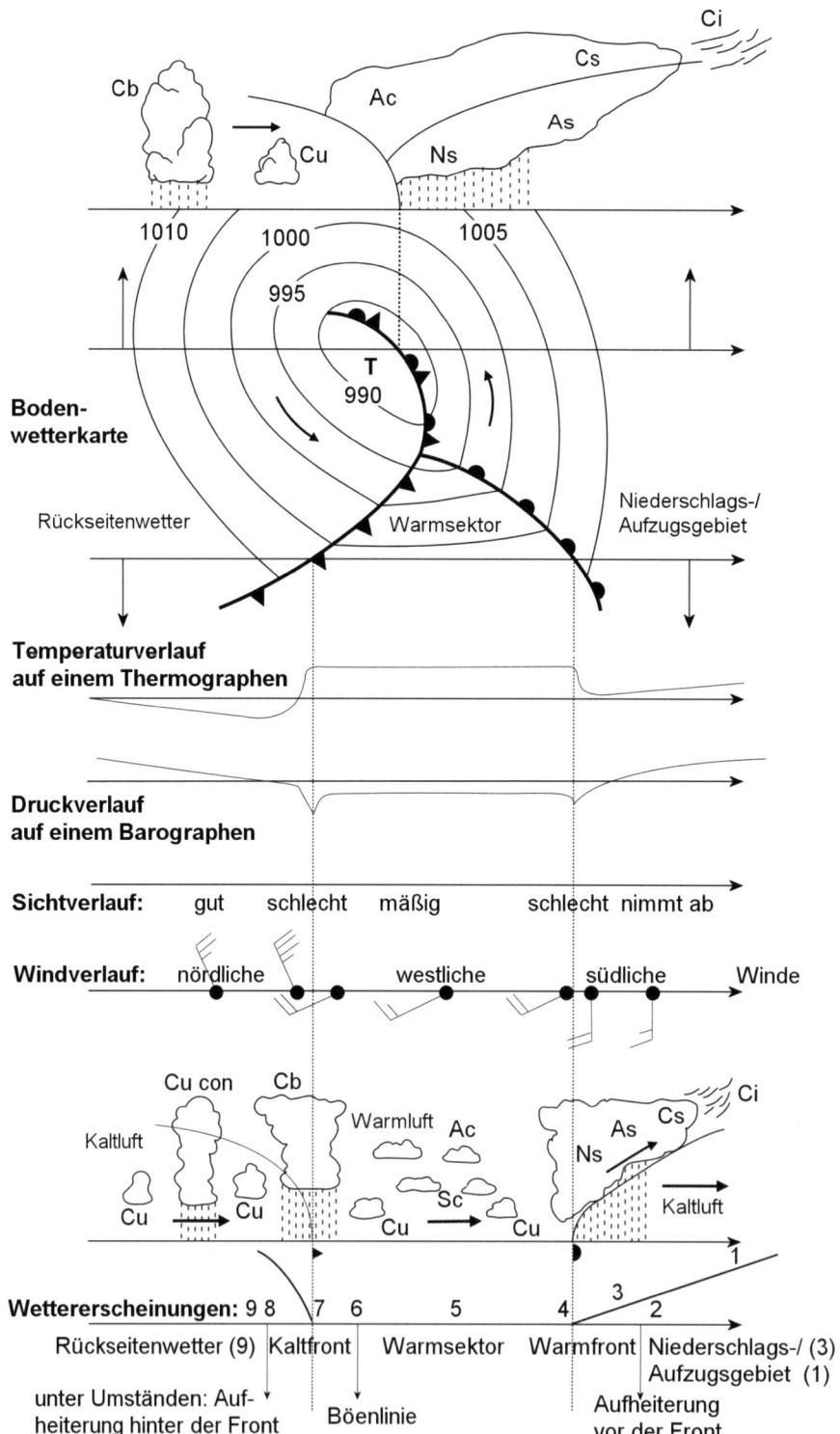

Wetterkunde

Druckgebilde, Hoch, Tief, Trog

81. SSS Zeichnen Sie ein Randtief, Teiltief und Tiefdrucksystem.

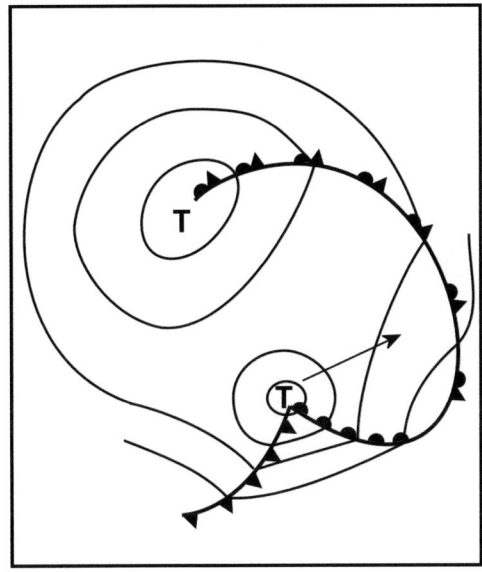

Randtief

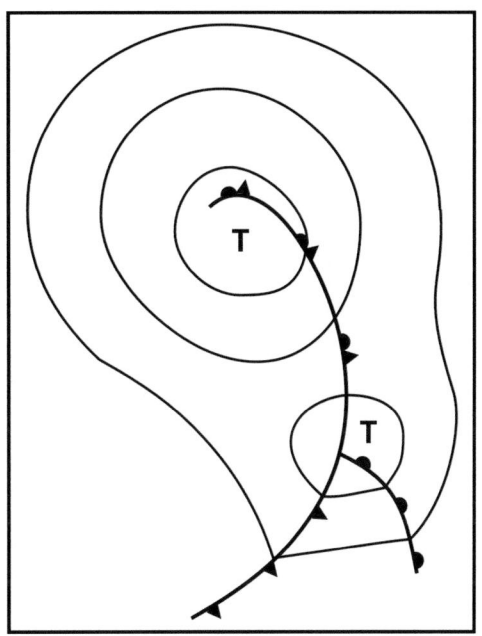

Teiltief

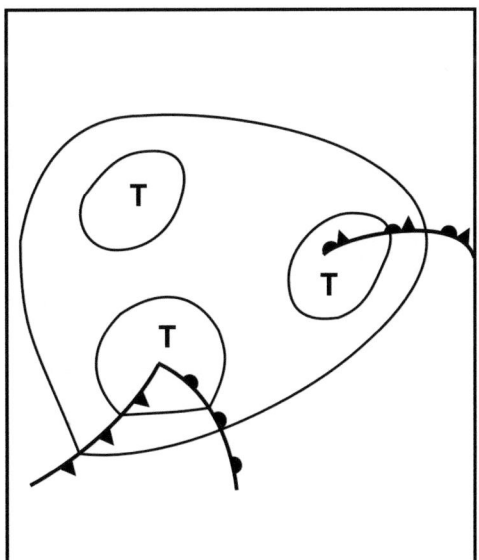

Tiefdrucksystem

82. SSS Zeichnen Sie einen Sattelpunkt:

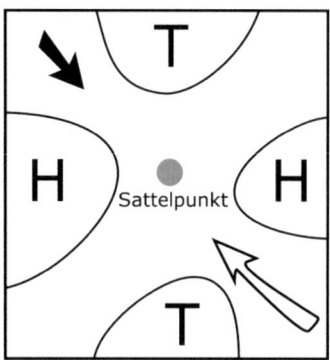

83. SSS Zeichnen Sie den Lebenslauf einer Zyklone in 4 Stufen, wie er in einer Wetterkarte zu finden wäre:

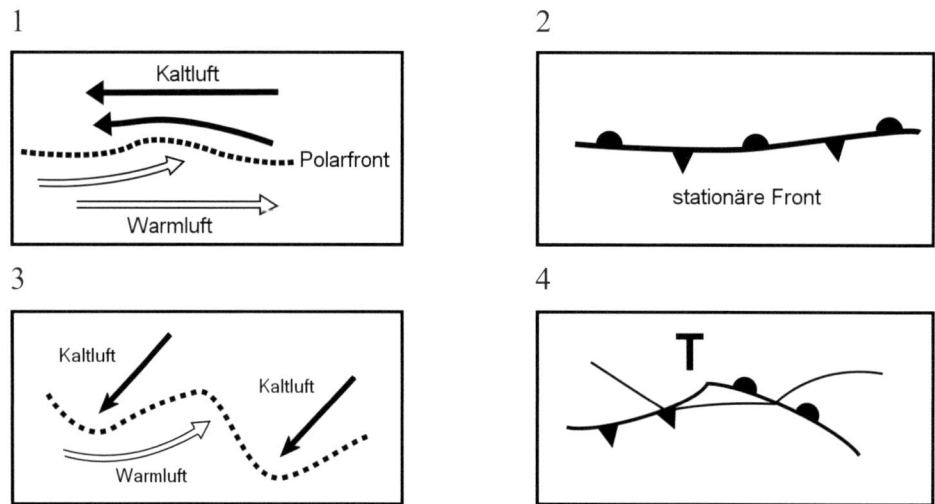

84. SSS Wie können reale Zyklonen von idealen hinsichtlich der Fronten abweichen?

Abweichend von der Idealzyklone können Tiefdruckgebiete mehr als eine Kalt-, Warm- oder Okklusionsfront haben. Dies ist auch nicht verwunderlich, da die Fronten als Luftmassengrenzen eingeführt worden sind und in ein Tief unterschiedlicher Luftmassen einströmen können.

Wetterkunde
Druckgebilde, Hoch, Tief, Trog

85. SSS Wie werden die Verlagerungsgeschwindigkeiten von Druckgebilden in Seewetterberichten angegeben?

- wenig verlagernd = weniger als 5 kn
- langsam = weniger als 15 kn
- ohne Angabe = 15 bis 25 kn
- ziemlich schnell = 25 bis 35 kn
- schnell = 35 bis 45 kn
- sehr schnell = mehr als 45 kn

86. SSS Wie wehen die Winde in einem Tief auf der Nordhalbkugel?

Die Luft strömt entgegen dem Uhrzeigersinn (Zyklonal) in ein Tief (Zyklone) hinein, wo sie aufsteigt und in höheren Schichten abfließt.

87. SSS Wenn man genau vor dem Wind segelt, wo befinden sich dann das Hoch und das Tief?

In diesem Fall steht man mit dem Rücken zum Wind, der Wind kommt direkt von Achtern. Damit befindet sich das Tief auf der linken Seite (in diesem Fall auch Backbordseite), etwa 22° vorlicher als querab. Das Hoch liegt auf der rechten Seite (in diesem Fall auch Stb.-Seite), etwa 22° achterlicher als querab (Regel von Buys Ballot).

88. SSS Wie können Tiefs entstehen?

- Die Mehrzahl der Tiefs entsteht durch Prozesse, die verschiedene kalte und warme Luftmassen zusammenführen. Dabei bilden sich Fronten mit Niederschlägen, die Kondensationswärme freisetzen, was wiederum den Druck fallen lässt.

- Durch Sonneneinstrahlung kommt es zu starker Erwärmung, Ausdehnung und zum Aufsteigen der Luft. Dadurch fällt der Druck. Es entstehen Hitzetiefs. Sie haben keine Fronten.

- Es gibt auch orographisch bedingte Tiefs, sogenannte Leetiefs. Sie entstehen durch eine ungenügende Luftzufuhr in Lee von gebirgigen Hindernissen.

89. SSS Welche Entwicklungsstufen durchläuft ein Tief?

- Stationäre Front,
- Wellenstörung,
- junges, ideales Tief,
- okkludierendes Tief,
- sich auflösendes Tief <u>oder</u> Weiterentwicklung zu einem riesigen Tief, also zu einer Zentralzyklone.

90. SSS Was verstehen Sie unter meteorologischer Navigation?

Die Festlegung der Route unter Berücksichtigung der Wetterverhältnisse bezeichnet man als meteorologische Navigation.

91. SSS Was ist eine Zyklonenfamilie?

Findet man über dem Atlantik eine Kette von Tiefdruckgebieten in unterschiedlichen Entwicklungsstufen, dann spricht man von einer Zyklonenfamilie.

Es gibt eine volkstümliche Wetterregel: „Freitagswetter wie Sonntagswetter". Diese stützt sich auf Zyklonenfamilien. Zieht z.B. am Freitag das Tief über Norddeutschland hinweg, folgt am Sonnabend das Zwischenhoch und am Sonntag das nächste Tief.

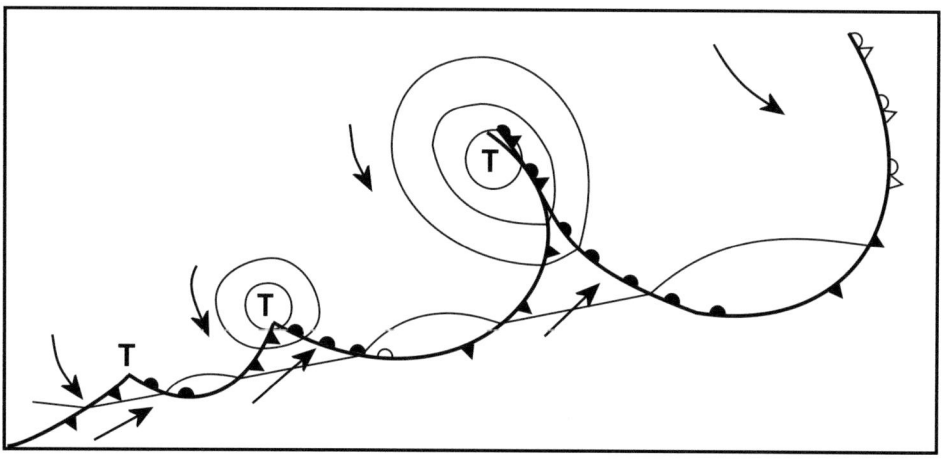

92. SSS Erläutern Sie die Unterschiede zwischen mittelfristige und kurzfristige meteorologische Navigation.

Mittelfristige meteorologische Navigation dient der Festlegung eines bestimmten Reiseweges vor Antritt der Reise, hier kommt es darauf an, den günstigsten Reiseweg auszuwählen. Dieser kann nach verschiedenen Gesichtspunkten betrachtet werden.

- Weg der kürzesten Reisedauer
- Weg der geringsten Beanspruchung des Schiffes
- Weg der größten Annehmlichkeit für die Menschen an Bord.

Die kurzfristige meteorologische Navigation wird währen der Reise betrieben, vor allem um Gefahren zu umgehen oder besonders günstige Bedingungen auszunutzen.

Druckgebilde, Hoch, Tief, Trog — Wetterkunde

93. SSS Welches Wetter registriert ein nördlich vom Zentrum stehender Beobachter beim Durchzug des okkludierten Teils des Tiefs?

- Vor der Okklusion Wettererscheinungen wie bei der Warmfront.
- Beim Durchgang der Okklusion Wind- und Temperatursprung, rechtsdrehend, Niederschläge.
- Hinter der Okklusion Wettererscheinungen wie bei der Kaltfront.

94. SSS Welche Regeln gelten für das Zugverhalten von Tiefs?

- Junge Tiefs ziehen in Richtung der Isobaren im Warmsektor.
- Okkludierte Tiefs haben eine Poltendenz.
- Mittlere Zuggeschwindigkeit von Tiefs:

– Junge Tiefs   20 bis 30 kn
– Okkludierte   5 bis 15 kn

95. SSS Was ist eine Trogwetterlage und wann wird sie gefährlich?

Bei einem trogförmig angeordneten Isobarenverlauf, der Ähnlichkeiten hat mit der unteren Hälfte eines Tiefs, spricht man von einem Trog. Außer der Winddrehung und den Niederschlägen im Bereich der Trogachse sind normale Tröge ungefährlich. Allerdings besteht Gewittergefahr.

Liegen die Isobaren im Trog jedoch sehr eng beieinander, können in Trögen die gefährlichsten Stürme der gemäßigten Breiten auftreten. Durch die unterschiedliche Windrichtung hinter und vor der Trogachse entsteht sogar Kreuzsee aus Dünung und Windsee.

96. SSS Wie sieht ein Trogorkan aus?

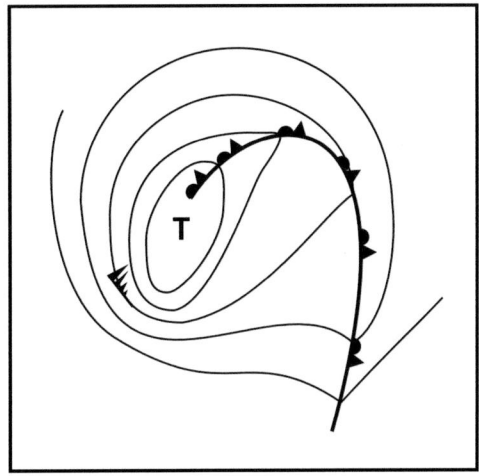

97. SSS Woran lässt sich ein herannahender Trog in einem Tief erkennen?

Nach Durchgang der Kaltfront dreht der Wind nicht auf NW bis NNW, ist also nicht rechtsdrehend, sondern behält seine Richtung bei und ist sogar rückdrehend.
Der Druck steigt nach Durchgang der Kaltfront nicht an, sondern ist gleich bleibend und beginnt schließlich zu fallen. Die Bewölkung nimmt zu und Niederschläge folgen.

98. SSS/SHS Nennen Sie die Anzeichen für eine Trogentwicklung.

Anzeichen für eine Trogentwicklung sind:
- kein Druckanstieg nach Kaltfrontpassage, unter Umständen weiterer Druckabfall.
- kein Ausschießen des Windes, ggf. auch rückdrehen.

99. SSS Wie werden die Verlagerungsgeschwindigkeiten von Druckgebilden angegeben?

Textangabe:	Knotenangabe:
wenig verlagernd	weniger als 5Kn
langsam	weniger als 15Kn
normal (keine Angabe)	15 bis 25Kn
ziemlich schnell	25 bis 35Kn
schnell	35 bis 45Kn
sehr schnell	mehr als 45Kn

REGIONALE WETTERERSCHEINUNGEN, WETTERREGELN

100. SSS Beschreiben Sie ausführlich mit Skizze den Land- und Seewind.

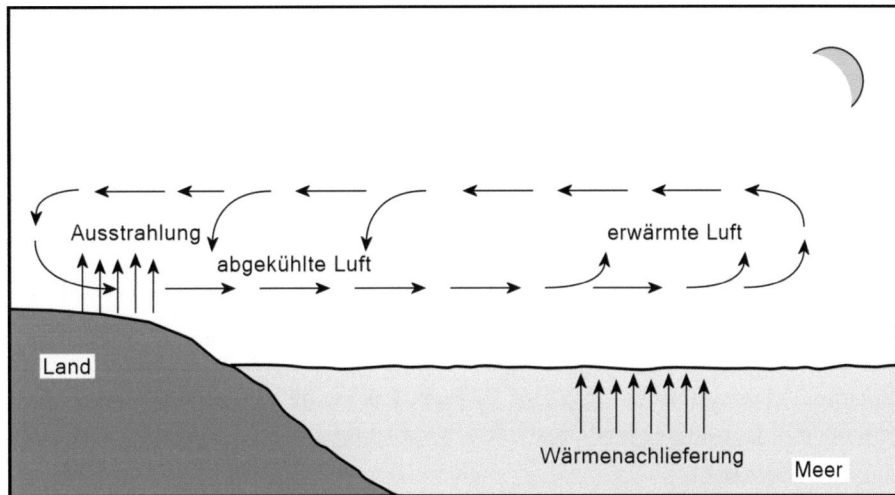

Seewind:

Bei Sonneneinstrahlung erwärmt sich das Land stärker als das Wasser. Die über Land befindliche Luftmasse erwärmt sich mit und steigt auf. In Bodennähe fällt dadurch der Druck.

Auf See herrscht nun höherer Druck als an Land und es entsteht Wind, der von See zum Land weht, Der Seewind (ab 2 Std. nach Sonnenhöchststand).

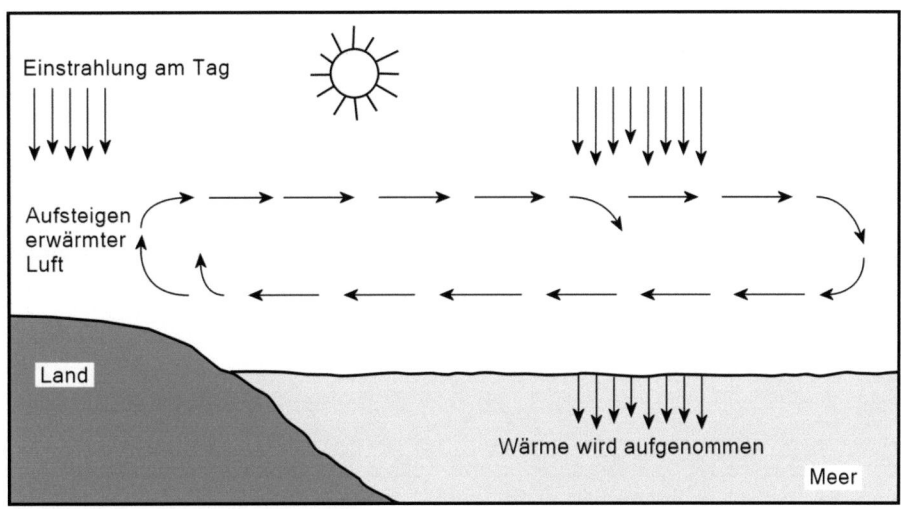

Landwind:

Beim Landwind dreht sich die Zirkulation um.
Nachts kühlt sich das Land stark ab. Auf See ist es warm und die Luft strömt von Land über das Wasser der Landwind.

Wenn die Temperaturunterschiede zwischen Land und See am Stärksten sind, dann weht auch der kräftigste See-Land- bzw. Land-See-Wind.

Wetterkunde — Regionale Wettererscheinungen, Wetterregeln

101. SSS Welche Auswirkungen hat die Land-Seewind-Zirkulation an den deutschen Küsten?

- Bei wolkenarmem Wetter beginnt der Seewind am Vormittag zu wehen und erreicht sein Maximum nachmittags. Er kann bis auf 5 Bft zunehmen.
- Abends schläft der Seewind ein.
- Um Mitternacht setzt der Landwind ein. Er ist schwach.
- Wird die Land-Seewind-Zirkulation von einer großräumigen Luftzirkulation überlagert, dann können sich die Windgeschwindigkeiten beider Systeme addieren. Dadurch ergeben sich Windverstärkungen, Abschwächungen oder gar unerwartete Richtungsänderungen.

102. SSS Wann setzt der Land- / Seewind ein?

An ruhigen, klaren Tagen setzt der Seewind vormittags ein und erreicht sein Maximum am frühen Nachmittag mit bis zu 5 Bft. Der Landwind ist deutlich schwächer mit 1 bis 2 Bft nach Mitternacht.

103. SSS Mit welchen Effekten muss man an gebirgigen Küsten rechnen?

Der Wind auf offener See und der an einer angrenzenden gebirgigen Küste können sehr verschieden sein. Entsprechend des gebirgigen Verlaufs und der Ausströmungsrichtung baut sich ein spezifisches Windfeld vor der Küste auf. Die daraus resultierenden Windgeschwindigkeiten und –richtungen sind sehr schwer zu bestimmen.

Es gibt mindestens vier Effekte:
- Steilküsteneffekt
- Kapeffekt
- Düseneffekt
- Inseleffekt

Regionale Wettererscheinungen, Wetterregeln — Wetterkunde

104. SSS Skizzieren Sie die vier orographischen Effekte.

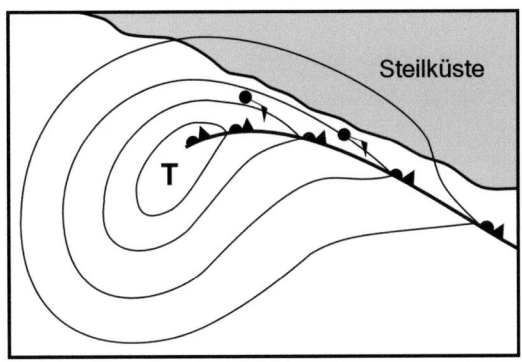

Steilküsteneffekt, verstärkt durch Tief

Kapeffekt, verstärkt durch Tief

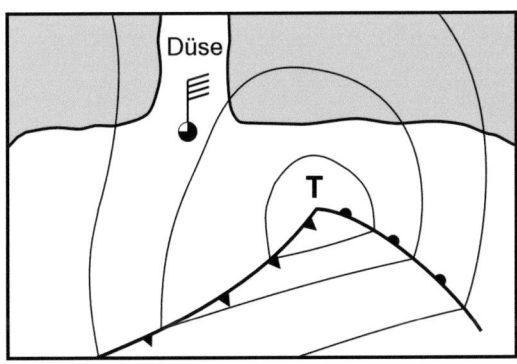

Düseneffekt, verstärkt durch Tief

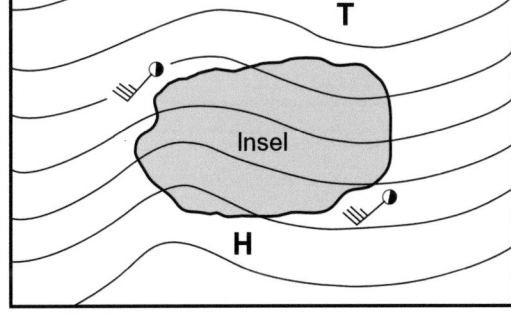

Inseleffekt

105. SSS Wann tritt ein Düseneffekt auf ?

Werden Gebiete mit niedrigem Druck von solchen mit höherem Druck durch Gebirge getrennt, erfolgt der Druckausgleich durch Einschnitte wie Flusstäler, Meerengen, Fjorde und Pässe. Die Windgeschwindigkeit nimmt den Strömungsgesetzen entsprechend zu. Man kann ein bis zwei Windstärken dazurechnen.

106. SSS Was versteht man unter einem Steilküsten- und Kapeffekt ?

An Steilküsten wird der auftreffende Wind abgelenkt und zum Aufsteigen gezwungen, es entsteht Staubewölkung. Dabei können sich drei Zonen mit unterschiedlichen Winden bilden: eine Zone mit auflandigem Wind, eine Zone mit verstärktem küstenparallelen Wind und eine direkt unter der Küste mit schwachen, sogar ablandigen Winden. Endet eine Steilküste in einem Kap, weht der verstärkte Wind über das Kap hinaus, so dass in Kapnähe die Windverhältnisse von den allgemeinen Windverhältnissen abweichen können und relativ unberechenbar sind.

Wetterkunde — Regionale Wettererscheinungen, Wetterregeln

107. SSS Die orographischen Effekte haben meist kleinräumige Ausmaße. Wann bekommen sie großräumige Auswirkungen?

Wird die Luftströmung an den kleinräumigen orographischen Effekten zusätzlich durch eine weitere Strömung überlagert, kommt es zu einer Verstärkung und Ausweitung.

Beispiele:

- Der Düsen-, Kap- und Steilküsteneffekt wird durch ein vorbeiziehendes Tief verstärkt.
- Die großräumige Luftdruckverteilung erzeugt eine Strömung, die mit der kleinräumigen gleichgerichtet ist und diese verstärkt.

108. SSS Erklären Sie den Mistral und worauf zu achten ist.

Der Mistral ist ein nördlicher Wind, der großräumig gesehen zwischen Alpen und Pyrenäen von Frankreich her auf das Mittelmeer hinaus weht. Besonders verstärkt wird er durch die Düsenwirkung des Rhonetals.

Mistralwetterlagen:

- Der küstennahe Mistral.
- Der Mistral mit thermischem Tief oder Leetief im Ligurischen Meer oder Golf von Lyon.
- Der Mistral, verstärkt durch ein Tief mit Fronten, dessen Rückseite Luft aus Südfrankreich ansaugt.
- Der Mistral im Übergangsbereich zwischen einem ausgedehnten Tief über Nord- und Osteuropa und hohem Druck über West- und Südwesteuropa.

Befindet sich zwischen den Pyrenäen und dem Golf von Genua ein Druckunterschied von etwa drei Isobaren (15 hPa), dann kann der Mistral Sturmstärke 8 Bft und mehr erreichen. Als obere Grenze sind in Böen bis zu 70 kn beobachtet worden. Von der französischen Mittelmehrküste aus weht der Mistral unterschiedlich weit auf das Mittelmeer hinaus. Entscheidend für seine Reichweite sind die Lage, die Größe und der Druck in den Druckgebilden. Der Mistral ist zeitlich nicht fest an eine Jahreszeit gebunden. Natürlich tritt er in den Wintermonaten häufiger auf, weil dann die allgemeine Zirkulation sowieso südlicher liegt.

109. SSS Wie entstehen Fallwinde?

Höher gelegene, kältere Luftmassen werden durch die allgemeine Luftdruckverteilung seewärts in Bewegung gesetzt. Dabei stürzen sie aufgrund ihrer größeren Schwere die Hänge herab. Beschleunigend wirken hierbei die Temperaturunterschiede, die Neigung des Gefälles und düsenartige Gebirgsformationen. Die so entstandenen Fallwinde sind stark böig.

Regionale Wettererscheinungen, Wetterregeln — Wetterkunde

110. SSS Was sind boraartige und föhnartige Fallwinde?

Grenzt ein kaltes, hohes Plateau an ein warmes Seegebiet, wird die kältere Luft, wenn sie genügend mächtig geworden ist, die Hänge herunterschießen. Dies ist nicht an eine Jahreszeit gebunden. Sehr unangenehm sind die stark böige Struktur der kalten Fallwinde und das oftmals plötzliche Einsetzen der Böen. Beim Absteigen erwärmt sich die Luft auf 100 m Höhenunterschied um 1°C. Diese Erwärmung reicht allerdings nicht aus, um die Luft auf See warm erscheinen zu lassen. Solche Fallwinde werden auch boraartige Winde genannt.

Ist die absteigende Luft wärmer als die verdrängte Luft, spricht man von föhnartigen Winden.

Beide Arten von Fallwinden trifft man an vielen gebirgigen Küsten an.

111. SSS Erklären Sie eine antizyklonale und eine zyklonale Bora. Welche Windstärken können auftreten?

Die an der kroatischen und albanischen Küste auftretenden kalten Fallwinde werden Bora genannt. Entsteht die Bora an der südlichen Flanke eines umfangreichen Hochs oder Hochkeils, spricht man von einer antizyklonalen Bora. Liegt das Gebiet der Adria im Einflussbereich der nördlichen Seite eines Tiefs, wird der Wind als zyklonale Bora bezeichnet. Die mittleren Windmaxima der Bora erreichen 48 bis 55 kn (schwerer Sturm). Die Windrichtung ist ENE und die Boralage kann bis zu einem Tag anhalten.

112. SSS Beschreiben Sie die Auswirkungen des Schirokkos.

Als Schirokko werden alle Winde bezeichnet, die von der Südküste des Mittelmeeres kommen. Voraussetzung für einen solchen südlichen Wind ist in der Regel ein Tief im Bereich der Südküste, das die trockene, heiße Luft auf das Meer hinausbefördert. Der Wind kann Staub und Sand aus der Sahara mit sich führen, der alle nicht luftdicht abgeschlossenen Räume eines Schiffes durchdringt. Besonders gefährdet sind Luft ansaugende Maschinen. Wandert der Schirokko nach Norden, nimmt die heiße Luft viel Feuchte vom Meer auf. Das führt an den Nordküsten des Mittelmeers zu unerträglicher Schwüle.

113. SSS Was sind Etesien? Wodurch werden sie verursacht?

Etesie kommt aus dem Griechischen und bedeutet „jährlich wiederkehrend".

Hierbei handelt sich um einen jedes Jahr im Sommer auftretenden nordöstlichen Wind in der Ägäis, den man in türkischen Gewässern Meltemi nennt. Maximale Windstärken treten im Juli und August auf und zwar mit Bft 5 bis 7.

Wetterkunde — Regionale Wettererscheinungen, Wetterregeln

114. SSS Welchen Sinn hat für einen Schiffer die Anwendung der Wetterregeln neben der normalen Versorgung mit Wetterberichten?

Die Wetterregeln dienen hauptsächlich folgenden Zwecken:

- Verständnis des Wettergeschehens.
- Kontrolle des Wetterablaufs zwischen zwei Sendeterminen.
- Erkennen unerwarteter Entwicklungen und ihre weitere Beurteilung.

115. SSS Zählen Sie einige der gängigen Wetterregeln auf.

Im Folgenden sind die wichtigsten Wetterregeln aufgeführt. Sie beschreiben das Verhalten von Hochs und Tiefs sowie die Bewegung der Fronten:

- Ausgeprägte Tiefs mit vielen Isobaren schreiten meist nur langsam fort.
- Ein Randtief umkreist das Haupttief auf der Nordhalbkugel entgegen dem Urzeigersinn.
- Am Okklusionspunkt entstehende Teiltiefs schwenken nicht um das Haupttief, sondern bewegen sich nach der Warmsektorregel.
- ein Tief, das sich mit seiner Vorderseite einem Hoch nähert, verstärkt dort seine Winde.
- Ein Tiefausläufer schreitet mit Vorliebe in 24 Stunden zu der Stätte des ihm vorangegangenen Hochkeils und umgekehrt.
- Kleinere Zyklonen umkreisen umfangreiche Antizyklonen auf der Nordhalbkugel im Urzeigersinn.
- Hat ein Tiefdrucksystem zwei nahezu gleich große Kerne (Tiefs), beginnen diese um ihren gemeinsamen Schwerpunkt zu kreisen.
- Kleine Hochs wandern schnell, umfangreiche nur langsam.
- Die Hochdruckkeile zwischen den Zyklonen der Westwindzone verlagern sich mit der Zuggeschwindigkeit der sie umgebenden Zyklonen.
- Wandernde Hochdruckgebiete haben in ihrer Zugbahn auf der Nordhalbkugel eine Tendenz nach rechts (zum Äquator hin). Im Gegensatz dazu tendieren Zyklonen nach links (polwärts).
- Fronten bewegen sich um so rascher, je mehr Isobaren sie schneiden.
- Fronten, bei denen die Isobaren in einem spitzen Winkel auf die Front treffen, bewegen sich nur langsam.

SEEGANG

116. SSS Beschriften Sie eine vereinfachte Welle :

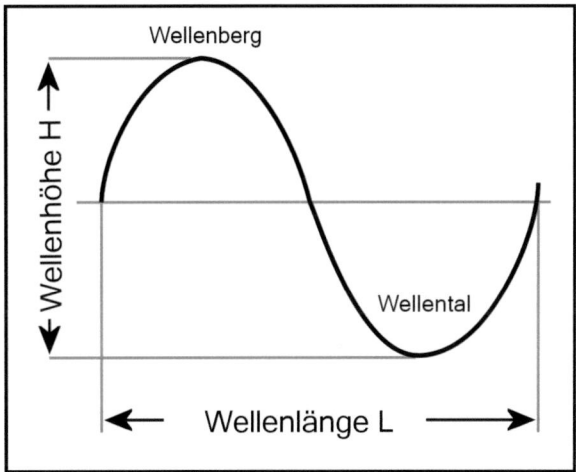

117. SSS Welche Art von Wellenhöhe geben das BSH und der DWD in ihren Berichten und Vorhersagen an? Wie ist diese Wellenhöhe definiert?

Liegt eine Seegangsregistrierung mit vielen Wellen vor, so werden sie der Größe nach geordnet und in drei Gruppen eingeteilt: in hohe, mittelhohe und niedrige Wellen. Aus der Gruppe der hohen Wellen wird die mittlere Wellenhöhe gemittelt und als signifikante Wellenhöhe bezeichnet. Die signifikante Wellenhöhe H 1/3 ist die mittlere Wellenhöhe aus dem oberen Drittel der höchsten Wellen eines Seegangs.

118. SSS Was versteht man unter den Begriffen Wellenhöhe, Wellenlänge, Wellenperiode?

Wellenhöhe ist der senkrechte Abstand vom Wellenberg zum Wellental. Wellenlänge ist der waagerechte Abstand zweier Wellenberge. Wellenperiode ist die Zeit, die an einem festen Beobachtungspunkt zwischen dem Passieren von zwei Wellenbergen vergeht.

119. SSS In den Seehandbüchern findet sich bei den Seegangsangaben stets ein Zusatz. Wie lautet er?

In einem Seegangsfeld können höhere Wellen als die angegebene signifikante Wellenhöhe auftreten. Einzelne Wellen können sogar doppelt so hoch sein.

Wetterkunde — Seegang

120. SSS Wodurch unterscheidet sich die Beaufort-Skala von der Seegangs-Skala ?

Entsprechend der Beaufort-Skala gibt es eine Seegangsskala nach Seegangsstärken von 0 bis 9. In Deutschland werden die Wellenhöhen in Halbmeter-Stufen angegeben.

121. SSS Welche Windgeschwindigkeit und welche Wellenhöhe wird einer groben See zugeordnet?

Grobe See:
- Windgeschwindigkeit: 7 Bft = ca. 30 kn
- Seegangshöhe: Skala 5 = Kennzeichnende Wellenhöhe = 2,5 Meter

122. SSS Wovon hängt die Höhe des Seegangs ab?

Die Seegangshöhe ist abhängig von der vom Wind bearbeiteten Strecke, also dem Wirkweg oder auch Fetch. Die kennzeichnende Wellenhöhe ist also abhängig von:
- der Wirkstärke,
- der Wirkdauer,
- und dem Wirkweg des Windes (Fetch).

123. SSS Erläutern Sie anhand eines Beispiels die Abhängigkeit der Wellenhöhe und Wellenperiode von der Wirkstärke, dem Wirkweg und der Wirkdauer des Windes.

Eine Yacht will die Biskaya queren. Den Winden aus dem Sektor NNW bis SW steht als Wirkweg praktisch der ganze Nord-Atlantik zur Verfügung. Selbst bei wenig Wind können auf diese Weise hohe Wellen entstehen. Nehmen wir an die Windstärke sei 7 Bft (etwa 30 kn bzw. 15 m/s). Die Wirkdauer betrage 48 Std. und der Wirkweg 1300 km. Aus den Kurven entnimmt man für die kennzeichnende Wellenhöhe 5,50 m. Die mittlere Höhe aus 10% der höchsten Wellen ist: H(1/10) = 5.50m x 1,30. Dies entspricht etwa 7 m (signifikante Wellenhöhe). Einzelne Wellen sind doppelt so hoch oder höher.

124. SSS Wodurch unterscheiden sich Windsee und Dünung ? Wie entsteht Kreuzsee ?

Dünung:
Seegang, der dem erzeugenden Windfeld voraus läuft, sowie abklingender (alter) Seegang.

Windsee:
Seegang, der durch den Wind am Ort oder in der näheren Umgebung angefacht wird.

Kreuzsee:
Bei Kreuzsee überlagern sich Wellenzüge aus verschiedenen Richtungen. Meistens handelt es sich um eine Windsee, in die eine kräftige Dünung hineinläuft. Im Extremfall

schießen die Wellenberge senkrecht nach oben, um an der gleichen Stelle tief in sich zusammenzufallen.

125. SSS „Fühlt" eine Welle in flachem Wasser den Boden, dann ändern sich ihre Geschwindigkeit und ihre Richtung. Erklären Sie dies.

Wellen verändern in flachem Wasser nicht nur ihre Form, sondern auch ihre Geschwindigkeit.
Bei geringer Wassertiefe laufen sie langsamer.
Dies bewirkt bei einer langen Wellenfront zusätzlich eine Drehung, wenn ein Teil der Wellenfront sich in tiefem und der andere Teil sich in flachem Wasser ausbreitet.

126. SSS Wie wird die Seegangshöhe angegeben?

In der Regel werden Seegangshöhen in Metern angegeben.
Vereinzelt werden Seegangsskalen mit Seegangsstärken verwendet.
Die Seegangsskala ist in 0 bis 9 Seegangsstärken eingeteilt.
Seegangsskala nach Petersen

Stärke	See	Wellen	Windstärke
0	glatt	keine	0
1	ruhig	gekräuselt	1
2	schwach	bewegt, kurz	2/3
3	leicht bewegt	klein, Schaumköpfe	4
4	mäßig bewegt	lang, Schaumköpfe, brechend	5
5	grobe See	groß, Schaumkämme bilden größere Schaumflächen	6
6	sehr grobe See	brechend	7
7	hohe See	Wellenberge, Gischt, Schaumstreifen, rollend	8
8	sehr hohe See	Wellenberge mit langen brechenden Kämmen, See weiß von Schaum	9
9	außergewöhnlich schwer	Wellenberge, Schiffe verschwinden In Wellentälern, See weiß von Schaum	10/11/12

127. SSS Was bedeuten die Linien in den Seegangskarten ?

Höhenangaben des Seeganges. Die Wellenhöhe stellt den Mittelwert aus dem Drittel mit den höchsten Wellen eines Seegangsfeldes dar. Sie wird signifikante Wellenhöhe H1/3 genannt. Es können doppelt so hohe Wellen auftreten wie die angegebenen signifikanten Wellenhöhen.

Wetterkunde — Seegang

128. SSS Was kann den normalen Seegang für ein Boot gefährlich machen?

- Die Wellenhöhe,
- die Wellengeschwindigkeit,
- die Wellenperiode,
- die Wellensteilheit,
- mögliches Brechen der Welle.

129. SSS Wann spricht man von Grundsee und wodurch wird sie gefährlich?

Grundseen sind Wellen, die in ihrem vertikalen Aufbau von der Wasseroberfläche bis zum Grund reichen. Sie entstehen, wenn die halbe Wellenlänge ungefähr gleich der Wassertiefe ist. Die Welle verringert durch den Grundeinfluss ihre Geschwindigkeit und steilt sich auf. Weiterhin dreht sie sich aus der Laufrichtung.
Schwere Grundseen lassen Boote quer schlagen und kentern.

130. SSS Welche Einteilung der Wellen erlaubt das Verhältnis von Wellenlänge zu Wassertiefe?

In einer Wassertiefe, die etwa der halben Wellenlänge (L/2) entspricht, beginnt die Welle den Meeresboden zu „fühlen". Die Kreisbahnen verformen sich und die Welle steilt sich auf.

Wird eine Wellensteilheit H/L größer als 1/7 erreicht, brechen die Wellenkämme.
Es gibt also:

- Oberflächenwellen, also Windsee und Dünung (halbe Wellenlänge kleiner als Wassertiefe (L/2 <h),
- Grundseen: halbe Wellenlänge größer als Wassertiefe (L/2 >h),
- Brandung: Wellensteilheit größer gleich 1 zu 8 (H/L >= 1/8 und L/2 > h).

131. SSS Wie verläuft die Bewegung der Wasserteilchen in einer Meereswelle?

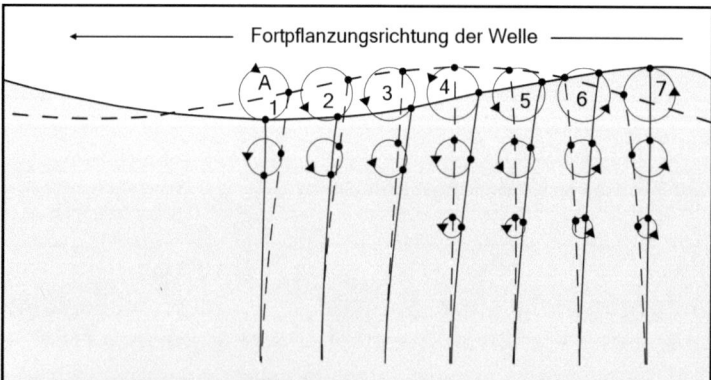

Kreisbahnen in Meereswellen

Man denke sich einen schwimmenden Korken im Kreis A am Punkt 1.
Läuft eine Welle unter ihm durch, dann wird er die Lage des Punktes 2 einnehmen, ohne jedoch den Kreis A zu verlassen. Dann folgen die Lagen von Punkt 3, 4 etc. Hat der Wellenberg die Position 7 erreicht, ist der Korken um die Wellenhöhe H nach oben gestiegen und hat dabei den linken Halbkreis von A durchlaufen.
Dann folgt beim Durchlaufen der zweiten Kreishälfte der Abstieg.
Die Kreisbewegung der Wasserteilchen setzt sich bis in die Tiefe fort.

132. SSS Wie entsteht Brandung ?

Durch den ansteigenden Untergrund verlangsamt sich die Wassergeschwindigkeit am Fuß der Wellen, während der obere Teil seine Geschwindigkeit beibehält. Dadurch kommt es zum Brechen.
Je nach Art der Küste entstehen in den Brechern unvorstellbare Kräfte.

133. SSS Wie wirkt sich Strom auf den Seegang aus?

Laufen Wellen und Strom in eine Richtung, bei Windsee kann man sagen: haben Wind und Strom eine Richtung, so werden die Wellen auseinander gezogen. Sie werden länger und flacher. Gegen die See laufender Strom verkürzt die Wellen und steilt sie auf.
Wechselnde Gezeitenströme und Strömungen machen sich in seichten Gewässern schon bei geringen Wellenhöhen bemerkbar. Kleinere Fahrzeuge neigen dazu sich festzustampfen.

134. SHS Was versteht man unter dem Begriff Signifikante Wellenhöhe ?

Die Kennzeichnende / Signifikante Wellenhöhe H1/3 ist die mittlere Wellenhöhe aus dem oberen Drittel der höchsten Wellen eines Seegangs. In Seehandbüchern und Seegangskarten (und Wetterberichten) wird gemäß internationaler Vereinbarung stets die signifikante Wellenhöhe angegeben. Einzelne Wellen können jedoch doppelt so hoch sein wie die angegebene signifikante Wellenhöhe.

135. SHS Seegang kann für kleinere Boote (auch Sportboote) bei höheren Windstärken gefährlich werden. Geben Sie dafür Beispiele an.

Beispiele:

- Überlagerung von Windsee und Dünung aus verschiedenen Richtungen führt zur Bildung von Kreuzseen.
- Aufsteilung von Windsee auf flachem Wasser, eventuell Bildung einer Brandung bzw. Grundsee.
- Aufsteilung der Windsee beim Laufen gegen einen Gezeitenstrom.

Wetterkunde
Wetterkarten, Seewetterberichte, Quellen

136. SHS   Beschreiben Sie, wodurch sich die Wellenbilder der Windsee und der Dünung grundsätzlich unterscheiden.

Windsee:
Seegang, der durch den Wind vor Ort und in der näheren Umgebung angefacht wird.
(Junger Seegang: spitze Form der Wellenkämme, Unregelmäßigkeit der Einzelwellen).

Dünung:
Seegang, der dem erzeugenden Windfeld voraus läuft, sowie abklingender (alter) Seegang.
(Alter Seegang: lange abgerundete Wellenzüge, Regelmäßigkeit der Einzelwellen).

137. SSS   Worauf soll beim Zeichnen eines Wetterberichtes geachtet werden?

Die Angaben des Wetterberichtes werden mit entsprechenden Abkürzungen eingetragen und die Fronten eingezeichnet.
Dann werden Hilfspunkte mit Druckangaben markiert, um ein harmonisches Isobarenbild zu erzielen. Schließlich werden die Isobaren eingezeichnet.

Es geht um die Konstruktion einer Wetterlage unter Zuhilfenahme der Stationsmeldungen. Sie wird in vier Stufen gezeichnet:

- Stationsmeldungen,
- Angaben des Wetterberichtes,
- Hilfspunkte für Zwischenisobaren,
- Aufzeichnen der Isobaren.

WETTERKARTEN, SEEWETTERBERICHTE, QUELLEN

138. SSS   Welche Unterlagen und Regeln sind zum Zeichnen des Seewetterberichts hilfreich?

Folgende Unterlagen sind hilfreich:

- Vordruck Bordwetterkarte Nr. 9 Nord- und Ostsee,

- Vordruck Bordwetterkarte Nr. 11 Mittelmeer,

- Vordruck Bordwetterkarte Östlicher Nordatlantik,

- Vordruck für die im Seewetterbericht verwendeten geographischen Symbole.

Wetterkarten, Seewetterberichte, Quellen — Wetterkunde

Beim Zeichnen beachte man folgende Regeln:

- In Deutschen Wetterkarten werden die Isobaren im Abstand von 5 zu 5 hPa gezeichnet. Zum Kern des Tiefs hin kann man sie dichter werden lassen.

- Die Isobaren sind großzügige glatte Linien, die nur an den Fronten Knicke haben. Der Knick weist vom Tief weg.

- Isobaren können sich niemals berühren, schneiden oder gabeln.

- Man darf nie eine Isobare ausschalten oder zusätzlich einschalten, denn aus der Dichte der Isobaren wird auf die Windstärke geschlossen.

- Isobaren sind geschlossen oder enden am Kartenrand.

- In Windrichtung geschaut, liegt der tiefe Druck immer auf der linken Seite der Isobaren.

- Fronten (Tiefausläufer) beginnen meist an dem vorher genannten Tief.

- Um Hoch und Tief werden die nächsten Fünfer-Isobaren gelegt und dazwischen proportional weitere Fünfer-Isobaren eingefügt.

Die Isobaren werden nun so gezeichnet, dass auf See ein Winkel von 22° zwischen ihnen und der Windrichtung entsteht. Über Land kann der Winkel größer werden. Die Fähnchen zeigen auf der Nordhalbkugel immer zur linken Seite, das heißt, der tiefe Druck liegt, in Windrichtung geschaut, links.

---

139. SSS In welchen Veröffentlichungen werden in Deutschland Inhalte, Sender und Sendezeiten von Seewetterberichten bekannt gegeben und von wem?

Innerhalb der europäischen Gewässer lassen sich eine Vielzahl von Seewetter-Informationen empfangen. Die sendenden Stationen, deren Vorhersagegebiete, Frequenzen und Sendezeiten werden vom BSH in folgenden Veröffentlichungen bekannt gegeben:

- Nautischer Funkdienst Band II Nr. 2151
- Yachtfunkdienst Nord- und Ostsee Nr. 2155
- Yachtfunkdienst Mittelmeer Nr. 2159

In Deutschland werden die vielfältigen Wetterinformationen vom DWD Geschäftsfeld Seeschifffahrt Hamburg für die Schifffahrt zusammengefasst und als Seewetterbericht sowie Wetterkarte herausgegeben.

Wetterkunde
Wetterkarten, Seewetterberichte, Quellen

140. SSS Welche Wetterinformationssysteme gibt es, bzw. welches sind die 6 umfangreichsten Seewetterberichte in Klartext und wo findet man weitere Informationsquellen?

Die Aussendung der Wetterinformationen für die Schifffahrt erfolgt mittels Funk, und zwar in verschiedenen Sendearten:

Rundfunkempfänger
- UKW
- ESB-Radio
- Navtex-Empfänger
- Satellitenfunk
- Internet

Spezielle Quellen für die Deutschen Seewetterberichte in Klartext sind:

- Küstenfunkstellen des Schiffsmeldedienstes (SMD)
- Wetterfunksender des DWD Offenbach / Pinneberg
- Rundfunksender: Deutschlandfunk, Deutschlandradio, Radio Berlin, Deutsche Welle, Norddeutscher Rundfunk, Radio Bremen
- Videotext
- Revierzentralen
- AOL (America Online)
- Internet
- T-Online
- Warntelefon
  040 3196628
- SEEWIS
- GMDSS

141. SSS Welche Einrichtungen an Bord ermöglichen es, verschiedenartige Sendearten zu empfangen und aufzubereiten?

Die Aussendung der Wetterinformationen für die Schifffahrt erfolgt mittels Funk und zwar in verschiedenen Sendearten. Der Empfang der Wetterinformationen an Bord setzt einen der Sendeart entsprechenden Empfänger voraus. Für Funkfernschreiben bzw. Telex und Morsen braucht man einen Decoder der die Signale so aufbereitet, dass sie von einem Drucker im Klartext aufgezeichnet werden können.

Wetterkarten, Seewetterberichte, Quellen — Wetterkunde

142. SSS Welche sind die Wettersymbole für ein vereinfachtes Stationsmodel ?

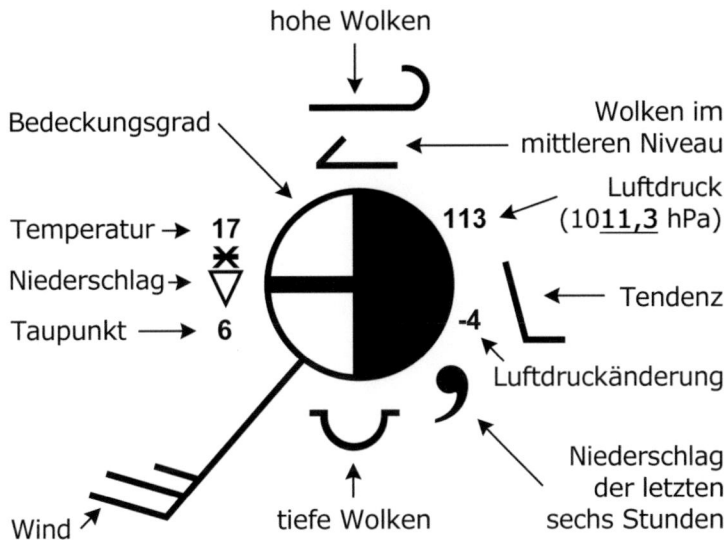

Symbole für Niederschlag / Nebel		
〙 Sprühregen	● Regen	✱ Schnee
△ Graupel	▲ Hagel	═ diesig
≡ Nebel	↙ Gewitter	
● Regenschauer	✱ Schneeschauer	
⸦ Wetterleuchten	⊢ Schneetreiben	

Bedeckungsgrad		Himmelsanblick
○	0/8	wolkenlos
◐	1/8	heiter
◐ ◑	2/8 bis 3/8	leicht bewölkt
◐ ◕ ◕	4/8 bis 6/8	wolkig
◕	7/8	stark bewölkt
●	8/8	bedeckt
⊗		Himmel nicht erkennbar

Wetterkunde — Wetterkarten, Seewetterberichte, Quellen

143. SSS Zeichnen Sie die meteorologischen Zeichen / Symbole zur Kennzeichnung der Wolkenarten.

Wolkensymbole:

Tiefe Wolken C_L	Mittelhohe Wolken C_M	Hohe Wolken C_H
Cu hum, fra	As tr (durchscheinend)	Ci fib
Cu med, con	As op (dunkel)	Ci spi (dicht)
Cb cal	Ac tr	Ci (aus Cb-Amboß entstanden)
Sc (aus Cu entstanden)	Ac len	Ci unc (Aufzug)
Sc	Ac tr, op	Cs (Aufzug < 45°)
St neb, fra	Ac (aus Cu entstanden)	Cs (Aufzug > 45°)
St fra, Cu fra (bei Regenwetter)	Ac und As	Cs neb (den ganzen Himmel bedeckend)
Cu und Sc	Ac cas, flo	Cs neb (nicht den ganzen Himmel bedeckend)
Cb cap	Ac (bei chaotischem Himmel)	Cc cas, flo

144. SSS Wie könnte eine seewetterkundliche Prüfliste aufgebaut sein?

Seewetterkundliche Prüfliste:

Großräumige Wetterlage:
- steuernde Druckgebiete
- Luftmassen
- Wandernde Hochs, Tiefs und Keile

Kleinräumige Wetterlage auf der Route von / nach:
- Wind, Sturmwarnungen
- Windstärke (gleich bleibend, zu und abnehmend)
- Fronten
- Windrichtung (gleich bleibend, rechtdrehend, rückdrehend)
- Böigkeit
- Niederschläge
- Sicht (Nebel)
- Vereisung
- Windsee, Dünung, Kreuzsee

Wetterkarten, Seewetterberichte, Quellen — Wetterkunde

- Oberflächenströmung, Gezeiten
- Kap-, Düsen-, Inseleffekt und Fallwinde

Wetternavigatorische Maßnahmen:

- Alternativrouten, Nothafen

---

145. SSS Woran sollte man bei kritischen Wetterlagen zusätzlich denken?

Auch wenn, großräumig gesehen, die Wetterlage sehr gut vorhergesagt wird, kann es, kleinräumig gesehen, erhebliche Abweichungen von den Vorhersagen geben. Dieses Problem wird immer bestehen bleiben. Nützliche Hilfen leisten hier oft Seehandbücher.

---

146. SSS Wo findet man in Deutschland Hinweise über die Naturverhältnisse einzelner Meere und welche?

Die Seehandbücher der BSH geben Auskunft über die Naturverhältnisse verschiedener Meere. Unter Naturverhältnisse werden Themen behandelt wie Klimafaktoren, Wettererscheinungen, Oberflächenströmungen, Gezeitenströme und Bodenbedeckung.

---

147. SSS Weltweit werden in Wetterkarten für die Darstellung der Wettererscheinungen Symbole benutzt. Was bedeutet folgende Auswahl?

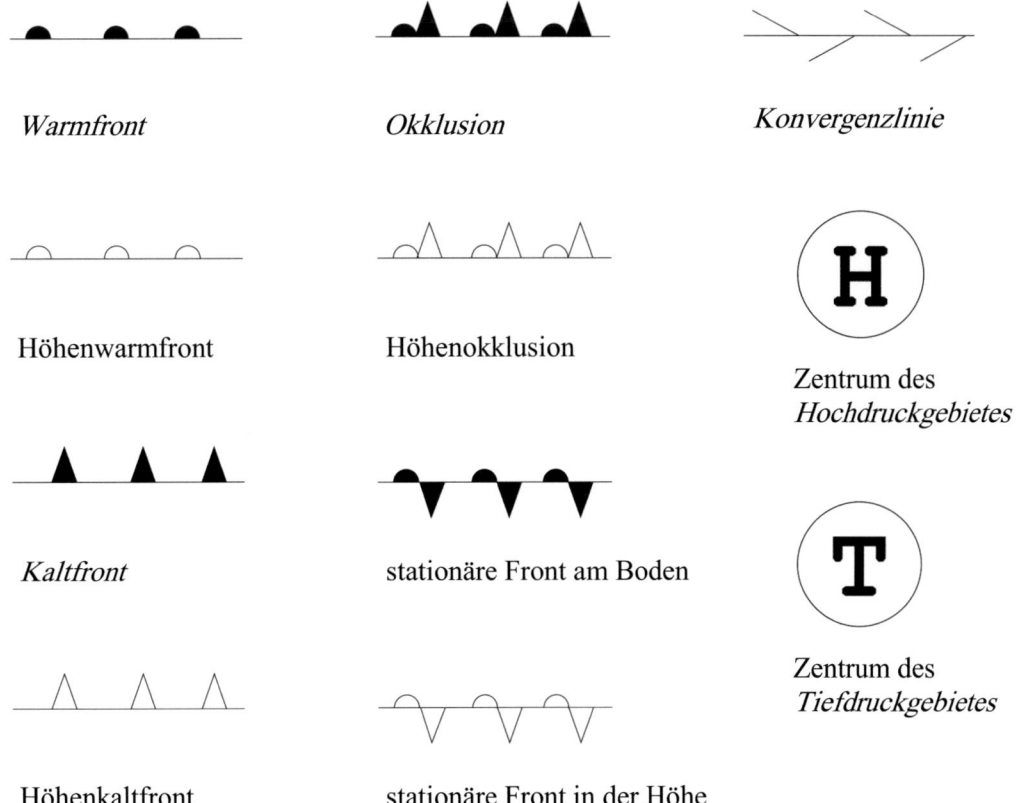

Wetterkunde
Wetterkarten, Seewetterberichte, Quellen

148. SSS Wie genau sind die Windvorhersagen in den Wetterberichten?

Windrichtung:
Es werden nur angegeben N, NE, E, SE, S, SW, W, NW mit einer Genauigkeit von +/- 25°. Windrichtungsänderung: Recht- und rückdrehend bei jeweils mindestens 45° Änderung. Umlaufender Wind nur bis 5 kn.

Windstärke:
Mittelwert über längeren Zeitraum: bei labilen Luftmassen (Schauern) ist mit Böen zu rechnen, die 2 Bft über dem Mittelwind liegen können. Bei der Angabe böig, ist mit 2 Bft stärkerem Wind zu rechnen.

149. SSS Wie kann man vorgehen, um eine einfache Analyse der Bordwetterkarte mit einfacher Vorhersage für die nächsten 12 Stunden zu erhalten?

Nach Aufsuchen des gewählten Seegebietes:

- Bestimmung der möglichen Großwetterlage,
- Bestimmung der Luftströmung dort,
- Abschätzen der Temperatur, Böigkeit, Bewölkung, Niederschlag, Gewittern, Sicht und Nebel,
- auf orographische Effekte untersuchen,
- Suche heranziehender Tiefs / Hochs,
- Suche nach Frontdurchgängen,
- Suche nach Windrichtungsänderungen hinsichtlich Stärke und Richtung,
- Land- / Seewind Einfluss prüfen,
- Ozeanische Elemente nicht vergessen.

150. SSS Der Tagespresse entnehmen Sie die folgende Wetterkarte:

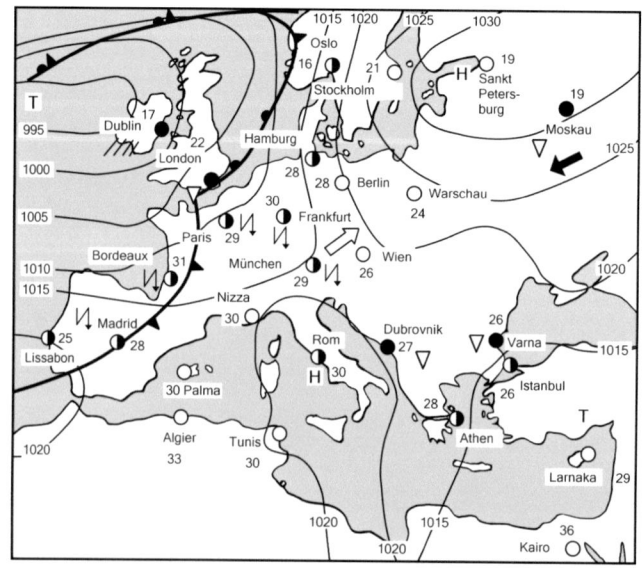

Wetterkarten, Seewetterberichte, Quellen — Wetterkunde

a) Erläutern Sie die herrschende Großwetterlage.
b) Beschreiben Sie das Wetter, welches Sie in den nächsten 12 Stunden im Bereich der niederländischen Küste / Ijsselmeer erwartet.
c) Wie nennt man die nördlich von Dublin (links oben Wetterkarte) nahezu in West- Ostrichtung verlaufende Linie bzw. was stellt sie dar?
d) Welche Wettersituation lässt dieser Verlauf einer solchen Linie im Allgemeinen (südwestlich) eines Tiefkerns erwarten?

a) **Großwetterlage:**
Zwischen einem recht stabilen Hoch über Nordosteuropa und einem Tief über dem Ostatlantik gelangen zwei verschiedene Luftmassen nach Mitteleuropa. Im östlichen Teil Deutschlands herrscht sehr warme, trockene Luft vor. Der westliche Teil Deutschlands einschließlich Benelux liegt im Einfluss feuchter Luftmassen (Südwestlage). Die Kaltfront, noch über Frankreich, kommt zwar nur langsam gegen das Hoch an, seine präfrontalen Warmluftmassen werden aber das Wetter in den nächsten 12 Stunden an der niederländischen Küste / Ijsselmeer bestimmen.

b) **Wetter an der niederländischen Küste:**
Die niederländische Küste / Ijsselmeer liegt im Bereich warmer, feuchter Luftmassen vor der Kaltfront (Gewitterfront). Heftige Gewitter werden in den nächsten Stunden das Wettergeschehen prägen: starke schauerartige Niederschläge, Graupel, (Hagel), allgemein Unwetter. Wechselnde Windrichtungen mit heftigen Böen, schlechte Sicht, durch Niederschlag bedingt.

c) Die dicke schwarze Linie nördlich von Dublin ist eine Okklusionsfront des westlich von Dublin liegenden Tiefkerns.

d) Einen solchen Frontverlauf findet man häufig vor Trogwetterlagen meist südwestlich eines Tiefkerns.

151. SSS Der Tagespresse entnehmen Sie die folgende Wetterkarte:

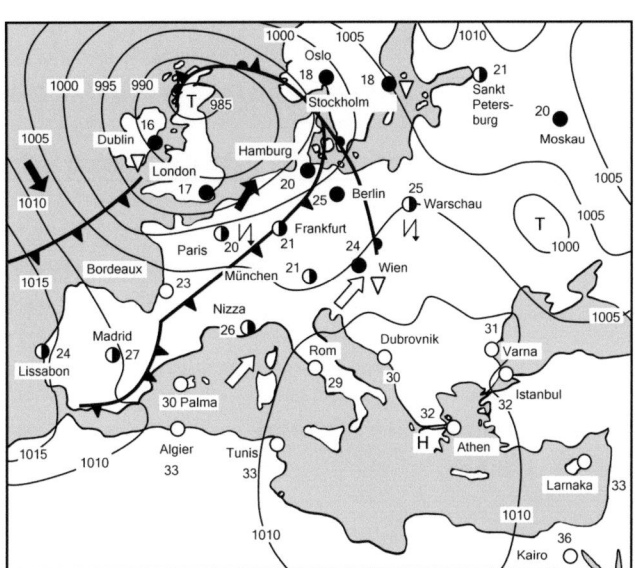

a) Geben Sie einen Überblick über die herrschende Großwetterlage für Deutschland.

b) Beschreiben Sie das Wetter, welches Sie in den nächsten 12 Std. an der Nordseeküste erwartet.

a) Ein Tief über Irland und Großbritannien verlagert sich kaum ostwärts. Eine ausgedehnte Kaltfront schwenkt über Deutschland, sie wird am Abend die Oder erreichen.
b) Unter diesem Einfluss gestaltet sich der Wetterablauf in Deutschland wechselhaft, im Osten freundlich, im Westen Schauer mit eingelagerten Gewittern (Rückseitenwetter). An der Nordseeküste stark bewölkt, nur gelegentlich aufheiternd. Winde später West 5 südwestdrehend. Luft 15 -18°C, Wasser ca. 15° C.

152. SSS Der Tagespresse entnehmen Sie die folgende Wetterkarte:

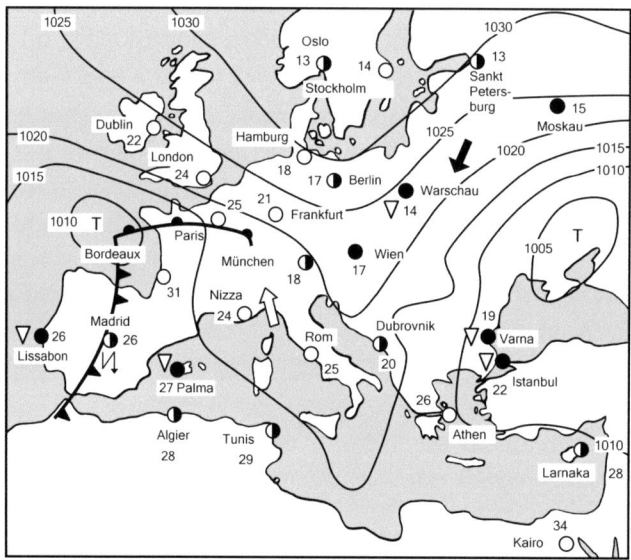

a) Bestimmen sie die Lage des Hochdruckgebietes im oberen Kartenbereich.
b) Geben Sie die ungefähren Windrichtungen in den Bereichen Nordsee und Ostsee an. (Orientieren Sie sich hierbei an dem Verlauf der 1030 hPa-Isobare!).
c) Schätzen Sie die Lufttemperatur in °C in der untersten Schicht für den Bereich der Nordseeküstengewässer ab.
d) Die Wassertemperatur betrug an diesem Tag 11°-13°C. Machen Sie eine Wettervorhersage, Bereich deutsche Nordseeküste, für die nächsten 12 Stunden (Wind: Richtung u. Stärke, Wind im direkten Küstenbereich, Wolken).

a) Das Hoch hat seinen Schwerpunkt über Südskandinavien.
b) Windrichtung Nordsee: E bis SE.
Windrichtung Ostsee: NE.
(Nach Pressemitteilung sind an diesem Tag ca. 100 Yachten in diesem Gebiet havariert).
c) Die Lufttemperatur über den deutschen Nordseeküstengewässern betrug an diesem Tage ca. 15°C.

d) Ein Hochdruckgebiet mit dem Schwerpunkt über Südskandinavien bestimmt auch weiterhin weitgehend das Wetter in Deutschland (stabile Wetterlage). Nordseeküste: Schwacher bis mäßiger Wind aus östlichen Richtungen, leicht böig, (antizyklonaler Wind), im direkten Küstenbereich Einfluss des Land- / Seewindes, flache Cumulus-Bewölkung, nachmittags stärkere Entwicklung. Geringe Luftfeuchte, keine Nebelgefahr.

HURRIKANS, PASSATE, ITCZ

153. SHS Beschreiben Sie die verschiedenen Anzeichen für das Herannahen eines tropischen Wirbelsturmes und welche anderen Hinweise einem Schiffsführer z.B. im Atlantik zur Verfügung stehen.

Anzeichen für das Herannahen eines tropischen Wirbelsturmes;

Geringe Abweichung des Luftdruckes (Größe ist breitenabhängig) von der sehr regelmäßig verlaufenden Luftdruckkurve, deren Minimum täglich jeweils um 04:00 Uhr und 16:00 Uhr und deren Maximum um 10:00 Uhr und um 22:00 Uhr eintritt, sind eindeutige Hinweise auf tropische Störungen.

Höhere Dünung im Vergleich zu der bisher beobachteten, eventuell auch aus einer anderen Richtung, lassen auf das Vorhandensein eines Wirbelsturmes schließen, zumal die Laufgeschwindigkeit der Dünung größer ist als die Zuggeschwindigkeit des Wirbelsturmes.

Hohe Cirren, radial angeordnet, weisen in Richtung einer tropischen Störung.
Haloerscheinungen und Verfärbung des Morgen- bzw. Abendhimmels.
Starke atmosphärische Störungen im Funkverkehr bzw. Rundfunkempfang.

Als Schiffsführer bei Wahrnehmung der oben genannten Anzeichen sofort jede Möglichkeit zum Empfang einschlägiger Meldungen nutzen, besondere Aufmerksamkeit gilt hier z.B. im Nordatlantik den Warnungen des National Hurricane Center (NHC) Miami. Von dort werden alle 6 Stunden entsprechende Meldungen herausgegeben, also genau 30 Minuten vor 04, 10, UTC etc. Schiffsmeldungen abhören.

Wetterkunde — Hurrikans, Passate, ITCZ

154. SHS Beschreiben Sie den Wetterverlauf in einer Zyklone auf der Nordhalbkugel, wenn Sie als Beobachter nördlich des Zentrums der Zyklone stehen und diese von West nach Ost an ihnen vorüber zieht.

Im Gegensatz zu einem südlich eines Tiefs stehenden Beobachter wird ein nördlich eines Tiefs stehender Beobachter auf der Nordhalbkugel keine Fronten, also keinen Warmluftsektor erleben. Es passieren nur die Regen- und Wolkenfelder, die der aufgleitenden Warmluft entstammen. Der Wind dreht nur langsam zurück, ohne dass es zu sprunghaften Windrichtungsänderungen z.B. an der Kaltfront kommt.

Bei der Annährung des Tiefs wird der Beobachter Windwolken sehen, dann den Cirrusschleier, der sich mehr und mehr senkt, es fängt an zu regnen.

Die Stärke und Dauer des Regens hängt davon ab, wie weit der Beobachter vom Zentrum des Tiefs entfernt ist. Auf der Rückseite des Tiefs gibt es Schauerbewölkung und einige Regenschauer.

155. SHS Machen Sie Angaben über die durchschnittliche Zuggeschwindigkeit (in kn) einer Zyklone im Nordatlantik im Sommer und im Winter.

Zuggeschwindigkeit im Sommer ca. 5 bis 10 kn.
Im Winter ca. 25 bis 30 kn (Anfangsstadium bis 50 kn).

156. SHS Welche Winde bezeichnet man als Passate? Beschreiben Sie einige Charakteristika wie Wetter, Wolken und Wind (auch unter Berücksichtigung der Jahreszeit).

Passate sind beständige Winde beiderseits des Äquators bis zu den subtropischen Hochdruckgürteln Nord und Süd: ca. 5°N bis 30°N, und ca. 5°S bis 20°S.
Dazwischen liegt die ITCZ (Intertropische Konvergenzzone).
Der Passat kann als Ausgleichsströmung zwischen den Rossbreiten und der äquatorialen Tiefdruckrinne angesehen werden.

Vertikale Mächtigkeit 1000 bis 2000 m. Passate im Sommer stärker, im Winter schwächer. SE-Passat durch ITCZ-Verschiebung im nördlichen Sommer auch eben auf der Nordhalbkugel. Windstärke im Mittel Bft 4 bis 6 aus nordöstlicher Richtung auf der Nhk bzw. aus südöstlicher Richtung auf der Shk. Die Luft ist relativ trocken. Heiteres Wetter. Typische Passatbewölkung: flache Cumuli und Stratocumuli ohne nennenswerte Niederschläge.

Hurrikans, Passate, ITCZ — Wetterkunde

157. SHS Welche Ströme bilden den großen Stromring im Nordatlantischen Ozean?

Der große Stromring besteht aus:

- Nordäquatorialstrom
- Antillenstrom, Floridastrom, Golfstrom
- Nordostatlantischer Strom
- Portugalstrom, Kanarenstrom

158. SHS Welche der genannten Meeresströme werden als warm und welche werden als kalt bezeichnet?

Warm:
- Nordäquatorialstrom
- Antillenstrom, Floridastrom, Golfstrom
- Nordostatlantischer Strom

Kalt:
- Portugalstrom, Kanarenstrom

159. SHS Was ist ein äquatorialer Gegenstrom (z.B. im Atlantik)? Wie ist seine ungefähre Lage und wie kann die Entstehung erklärt werden?

Der äquatoriale Gegenstrom ist eine schmale Strömung nach Osten zwischen dem westwärts setzenden Nord- und Südäquatorialstrom. Der äquatoriale Gegenstrom tritt im Atlantik überwiegend auf der Nordhalbkugel auf und pendelt dort mit der Jahreszeit (bedingt durch die Wanderung der ITCZ) etwa zwischen 3°N und 10°N (im Sommer zwischen 5° und 10°, im Winter ca. 2° südlicher).

Ursache:

Passate wehen über den Äquator hinweg und bauen einen Wasserberg auf, an dessen anderer Seite sich die ITCZ (intertropische Konvergenzzone) befindet, also kaum Wind weht.
In diesem Bereich läuft das Wasser auf der Nordhalbkugel nach rechts, es entsteht ein nach Osten setzender Strom (äquatorialer Gegenstrom).

160. SHS Mit Hilfe welcher Unterlagen können Sie für eine meteorologische Reiseplanung Informationen über den äquatorialen Gegenstrom entnehmen?

Seehandbücher und insbesondere der jeweilige Atlas Pilot Charts Northatlantic Ocean und Northpacific Ocean.

Wetterkunde — Hurrikans, Passate, ITCZ

161. SHS Warum sollten beim Befahren von Gebieten mit tropischen Wirbelstürmen, zusätzlich zu empfangenen Wetterberichten, eigene Beobachtungen gemacht werden?

Eigene Beobachtungen sind aus folgenden Gründen wichtig:

- Es könnte ein neuer, noch nicht entdeckter tropischer Wirbelsturm aufgetreten sein.
- Es treten Übermittlungsfehler in den Wetterberichten auf, so kann z.B. bei mehreren Orkanen einer verschwinden.
- Unzulänglichkeiten beim Empfang von Wetterberichten in der eigenen Funkanlage.
- Außergewöhnliches Verhalten eines tropischen Orkans.

162. SHS Welche Luftdruckanzeigen lassen auf einen möglichen tropischen Wirbelsturm schließen?

Gefahr besteht bei:

- einem Luftdruckabfall von 8 hPa und mehr unter das Monatsmittel der Monatskarte im Bereich der eigenen Position,
- einem Überschreiten eines 24-stündigen Luftdruckabfalls von 1,5 hPa in 10°N, von 3 hPa in 20°N und 6 hPa in 30°N,
- unregelmäßigem Verhalten im Luftdruck mit längerem Anwachsen des Windes oder Änderung des Passats.

163. SHS Welche Seegangserscheinungen deuten auf einen möglichen Wirbelsturm hin?

Gefahr besteht bei einer Dünung ohne erkennbare Ursache.
(Dünung läuft einem tropischen Wirbelsturm weit voraus).

164. SHS Welche allgemeinen natürlichen Anzeichen können auf einen möglichen tropischen Wirbelsturm hinweisen?

Gefahr besteht bei:

- Cirrusstreifen, die auf einen Punkt des Himmels hinweisen
- besonders farbigen Sonnenauf- und untergängen
- Niederschlag, der in Dauerregen übergeht
- starken atmosphärischen Funkstörungen

Wetterkunde

165. SHS Ein ehemaliger tropischer Wirbelsturm zieht auf seinem polaren Ast von der Ostküste der USA nach Europa und nimmt dabei an Intensität ab. Sie stehen mit Ihrer Segelyacht nördlich des Zentrums der Zyklone. Beschreiben Sie den typischen Wetterverlauf, wenn eine Zyklone auf der Nordbreite **südlich** von einem Beobachter durchzieht und weisen Sie auf Unterschiede zu einer nördlich von einem Beobachter vorbeiziehenden Zyklone hin.

Nördlich von einer vorbeiziehenden Zyklone ist der Wetterverlauf gleichmäßiger als im Süden.

Es gibt:

- keine Fronten
- keine Temperaturunterschiede
- keine plötzlichen Luftdruckänderungen
- kein Ausschießen des Windes

Für einen Beobachter auf der Nordbreite, der sich südlich der Zugbahn einer idealtypischen Westwetterzyklone befindet, verläuft diese nach folgendem Ablauf:

Wolkenaufzug
von Cirren über Cirrostratus, Altostratus, Stratocumulus; in der Nähe des Kerns Stratus mit Regen. Nach Passieren des Kerns in Schauer übergehend. Rückseitenwetter mit abnehmender Intensität.

Luftdruck
fällt allmählich vor dem Tief, um dahinter ebenso allmählich wieder anzusteigen.

Temperatur
ändert sich nicht auffällig, da der Beobachter immer im Bereich der Kaltluft bleibt.

Wind
ist rückdrehend von S/SE über E, NE, N auf NW

166. SHS In welchen Seegebieten und zu welcher Jahreszeit entstehen im Nordatlantik tropische Wirbelstürme?

Die im Nordatlantik auftretenden tropischen Wirbelstürme, auch Hurrikan genannt, entstehen ausnahmslos nördlich von 5° nördlicher Breite. Entstehungsgebiet ist das Seegebiet der Capverdischen Inseln. Hurrikane treten am häufigsten zwischen August und Oktober auf.

Wetterkunde

Hurrikans, Passate, ITCZ

167. SHS Was ist die Voraussetzung für die Entstehung eines Hurrikans im Nordatlantik?

Sie entstehen grundsätzlich über See. Die Mindesttemperatur der Wasseroberfläche muss 27°C bis ca. 70 m Tiefe betragen.

Weitere Voraussetzungen sind:

- feuchtlabil geschichtete Atmosphäre
- konvergentes Windfeld in Bodennähe (feuchtwarme Luftmassen strömen horizontal von außen in den Bereich geringen Bodendrucks ein)
- divergentes Windfeld in der Höhe
- geringe vertikale Windscherung
- geographische Breite >5° wegen der Corioliskraft
- Luftdruck von weniger als 1004 hPa

168. SHS Welches ist die allgemeine Zugrichtung eines Hurrikans im Nordatlantik?

Bei den Capverdischen Inseln entstehende Wirbelstürme ziehen in westlicher Richtung zur Karibik und schwenken dort auf einer parabelförmigen Bahn nach NE. Abweichungen hiervon sind nicht selten. Viele Wirbelstürme ziehen über die Karibik hinweg und drehen dann ab in Richtung Florida oder Golf von Mexiko bis über die Küste von Honduras, Mexiko und den US-Südstaaten. Hurrikane beschreiben teilweise halbkreisförmige Bahnen oder gehen sogar auf Gegenkurs.

169. SHS Nennen Sie die verschiedenen Entwicklungsstadien von tropischen Wirbelstürmen mit den zugehörigen Windgeschwindigkeiten (nach internationaler Bezeichnung).

Tropisches Tief	=	Windgeschwindigkeit kleiner als 34 kn.
Tropischer Sturm	=	Windgeschwindigkeit von 34 kn bis kleiner als 64 kn.
Hurrikan (Taifun)	=	Windgeschwindigkeit gleich und größer als 64 kn.

170. SHS Beschreiben Sie die Entwicklung eines tropischen Wirbelsturms in vier Phasen.

Erste Phase: Entstehung eines flachen Tiefs mit vielen Cumulonimben.

Zweite Phase: Druckabfall durch freiwerdende Wärme beim Kondensieren des Wasserdampfes. Verstärktes zyklonales Einströmen der Luftmassen. Orbitalbewegung /-drehung der Luftteilchen beginnt.

Dritte Phase: Aufbau eines schwachen Hochs in der Höhe, aus dem die Luft im Uhrzeigersinn abgeführt wird. Entstehung des Auges.

Wetterkunde
Hurrikans, Passate, ITCZ

Vierte Phase: Fortschreitende Vertiefung und Zunahme des Windes am Wirbel. Derzeit bekannter Endzustand bei ungefähr 200 kn.

---

171. SHS Worin bestehen die entscheidenden Unterschiede (bezüglich der Energiezufuhr) zwischen einer tropischen und einer außertropischen Zyklone (normales Tief)?

Unterschiede:

- Tropische Zyklonen beziehen ihre Energie aus der freiwerdenden Wärme, die aufgrund der Kondensation des Wasserdampfes entsteht.

- Außertropische Zyklonen (normale Tiefs) bekommen ihre Energie aus dem Gegeneinanderführen von warmen und kalten Luftmassen an Fronten.

---

172. SHS Im Rahmen der meteorologischen Navigation gibt es die Kürzest-, Kurz-, Mittel- und Langfristvorhersage. Nennen Sie die dazugehörigen Fachausdrücke und den jeweils betrachteten Zeitraum.

Die meteorologische Navigation wird wie folgt eingeteilt:

- Kürzestfristvorhersage: 0 bis 12 Std.
- Wetternavigation (Kurzfristvorhersage): 0 bis 72 Std.
- Witterungsnavigation (Mittelfristvorhersage): 72 Std. bis 10 Tage.
- Klimanavigation (Langfristvorhersage): über 10 Tage.

---

173. SHS Welche Störungen können in Passate eingelagert sein? Wie ziehen sie? Wie machen sie sich bemerkbar?

Eingelagerte Störungen: Tropische Störung an der Äquatorseite:

Sie entsteht bevorzugt im Bereich einer „easterly wave" bzw. „tropical wave", die in Form eines schwachen Troges mit geschlossener hoch reichender Quellbewölkung mit heftigen Regenschauern von Ost nach West mit ca. 12 kn wandert.

---

174. SHS Sie empfangen eine Radiomeldung mit dem Inhalt, dass in der Nähe der Position 15°00′N und 53°00′W ein tropischer Wirbelsturm (tropische Zyklone) gesichtet wurde. Beschreiben Sie den Aufbau und die Eigenschaften tropischer Orkanwirbel (mit Zahlenangaben über Durchmesser bzw. Entfernung von Zentrum).

Hurrikan, hurricane:

Tropische Wirbelstürme sind frontlose Tiefdruckgebiete und bestehen aus einer

Wetterkunde — Hurrikans, Passate, ITCZ

„inneren Region", dem Auge und aus einer „äußeren Region", dem Orkanring.

Auge:

Dies ist ein kleinräumiges Absinkgebiet im Zentrum des Wirbelsturms, in dem es windschwach und niederschlagsfrei, teilweise sogar sonnig ist.
Durch das Absinken der Luft ist dieses Gebiet besonders warm. Sein Durchmesser beträgt zwischen 10 und 60 km.

Orkanring:

Das Auge ist allseitig von einem ringartigen Wall von Schwerstwetter umgeben, dem Orkanring. Hier herrschen die größten Windgeschwindigkeiten, nicht selten mehr als 100 oder sogar 200 kn, und treten die stärksten Niederschläge auf. Der Orkanring hat normalerweise einen Durchmesser von 50 bis 100 km, kann aber auch 150 km übertreffen.

Im Laufe der Entwicklung eines Wirbelsturmes nehmen Durchmesser des Auges und Weite des Orkanrings mit zunehmender Breite und mit abnehmender Maximalstärke zu. Nach außen schließt sich eine Sturmzone von 300 bis 1000 km Durchmesser an. Satelliten zeigen, dass diese nicht gleichmäßig das Zentrum umgibt, sondern sich in spiralförmige Bänder aufgliedert. Diese markieren die Bahnen, auf denen die Wolkenfelder und Winde dem Orkanring zustreben.

175. SHS Machen Sie Angaben über die Jahreszeit, in der man mit tropischen Wirbelstürmen (TW) im Nordatlantik rechnen muss und nennen Sie den Grund. Unterscheiden Sie dabei nach jahreszeitlicher Saison von TW und nach der aktivsten Zeit von TW.

Hurrikane treten im Nordatlantik zwischen Mai/Juni bis November/Dezember (offizielle Hurrikan-Saison 1. Juni bis 30. November) auf, also im Spätsommer eines jeden Jahres. Verstärktes Auftreten in den Monaten August, September, Oktober. Hauptmonat Anfang bis Mitte September. Das Häufigkeitsmaximum der tropischen Wirbelstürme fällt jeweils in die Spätsommermonate oder frühen Herbstmonate der betreffenden Erdhalbkugel, weil dann die Nordgrenze (NITCZ) zwischen den Mallungen und dem Passatgebiet am weitesten polwärts liegt. Die NITCZ liegt im Spätsommer/Herbst soweit nördlich, dass hier die ablenkende Kraft der Erdrotation (Corioliskraft) schon stark wirksam wird, sodass die Bildung von Wirbelstürmen aus kleineren Störungen heraus sehr begünstigt wird. Die Begründung hierfür liegt im Nachschleppen der jahreszeitlichen Erwärmung der Erde zum jeweiligen Zenitstand der Sonne.

176. SHS Beschreiben Sie das Wetter in der Passatregion im Nordatlantik.

Vom subtropischen Hochdruckgürtel zur äquatorialen Tiefdruckrinne weht der Nordostpassat. Die polwärtige Begrenzung des Passats lässt sich den Monatskarten entnehmen. Dort ist das Wetter geprägt vom Hochdruckgürtel. Der Passat wird über See mit Wasserdampf angereichert.

Es kommt aber erst bei „Störungen" zu Niederschlägen (Gebirge etc). Im Allgemeinen ist das Wetter in der Passatregion jedoch trocken und heiter oder von flachen Schönwetterwolken (cumulus humilis) begleitet (Passatbewölkung). Charakteristisch ist die Beständigkeit von Windrichtung und –stärke, die über 90% betragen kann.

177. SHS Was versteht man unter **Easterly Waves** bzw. **Tropical Waves**? Welche Wettersituation rufen diese hervor und wie kündigen sie sich an?

Easterly Waves / Tropical Waves sind Störungen des Passats, bzw. Schlechtwettertröge, welche in die Passatströmung eingelagert sind und von Ost nach West mit dem Passat ziehen (daher auch der Name). Der Passat ist nicht immer der bestehend wehende Wind (nur ca. 90%). Störungen gehören ganz alltäglich zum Passatwind.

Abgesehen von großräumigen und tagelang anhaltenden Schlechtwetterperioden, die umfangreiche Tiefs bei den Azoren erzeugen, ist eine stetige Passatströmung sozusagen fast normal. Folglich bringen Easterly Waves vorübergehend schlechtes Wetter durch Starkwind und heftige Schauer oder Dauerregen.
Die Easterly Waves ziehen mit einer mittleren Geschwindigkeit von 12 kn von Ost nach West. Der Luftdruck in Easterly Waves ist immer > 1010 hPa.
Die Luftfeuchte ist extrem hoch.

Anzeichen für die Annäherung:
- Es sind am Horizont hochtürmende Cumuluswolken zu sehen, anstelle der üblichen flachen Passatwolken.
- Luftdruckabfall um 2 hPa oder mehr in 24 Stunden.
- Passatwind nimmt stetig zu.
- Wind dreht auf Nord bzw. Wind dreht von Süd auf Nord (über West).

178. SHS Sie finden in einem Wetterbericht für den Nordatlantik die Mitteilung: Wellenhöhe 4 m. Geben Sie an, welche Bedeutung diese Meldung für Sie hat.

Diese Angabe im Wetterbericht bedeutet, dass die kennzeichnende Wellenhöhe 4 m beträgt. (Die kennzeichnende Wellenhöhe stellt den Mittelwert aus dem oberen Drittel der höchsten Wellen eines Seegangsfeldes dar, sie wird auch als signifikante Wellenhöhe H1/3 bezeichnet).
In Seehandbüchern, Seegangskarten und Wetterberichten wird gemäß internationaler Vereinbarung stets die signifikante Wellenhöhe angegeben.
Für die Schifffahrt bedeutet dies, dass auf See höhere Wellen als in Wetterberichten angegeben auftreten können. Einzelne Wellen können doppelt so hoch sein.

Wetterkunde — Hurrikans, Passate, ITCZ

179. SHS Wofür steht die Abkürzung ITC oder ITCZ ?

ITC steht für Intertropical Convergence. Der Bereich, in dem die Konvergenz stattfindet, heißt Tropical Convergence Zone, ITCZ (intertropische Konvergenzzone).

180. SHS Welches Wetter beherrscht die ITCZ ?

An der ITCZ werden die vom Nordost– und Südostpassat stammenden Luftmassen gegeneinander geführt. Diese horizontale Konvergenz in der ITCZ ist von umfangreichen, aufwärtsgerichteten Luftbewegungen begleitet. Dadurch kommt es zur Bildung gewaltiger Quellwolken mit täglich wiederkehrenden Gewittern und Schauern (Cu, Ac, Cb). Die Cumulonimben wachsen zu ausgedehnten Cloudclusters zusammen. Die Wassertemperaturen im Bereich der ITCZ überschreiten zeitweise 27°C.

181. SHS Wie wandert das ITCZ im Nordatlantik und was ist damit verbunden?

Die ITCZ pendelt im Atlantik ungefähr zwischen 13°N im Sommer und 3°N im Winter. Mit der ITCZ sind verbunden: gebietsweise westliche Winde, die Monsune, die Regenzeiten und die äquatorialen Gegenströme.

182. SHS Machen Sie Angaben über den „großen" und den „kleinen" Stromring im Nordatlantik (mit Namen der zugehörigen Strömungen).

Im Nordatlantik lassen sich deutlich zwei Wirbel ausmachen, ausgehend von der Ostküste der Vereinigten Staaten in ost-nordöstlicher Richtung über den Atlantik, die sich vor Europa teilen und in südliche („großer Stromring") / nördliche ("kleiner Stromring") Richtung laufen.

Großer Stromring:

- Nordatlantischer Strom
- Portugalstrom
- Kanarenstrom
- Nordäquatorialstrom, Antillenstrom
- Floridastrom und
- Golfstrom

Kleiner Stromring:

- Nordatlantischer Strom
- Norwegenstrom
- (Irminger Strom)
- Ostgrönlandstrom
- Labradorstrom

Hurrikans, Passate, ITCZ — Wetterkunde

183. SHS Wo finden Sie verlässliche monatsweise Angaben über Passate und Meeresströmungen?

In den Monatskarten des BSH über den atlantischen bzw. pazifischen Ozean, bzw. besser in den entsprechenden Pilot Charts.

184. SHS Sie empfangen eine Radiomeldung mit dem Inhalt, dass in der Nähe der Position 21°00,0′N und 63°00,0′W ein tropischer Wirbel (tropische Zyklone) gesichtet wurde. Nennen Sie den allgemeinen Namen dieses tropischen Wirbels.

Hurrikan, hurricane.

185. SHS Welche nautisch/meteorologischen Unterlagen benutzen Sie für die Klimanavigation hinsichtlich der Vorbereitung eines Törns, wenn Sie z.B. den Nordatlantik überqueren wollen? Auf welcher Grundlage basieren diese Unterlagen?

Die Monatskarten des BSH oder die amerikanischen Pilot Charts.

Grundlage:
Über einen Zeitraum von einigen Jahrzehnten (20 bis 50 Jahren) werden alle von Schiffen bzw. Wetterstationen gemessenen Winde statistisch betrachtet. Dabei werden jeweils für einen Monat und für ein begrenztes Seegebiet Häufigkeitsverteilungen für verschiedene Windrichtungen und Windstärkenintervalle berechnet.

186. SHS Im Internet finden Sie auf einer Wetterseite eine Seegangsvorhersage. Dort wird für einen Punkt nördlich der Azoren eine Dünung von 6 Metern vorhergesagt. Können Sie aufgrund dieser Seegangsvorhersage unmittelbare Rückschlüsse auf die dort gleichzeitig vorherrschenden Windgeschwindigkeiten ziehen? (mit Begründung).

Nein!

Wir wissen: Dünung ist Seegang, der dem erzeugenden Windfeld voraus läuft, sowie abklingender Seegang (alter Seegang). Daher können die Windgeschwindigkeiten an diesem Punkt nördlich der Azoren nicht aus der Höhe der Dünung ermittelt werden. Einzelne Wellen können doppelt so hoch oder höher sein.

187. SHS Was ist die Saffir-Simpson-Skala und wie ist sie unterteilt?

Die Saffir-Simpson-Skala ist eine Scala, welche die unterschiedlichen Intensitäten der tropischen Wirbelstürme nach der Windgeschwindigkeit und der Höhe der Sturmfluten (Auswirkungen) unterscheidet. Dabei gibt es 5 unterschiedliche Intensitäten.

Wetterkunde — Hurrikans, Passate, ITCZ

188. SHS Warum ziehen tropische Zyklone (weltweit) anfangs meistens West- bis Nordwest?

Ursache:
Der meistens gut ausgeprägte subtropische Hochdruckgürtel übernimmt eine steuernde Funktion mit seinen östlichen Winden auf der dem Äquator zugewandten Seite.

189. SHS Geben Sie an, worin sich das Druckgebilde eines tropischen Wirbelsturmes von dem einer Zyklone im Nordatlantik grundsätzlich unterscheidet, wenn von Luftdruck und Windstärken abgesehen wird.

Tropische Wirbelstürme haben keine Fronten, während zu jeder ausgeprägten Zyklone im Nordatlantik Warm- und Kaltfront gehören.

190. SHS Beschreiben Sie die Faktoren, von denen Seegang (ausgeprägter Seegang) abhängig ist.

Seegang ist abhängig von folgenden Faktoren:

- Wirkdauer des Windes,
- Wirkstärke des Windes,
- Wirklänge des Windes (Fetch),
- Wassertiefe (muss für „ungestörten Seegang" größer sein als die halbe Wellenlänge).

191. SHS Erklären Sie, wie sich eine Dünung entwickelt.

Sobald der Wind an Stärke verliert und abflaut und somit nicht mehr auf die Wellenbewegung einwirkt, verliert der Seegang seine Form. Es entwickeln sich lang gezogene abgerundete Wellen, die als Dünung mit großer Geschwindigkeit über große Seegebiete wandern.

192. SHS In welchen Seegebieten auf der Nordhalbkugel sind mindestens drei der notwendigsten Bedingungen für die Entstehung tropischer Wirbelstürme erfüllt, sodass dort mit ihnen gerechnet werden muss?

Corioliskraft, Wassertemperatur über 27°C und die ITCZ als tropische Störung mit Luftdruckabfall treten gemeinsam auf im:

- westlichen Nordatlantik,
- östlichen Nordpazifik,
- nördlichen indischen Ozean.

Hurrikans, Passate, ITCZ — Wetterkunde

193. SHS Wie sieht die idealisierte Zugbahn von tropischen Wirbelstürmen auf der Nordhalbkugel aus? Nennen Sie die Bahnabschnitte und geben Sie die Zuggeschwindigkeiten an, die dort auftreten können.

- Äquatorialer Ast (v< 12,5 kn),
- Scheitel „Trödelstadium" zwischen 20° und 30° N (v ca. 5-8 kn),
- Polarer Ast (v > 12,5 kn).

194. SHS Welche Ziele können mit einer meteorologischen Reiseplanung verfolgt werden?

Die meteorologische Navigation kann folgendes zum Ziel haben:

- die kürzeste Route,
- die schnellste Route,
- die zeitlich optimale Route,
- die Route mit begrenzter mechanischer Beanspruchung,
- die Route nach persönlichen Vorlieben.

195. SHS Nennen Sie die Richtung der Passatwinde, getrennt nach Nord- bzw. Südhalbkugel, sowie den Grund für die Richtungen und schätzen Sie die Passatwindstärken im Bereich des Atlantiks ab.

Zwischen den subtropischen Hochdruckgürteln und der ITCZ herrscht ein Druckgefälle zum Äquator hin. Dieses hat Nordwind auf der Nordhalbkugel und Südwind auf der Südhalbkugel zur Folge. Die Corioliskraft verursacht eine Rechtsablenkung (Nord) bzw. Linksablenkung (Süd) der Luftteilchen, sodass die NE-Passate auf der Nordhalbkugel, bzw. die SE-Passate auf der Südhälfte entstehen. Die Windstärken im Gebiet des Atlantiks liegen bei ca. 4-5 Bft, an der Westküste Afrikas bei ca. 5-6 Bft.

196. SHS Machen Sie Angaben über die Unterschiede von tropischen und außertropischen Zyklonen.

Tropische Zyklonen:

- haben keine Fronten aber ein Auge (Windstill),
- entstehen nur innerhalb der Tropen,
- beziehen ihre Energie in erster Linie aus der Verdunstung der tropischen Ozeane (freiwerdende Wärme bei der Kondensation des Wasserdampfes)
- ihr Zentrum ist wärmer als die Umgebung,
- die stärksten Winde treten in Bodennähe auf.

Wetterkunde — Hurrikans, Passate, ITCZ

Außertropische Zyklonen :

- haben in der Regel Warm- und Kaltfronten, aber kein Auge,
- kommen nur außerhalb der Tropen vor,
- beziehen ihre Energie in erster Linie aus den vorhandenen horizontalen Temperaturgradienten (Gegeneinander führen von warmen und kalten Luftmassen),
- ihr Zentrum ist kälter als die Umgebung,
- die stärksten Winde treten in der oberen Atmosphäre auf

Seemannschaft

DAS FAHRZEUG

1. SSS Warum tragen die herkömmlichen Großsegler nicht ihre ganze Segelfläche an einem Stück?

Weil es sowohl Grenzen hinsichtlich der Reißfestigkeit des Tuches als auch der Beherrschbarkeit des einzelnen Segels durch Mensch und Mechanik gibt.

2. SSS Was ist die Bedeutung der **Düse**?

Bei Sluptakelung entsteht ein Spalt zwischen Vorsegel und Hauptsegel, die „Düse". Hier entsteht eine höhere Strömungsgeschwindigkeit der Luft, welches einen zusätzlichen Vortrieb erzeugt.

3. SSS Wozu dient bei einer Slup das 7/8- oder 3/4-Rigg?

Das 7/8 oder 3/4 Rigg ermöglicht es den Mast mit dem Achterstag so zu biegen, dass der Großsegelbauch nach vorne herausgezogen und das Segel flach getrimmt wird.

Bei einer 7/8 oder 3/4 Rigg ist die Windanfälligkeit und Kentergefahr bei einer plötzlich einfallenden Böe geringer.

4. SSS Weshalb steht bei einer Yawl der Besanmast so weit achtern?

Er bildet dadurch einen langen Hebelarm, mit dem sich die Trimmwirkung leichter erzielen lässt.

5. SSS Weshalb ist bei der Ketsch das Besansegel kleiner als das Großsegel?

Wegen der Strömung bei „Amwindkursen".

6. SSS Wo liegt der Vorteil des Schoners?

Bessere Raumwind- und „Vormwindeigenschaften". Besserer Schub in aufgefiertem Zustand.

7. SSS Worin liegt der Sicherheitsgewinn bei modernen Rollreffanlagen?

Vom Cockpit aus bedienbar, einfache Bedienung, leichte und stufenlose Veränderung der Segelfläche im Bezug auf den Wind.

Das Fahrzeug — Seemannschaft

8. SSS Welche besonderen Vorkehrungen sind bei Rollreffanlagen für die Sturmbesegelung erforderlich?

Für besondere Sturmfocks muss bei vorhandenem Rollvorsegel ein eigenes Stag gesetzt werden können.

9. SSS Worin liegt die Bedeutung der Crewführung für das Manövrieren unter Segel?

Es ist wichtig, dass die Crew den Ablauf der Manöver kennt und jeder Einzelne seine Aufgaben und Kommandos beherrscht.

10. SSS Nennen Sie den Begriff des bordseitigen Verfahrens, mit dem die Segeleigenschaften des Schiffes verbessert werden können.

Optimierung der **Trimmung**.

11. SSS Was sind die täglichen Kontrollen für die Betriebssicherheit des Motors? Was wird nach dem Starten des Motors kontrolliert?

Täglich sind Ölstand, Kühlwasserstand, Keilriemenspannung, Seewasserfilter und die Motorbilge zu überprüfen. Nach dem Starten wird auf Kühlwasseraustritt, Öldruck und Ladestrom geachtet.

12. SSS Was ist zu tun, wenn die Kühlwassertemperatur zu hoch ist?

Bei zu hoher Kühlwassertemperatur ist der Motor abzustellen, Seewasserfilter, Kühlwasserausstoß und Kühlwasserstand des inneren Kreislaufs kontrollieren.

13. SSS Was ist zu tun, wenn der Öldruck fällt?

Motor sofort abstellen und Ölstand prüfen.

14. SSS Was ist zu überprüfen, wenn der Motor nicht anspringt?

Batteriestand; eventuelle Kondenswasserbildung im Tank; Kraftstoffhahn kontrollieren; kann der Propeller frei drehen?

15. SSS Der Motor bleibt während des Betriebes plötzlich stehen. Nennen Sie zwei mögliche Ursachen.

- Unterbrechung der Kraftstoffzufuhr
- Blockierter Propeller

Seemannschaft — Das Fahrzeug

16. SSS Wie wird der Kraftstofffilter / die Einspritzpumpe entlüftet?

Man öffnet die Entlüftungsschraube auf dem Gehäusedeckel des Hauptkraftstofffilters und die auf der Einspritzpumpe, wodurch Kraftstoff angesaugt und zum Hauptfilter gepumpt wird. Dieser muss komplett gefüllt werden. Die letzte Luft drückt man noch an der bereits eingesetzten Entlüftungsschraube vorbei, während man sie langsam dicht zieht. Jetzt pumpt man weiter bis auch aus der Einspritzpumpe keine Luft mehr austritt.

17. SSS Wie fährt man unter Motor eine möglichst enge Kurve?

Um unter Motor enge Kurven zu fahren stoppt man die Yacht zunächst auf, um bei erneutem Anfahren den Anstrahleffekt bzw. Radeffekt voll zu nutzen.

18. SSS Wie nimmt man (Yachtstellung) bei ausgeprägtem Schraubeneffekt (Radeffekt) rückwärts Fahrt auf?

Da beim Rückwärtsanfahren zunächst keine Ruderwirkung vorhanden ist, muss die Yacht vor dem Fahrtaufnehmen rückwärts, entsprechend schräg zur vorgesehenen Fahrtrichtung angestellt werden.

19. SSS Was ist zu beachten, wenn die Yacht bei Seitenwind aufgestoppt wird?

Sobald ein Schiff aufgestoppt wird, driftet sein Bug nach Lee weg (auf ausreichend Raum achten). Im Wind stehend kann man das Schiff unter Motor recht gut halten; mit kleinen Schüben voraus und Ruderlage lässt sich ihre Lage korrigieren.

20. SSS Wie stelle ich als schleppendes Fahrzeug meine eigene Steuerfähigkeit sicher?

Die Schlepptrosse wird auf dem eigenen Schiff durch eine der beiden achteren Lippklampen auf die Genuawinsch geführt. Außerhalb der Lippklampe wird mit einem Stopperstek ein zweites Tau an der Schlepptrosse angeschlagen und durch die zweite Lippklampe auf die andere Genuawinsch geführt. Auf diese Weise kann der Zug wahlweise zwischen Backbord und Steuerbord verlagert werden.

21. SSS Warum sollte man vermeiden in eine durchhängende Schlepptrosse einzurucken?

Es ist gefährlich, weil die Kräfte, die beim Einrucken entstehen, unberechenbar sind.

22. SSS Unter welchen Umständen bietet sich Längsseitsschleppen an und wann nicht?

Wenn das zu schleppende Fahrzeug z.B. innerhalb eines Hafens bugsiert werden soll, bietet es sich an längsseits zu schleppen. Längsseitsschleppen ist unter Yachten nur in ruhigen Gewässern möglich. Schon bei leichtem Seegang arbeiten sich die Fender heraus und die Schiffe schaben aneinander.

23. SSS Warum muss der Schlepper beim Längsseitsschleppen möglichst weit achtern beigetaut werden?

Damit die Schubrichtung möglichst längst gerichtet ist.

24. SSS Was muss man bei Übernahme einer Charteryacht über deren elektrische Anlage in Erfahrung bringen?

Wichtig ist, dass eine zweite Batterie (Starterbatterie) an Bord ist.

25. SSS Wie sind die Batterien einer manuell zu bedienenden Zweibatterieanlage während des Motorens und während des Segelns zu schalten?

Beide Batterien werden bei manuellen Anlagen mit dem Batteriehauptschalter wahlweise bzw. während des Motorens gleichzeitig (damit beide geladen werden) oder einzeln (wenn der Motor nicht läuft) zugeschaltet.

26. SSS Wo findet man auf einer Segelyacht üblicherweise die Sicherungen der Starkstromkreise?

In der Regel hinter der Schalttafel in der Navigationsecke.

27. SSS Was ist ein FI-Schalter und wo wird er an Bord verwendet?

Ein FI-Schalter wird zur Absicherung gegen Stromschläge, direkt hinter dem Stromeingang angebracht. FI-Schalter spüren die geringste Fehlstromabgabe und schalten die Stromversorgung des Systems sofort ab.

28. SSS Resümieren Sie die wichtigsten regelmäßigen Wartungsarbeiten an der Bordelektrik.

In regelmäßigen Zeitabständen:

- Säurestand von der Batterie prüfen
- Batteriekontakte / -pole auf festen Sitz prüfen und einfetten
- Batteriebefestigung kontrollieren
- Verkabelung hinter der Schalttafel prüfen

Seemannschaft — Das Fahrzeug

29. SSS Welche Ladespannung darf nicht überschritten werden und weshalb?

Eine Ladespannung von 14,3 Volt darf nicht überschritten werden, da sonst die Batterie zu „kochen" (Gasen) beginnt.

30. SSS Weshalb können Flüssiggasanlagen an Bord gefährlich sein?

Ausströmendes Gas kann sich unbemerkt im Schiffsinneren sammeln und bildet mit Luft ein explosives Gemisch. Es ist schwerer als Luft und verdrängt die Atemluft, somit bringt es Erstickungsgefahr für an Bord Schlafende mit sich.

31. SSS Warum sollte man bei ausströmendem Gas angeschaltete elektrische Anlagen nicht ausschalten?

Wegen der Schaltfunken.

32. SSS Nach welchen Grundsätzen wird eine Gasanlage gemäß Richtlinien der DVGW installiert?

Die Gasflasche muss in einem Raum, der nur von oben zugänglich, zum Schiffsinneren dicht abgeschlossen und mit einer nach außen führenden Lüftung versehen ist, verstaut sein.

33. SSS Welche Überwachungsarbeiten sind bei Gasanlagen erforderlich?

Sicht- und Geruchskontrolle.

Im Verdachtsfalle durch bepinseln mit Seifenwasser die Dichtigkeit überprüfen. Auf Korrosion, Scheuer- und Knickstellen ist zu achten.

34. SSS Was sollte der Skipper für den täglichen Umgang mit der Gasanlage anordnen?

Klare Sicherheitsregeln aufstellen, wie z.B.:

Absperrhähne grundsätzlich nach Gebrauch schließen.

STABILITÄT DES SCHIFFES / SICHERHEITSAUSRÜSTUNG

35. SSS Wie entsteht bei einer Segelyacht das Krängungsmoment, und wie verhält es sich bei zunehmenden Krängungswinkeln?

Der Krängungsmoment entsteht durch den seitlichen Druck des Windes einerseits und durch die Rückhaltekraft des angeströmten Unterwasserschiffes, sowie durch den Abstand zwischen diesen beiden Kräften. Da sich mit zunehmender Krängung immer weniger Segelfläche dem Wind stellt, verringert sich das Krängungsmoment zunehmend.

36. SSS Wie entsteht das „aufrichtende Moment"?

Das „aufrichtende Moment" wird aus dem Kräftepaar bestehend aus Auftriebs- und Gewichtskraft und dem dazwischen liegenden Abstand (Hebelarm) gebildet.

37. SSS Wie verhält sich bei einer vorwiegend gewichtsstabilen Segelyacht das „aufrichtende Moment" über den gesamten Krängungsbereich?

Bei einer vorwiegend gewichtsstabilen Segelyacht wird das „aufrichtende Moment" im wesentlichen durch die tiefe Lage des Gewichtsschwerpunktes bedingt, der bei Krängung pendelartig auswandert. Da auf diese Weise der Hebelarm bei zunehmender Krängung ständig zunimmt, steigt auch das aufrichtende Moment entsprechend an.

38. SSS Was bedeutet eine erhöhte Verdrängung für das „aufrichtende Moment" einer Segelyacht?

Die erhöhte Verdrängung bedeutet größere Gewichts- und Auftriebskraft. Dadurch wird das aufrichtende Moment und damit die Stabilität verstärkt.

39. SSS Bei welchen Krängungswinkeln wirkt sich die Freibordhöhe auf das aufrichtende Moment aus?

Die Freibordhöhe geht erst bei Krängungswinkeln um 90° in die Stabilität ein. Hier bewirkt sie eine Verlagerung des Auftriebsmittelpunktes nach oben (auf das Schiff bezogen), wodurch der horizontale Abstand zum Gewichtsmittelpunkt, also der Hebelarm des „aufrichtenden Moments", vergrößert wird.

40. SSS Wie wirkt sich das Reffen auf das krängende und wie auf das aufrichtende Moment aus?

Durch Reffen wird der seitliche Druck auf das Rigg und somit das krängende Moment verringert. Auf das aufrichtende Moment hat das Reffen keinen Einfluss.

Seemannschaft — Stabilität des Schiffes, Sicherheit

41. SSS Bei Yachten spricht man von der Segeltragkraft - Wovon hängt diese ab?

Segeltragkraft ist ein gebräuchlicher Ausdruck für die Größe des aufrichtenden Moments bei geringen Krängungswinkeln, also bei 10° bis 25°. Die Segeltragkraft hängt somit hauptsächlich von der Verdrängung und von der Breite des Schiffes ab.

42. SSS Was bedeutet hinsichtlich der Stabilität die Aussage, es handele sich bei einer Segelyacht um ein steifes oder um ein weiches Schiff, und wie wirken sich diese Eigenschaften auf das Seeverhalten und auf die Segeleigenschaften aus?

Bei Segelyachten betrifft die Steifheit des Schiffes hauptsächlich die Anfangsstabilität.

Ein steifes Schiff hat große und ein weiches kleine Anfangsstabilität. Ein weiches Schiff rollt langsam und ausholend in der See, ein steifes Schiff reitet dagegen hart auf den Wellen. Ein weiches Schiff krängt unter einer einfallenden Bö weg, ein steifes Schiff dagegen widersetzt sich ihr, mit dem Risiko, dass die Segel reißen.

43. SSS Was versteht man unter metazentrischer Höhe, was sagt sie aus und weshalb wird der Begriff nicht bei Segelfahrzeugen gebraucht?

Die **metazentrische Höhe** ist der Abstand auf der Schiffshochachse zwischen dem Metazentrum und dem Massenschwerpunkt. Das Metazentrum ist der Schnittpunkt der geneigten Schiffshochachse mit der senkrechten, die durch den Formschwerpunkt führt.

Die **Größe der metazentrischen Höhe** ist ein Maß für die Stabilität des Schiffes bei einem bestehenden Krängungswinkel. Bei Segelfahrzeugen ist die metazentrische Höhe als Aussage für die Stabilität ungeeignet, weil sie das krängende Moment nicht berücksichtigt.

44. SSS Unter welchen Gesichtspunkten ist die Seetüchtigkeit eines Schiffes zu beurteilen?

In Hinblick auf das Fahrgebiet, in dem das Schiff eingesetzt werden soll, sind zu beurteilen:

- die Bauart der Yacht
- Entwurfskategorie bzw. CE-Zertifizierung (A,B,C oder D) / GL Klassifizierung
- der Pflege- und Verschleißzustand
- die Inneneinrichtung
- die Ausrüstung
- die Versorgungsmöglichkeiten für die Besatzung.

Stabilität des Schiffes, Sicherheit — Seemannschaft

45. SSS Mit welchen Begriffen kann man die Stabilität eines Schiffes erläutern?

- Aufrichtendes und krängendes Moment
- Anfangs- und Endstabilität
- Massenmittelpunkt (Gewichtsschwerpunkt)
- Auftriebsschwerpunkt (Formschwerpunkt)
- Hebelarm zwischen Massenmittelpunkt und Auftriebsschwerpunkt
- Hebelarm zwischen Windkraft und Gegenkraft des Unterwasserschiffes, sowie der dazwischen liegende Hebelarm
- Metazentrum und metazentrische Höhe.

46. SSS Was versteht man unter dem Stabilitätsumfang einer Yacht?

Der Stabilitätsumfang einer Yacht. 0° -180° setzt sich zusammen aus dem Bereich der positiven Stabilität, aus der die Yacht sich wieder aufrichtet (sichere Zone) z.B. Krängungswinkel 0° - 125° und dem Bereich der negativen Stabilität 125° - 180° (gefährliche Zone).

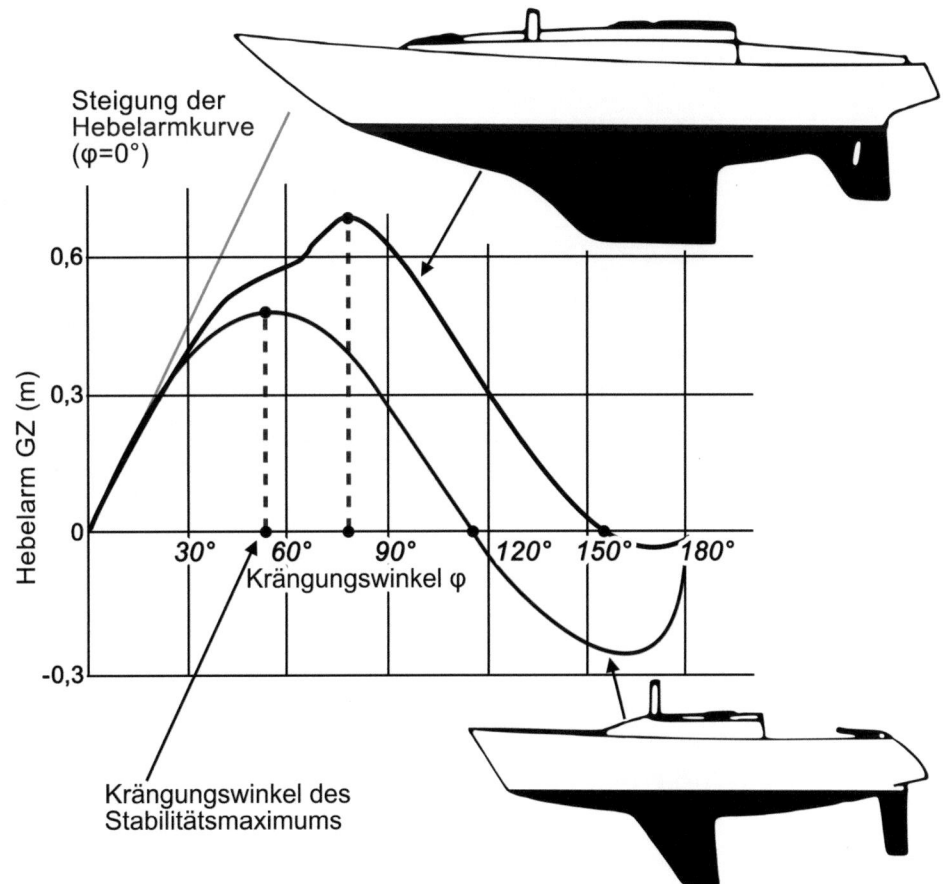

Seemannschaft — Stabilität des Schiffes, Sicherheit

47. SSS Was versteht man unter einer **steifen** Yacht und welche Vor- und Nachteile haben steife Yachten? Beschreiben Sie in Stichworten für eine **steife** Yacht die folgenden Stabilitätsparameter:
Anfangsstabilität, Endstabilität, Hebelarmlänge, Stabilitätsumfang, Stabilitätskurve, Formstabilität

Eine Yacht nennt man steif, wenn sie nicht schnell krängt (im Gegensatz zu einer ranken Yacht).

Vorteile: Hohe Anfangsstabilität, großes Segeltragvermögen, später Reffpunkt, viel Raum unter Deck.
Nachteile: Unangenehmes Segelverhalten bei rauer See, geringere Endstabilität.

Die typischen Stabilitätsparameter einer steifen Yacht: Hohe Anfangsstabilität, geringere Endstabilität. Geringerer Stabilitätsumfang. Die Stabilitätskurve steigt zunächst sehr steil an, erreicht spät ihr Maximum und fällt steil wieder ab. Hoher formstabiler und geringerer gewichtstabiler Anteil. Hoch liegender Gewichtsschwerpunkt.

48. SSS Was versteht man unter einer **ranken** Yacht und welche Vor- und Nachteile haben **ranke** Yachten? Beschreiben Sie in Stichworten für eine ranke Yacht die folgenden Stabilitätsparameter.
Anfangsstabilität, Endstabilität, Hebelarmlänge, Stabilitätsumfang, Stabilitätskurve, Formstabilität

Eine Yacht nennt man rank, wenn sie schnell krängt (im Gegensatz zu einer steifen Yacht)

Vorteile: Angenehmeres Segelverhalten, höhere Endstabilität, höherer Stabilitätsumfang.
Nachteile: Geringeres Segeltragvermögen, früherer Reffpunkt, eventuell geringere Amwindgeschwindigkeit, weniger Raum unter Deck.

Typische Stabilitätsparameter einer ranken Yacht: Geringere Anfangsstabilität, höhere Endstabilität, größerer Stabilitätsumfang. Die Stabilitätskurve steigt zunächst nicht sehr steil an, erreicht dafür aber später ihr Maximum und hat später bei ca. 160° Neigung ihren Nulldurchgang. Geringerer formstabiler und höherer gewichtstabiler Anteil.

49. SSS Inwiefern ist der Stabilitätsumfang für eine durchgekenterte kieloben treibende Yacht bedeutsam. Erläutern Sie Ihre Antwort am Beispiel einer Yacht mit 125° Stabilitätsumfang?

Der Stabilitätsumfang einer durchgekenterten Yacht von 125° bedeutet, dass diese Yacht sich wieder selbsttätig aufrichtet, wenn der Krängungswinkel kleiner als 125° wird. Was beispielsweise durch Winddruck auf den aus dem Wasser stehenden Kiel oder Schräglage durch See bewirkt werden kann.

Stabilität des Schiffes, Sicherheit — Seemannschaft

50. SSS Wie schätzen Sie einen Stabilitätsumfang von 135° für eine seegehende Yacht ein?

Ein Stabilitätsumfang von 135° bedeutet, dass der Bereich der positiven Stabilität (sichere Zone) von 0°-135° reicht und somit besser und sicherer ist als ein Stabilitätsumfang von 125°.

51. SSS Trotz üblicher Bilgekontrollen entdeckt man plötzlich, dass Wasser über die Bodenbretter schwappt. Was ist zu tun?

All Hands! Die Notrolle "Wassereinbruch" wird ausgelöst. Gemäß Einteilung werden die Bodenbretter abgenommen und der gesamte Bilgenbereich mit allen Borddurchlässen und Rohrverbindungen (falls es sich um Süßwasser handelt) kontrolliert. Alle Lenzpumpen werden eingesetzt und zusätzlich Pützen. Wenn das Leck nicht gefunden und repariert werden kann, ist mit allen Mitteln gegenanzupumpen. Dabei sind immer wieder die Saugkörbe zu klarieren/reinigen. Gelingt das Gegenanpumpen nicht, muss das Ausbooten vorbereitet und der Seenotfunkverkehr aufgenommen werden. Wenn die Gelegenheit besteht, ist eine flache Küste anzusteuern und das Schiff auf den Strand zu setzen.

52. SSS Welche Mann-Über-Bord-Manöver kennen Sie und nach welchen Hauptmerkmalen wählen Sie eines aus?

Aus Amwindkurs:
Grundmanöver – ablaufen, Halse, quer anlaufen, aufschießen.

Aus anderen Kursen:
Grundmanöver – ablaufen, Q-Wende, quer anlaufen, aufschießen.

Bei Seegang am Wind:
Quickstop – sofort durch den Wind, abfallen, runden, aufschießen.

Bei Seegang mit halbem Wind:
Beidrehmanöver – nach 2 Längen durch den Wind, abfallen und mit bachstehendem Segel ansteuern, anluven.

Bei Seegang Raumschots:
Tear-Drop-Manöver – anluven, Schoten der Fock los, aufschießen.

Das Manöver wird nach den folgenden Kriterien ausgewählt:

- es muss beherrscht werden,
- für den Seegang geeignet sein,
- schnell gehen, damit der Sichtkontakt nicht verloren geht.

Seemannschaft — Stabilität des Schiffes, Sicherheit

53. SSS Erläutern Sie die Begriffe **Streckbug** und **Holebug**.

Unter **Holebug** versteht man den Kurs, auf dem man gegen dem Wind an Höhe gewinnt, sich aber dem Bestimmungsort nicht merklich nähert. Auf dem **Streckbug** verfolgt man den Kurs, auf dem man wenig Höhe gewinnt, aber in Richtung des Zieles Strecke gutmacht, d.h. die Distanz zum Bestimmungshafen / Wegpunkt merklich verringert.

55. SSS Wie entsteht der stabile Krängungswinkel?

Das Entstehen und die Größe des stabilen Krängungswinkels wird unter anderem verursacht durch:

- die Freibordhöhe,
- die Entfernung der dipolaren Kraftarme von einander,
- das Gleichgewichtsverhältnis der beiden Kraftarme,
- von dem hydrostatischem Auftrieb und Gewicht / Verdrängung des Schiffes.

56. SSS Definieren sie den Stabilitätsbegriff.

Unter Stabilität eines Schiffes versteht man seine Eigenschaft in aufrechter Lage zu schwimmen und sich aus einer Krängung wieder aufzurichten.

57. SSS Wie groß soll die Stabilität in den verschiedenen Krängungsbereichen sein?

Im maximalen Krängungsbereich (70° bis 90°) sollte noch ein gesundes Polster an Reststabilität vorhanden sein.

58. SSS Auf einer Reise in die nördliche Ostsee werden Sie von einem Schneesturm überrascht. Wasser kommt über und gefriert am Rigg und an Deck. Welche Folgen hat das für die Stabilität Ihres Schiffes? (Die Antwort ist kurz zu begründen).

Wasser an Deck und Eis an Deck und im Rigg verlagern den Gewichtsschwerpunkt nach oben. Das bedeutet grundsätzlich eine Verringerung der Stabilität. Außerdem kann durch asymmetrische Vereisung Schlagseite entstehen, was zusätzlich zu einer Stabilitätsminderung führt.

59. SSS Welche baulichen Eigenschaften bestimmen das aufrichtende Moment bei den Krängungswinkeln?

Die Freibordhöhe.

Stabilität des Schiffes, Sicherheit — Seemannschaft

60. SSS Nach welchen methodischen Grundsätzen ist die Sicherheitseinweisung zu gestalten?

Die Sicherheitseinweisung muss bei jedem Crewwechsel erfolgen. Dabei muss, je nach Kenntnisstand, unterschiedlich in die Tiefe gegangen werden.

Auf den Lernerfolg und nicht auf die Erledigung kommt es an!

Jeder an Bord muss mit der gesamten Sicherheitsausrüstung klar kommen. Zur besseren Effektivität im Notfall sind jedoch schon vor Beginn der Reise „Notrollen" einzuteilen.

(Maschinenausfall, Ruderausfall, Feuer an Bord, Wassereinbruch, Feuer im Schiff, Erste Hilfe, Mann über Bord, Ausbooten in einer Rettungsinsel etc.).

61. SSS Welche Kontrollen und Wartungsarbeiten erfordern die Positionslichter und die Batterie?

Alle Lichter und der Batteriezustand müssen täglich vor Einbruch der Dunkelheit kontrolliert werden.

Als Faustregel gilt: 12,5 Volt für eine volle, 12,0 Volt für eine halbvolle und 11,0 Volt für eine leere Batterie.

62. SSS Erläutern Sie das Funktionsprinzip des Radarreflektors.

Das physikalische Geheimnis bei einem Radarreflektor steckt in den drei jeweils rechtwinklig zu einander stehenden Reflektionsflächen, an denen der Einfallsstrahl dreimal reflektiert wird.

63. SSS Was bedeutet „Yachtstellung" bei der Anbringung von Radarreflektoren?

Eine starre, genau definierte Stellung des Radarreflektors auf dem Mast, bei der die optimale Reflektion nach Voraus und Achteraus gerichtet ist. Bei Segelyachten 35° geneigt und bei Motoryachten um 55° (Regensammeltrichter).

64. SSS Was bedeutet effektive Radarrückstrahlfläche?

Maßeinheit für die Reflexionsleistung eines Radarreflektors ist die „effektive Radarrückstrahlfläche".

Seemannschaft — Stabilität des Schiffes, Sicherheit

65. SSS Rekapitulieren Sie die Grundsätze einer Lenzanlage.

Empfohlen ist: zwei voneinander unabhängige Lenzpumpen, von denen eine von Cockpit/Deck und manuell bedienbar ist und mindestens zwei Pützen mit Leine.

Die Pumpen saugen im Lenzbrunnen (der tiefste Punkt in der Bilge). Dort befinden sich die Lenzkörbe (möglichst großflächige Siebkörper), die an beweglichen Ansaugschläuchen befestigt sind, damit sie während des Lenzvorgangs gehoben und sauber gemacht werden können. Beide Lenzsysteme sollen direkt Außenbords leeren können.

Bei Kreiselpumpen muss ein Rückschlagventil in der Leitung angebracht werden. Die Bilge muss stets sauber und frei von Unrat etc. sein (Bilgendisziplin).

66. SSS Was bedeuten die Brandklassen A, B, C und D ?

A: Brände fester Stoffe.
B: Brände von flüssigen Stoffen.
C: Brände von Gasen.
D: Brände von Leichtmetallen.

67. SSS Welche Feuerlöschertypen eignen sich für eine Yacht am besten und weshalb?

Pulverlöscher für ABCD-Brände und CO_2-Löscher für geschlossene bzw. enge Räume, z.B. den Maschinenraum.

68. SSS Wo haben die Feuerlöscher am besten ihren Bereitschaftsplatz?

Für CO_2-Löscher und Löschdecke ist der Bereitschaftsplatz in der Nähe des Niedergangs; Cockpitbereich, Navi-Ecke, etc. Pulverlöscher in Backskisten.

69. SSS Wer bestimmt die Inspektionsabstände für die Feuerlöscher ?

Fachhandel/Hersteller.

70. SSS Wie wird ein Brand an Bord wirksam bekämpft?

- Alle Öffnungen schließen um die Luft-/Sauerstoffzufuhr zu unterbrechen
- Brennstoffzufuhr (Hauptschalter) unterbrechen
- Feuerlöscher erst am Brandherd betätigen
- Feuer von unten und von vorn bekämpfen
- Löschdecke einsetzen
- Flüssigkeitsbrände nicht mit Wasser bekämpfen

Stabilität des Schiffes, Sicherheit — Seemannschaft

71. SSS Nach welchen Richtlinien sollte die Bordapotheke ausgestattet sein?

- Fahrtgebiet
- Stärke der Besatzung
- Dauer der Reise
- Gesundheitszustand der Besatzungsmitglieder und der medizinischen Vorbildung unter der Besatzung

72. SSS Was bedeutet das Nummernverzeichnis in Zusammenhang mit der empfohlenen Inhaltsliste einer Bordapotheke?

Für die Berufsschifffahrt das Verzeichnis der deutschen See-Berufsgenossenschaft nach der Krankenfürsorgeverordnung.

73. SSS Wie sind Seenotsignalmittel in Bereitschaft zu halten?

In einer verschließbaren und vor Feuchtigkeit geschützten Notfallschap.

74. SSS Wie wird die richtige Handhabung der Seenotsignalmittel im Notfall sicher gestellt?

Handhabung und Einsatz gemäß Sicherheitseinweisung und <u>nur</u> auf Anordnung des Kapitäns.

75. SSS Welches Werkzeug ist für Leckbekämpfung und Bruch im Rigg bereit zu halten?

- unterschiedlich große Rundstopfen
- Dichtungsmaterial
- aufblasbare Gummikissen
- Plastikbandagen
- Axt & Stichsäge
- Stechbeil & Holzkeile
- Metallsäge
- Wantenschneidapparat
- Schraubschlüssel
- Gewebeband

Seemannschaft — Stabilität des Schiffes, Sicherheit

76. SSS Weshalb müssen Sicherheitsgurte und -leinen so hohe Reißfestigkeit haben?

Damit sie das harte Einrucken bei einem freien Fall in der gesamten Länge der Leine aushalten können.

77. SSS Moderne Yacht-Rettungswesten sind automatisch aufblasbar. Nennen Sie die wichtigsten Elemente der Aufblasautomatik.

CO_2-Patrone, wasserlösliche Tablette, Auslösevorrichtung, Blitzlicht, Signalpfeife, Spraycap (atmungsaktiv).

78. SSS Welche ergänzenden Vorrichtungen muss eine automatisch aufblasbare Rettungsweste haben?

Manuelle Auslösevorrichtung, Mundaufblasvorrichtung, Doppeltontrillerpfeife

79. SSS Welche Teile einer Rettungsweste müssen Sie regelmäßig auf Funktionstüchtigkeit überprüfen? Begründen Sie diese Maßnahme kurz.

- Unversehrtheit der löslichen Tablette (Spritzwasser kann sie auflösen)
- Füllung der Patrone (kann Gas verlieren)
- Unversehrtheit der Druckkammer (Verletzung, Lagerschaden)

80. SSS Als Schiffsführer sind Sie für die Sicherheit Ihrer Besatzung verantwortlich. Wie entsprechen Sie dieser Verantwortung bezüglich der **Rettungswesten**?

- Rettungsweste pfleglich lagern und warten
- Crew informieren über Funktion der an Bord vorhandenen Rettungswesten
- Anlegen intensiv üben, auch unter erschwerten Bedingungen (Dunkelheit, Seegang, Schräglage des Schiffes)
- Rettungsweste anlegen lassen bei Arbeiten an Deck, besonders bei Wetterverschlechterung und Rettungsaktionen. Bei Nachtfahrten jedes Crew-Mitglied zusätzlich mit „Knicklichtern" bestücken.

81. SSS Wie funktioniert eine moderne Automatik-Rettungsweste? Welche Eigenschaften dienen der Ohnmachtsicherheit?

Ohnmachtsicher bedeutet:
Der regungslose Körper wird im Wasser aufgerichtet und nach hinten übergelehnt und so unter dem Kopf abgestützt, dass die Mundwinkel hoch genug über der theoretischen Wasserlinie zu liegen kommen. Das Aufrichten besorgen die übergroßen Brust-

Schwimmkörper. Die Auslöseautomatik funktioniert mit Hilfe einer wasserlöslichen Tablette. Sie blockiert einen federgespannten Schlagbolzen. Beim Eintauchen löst sich die Sperre innerhalb von Sekunden und der Schlagbolzen schlägt eine Öffnung in die kleine Druckflasche was wiederum zum Aufblasen der Schwimmkörper führt.

82. SSS Wann werden Rettungsgurte und Rettungswesten getragen?

Auf Anordnung des Kapitäns; abhängig von Sichtverhältnissen, Wetter und Seegang.

83. SSS Wo pickt man sich ein? Im Cockpit, auf dem Weg nach vorn und bei der Arbeit am Mast?

Im Cockpit: Augbolzen. Auf dem Weg nach Vorn: Strecktau oder Laufleine. Bei der Arbeit am Mast: an den Mast-fuß.

84. SSS Welche Rettungsmittel empfiehlt die Kreuzer-Abteilung für den Mann-Über-Bord Fall?

Leuchtboje, Rettungsschwimmkörper, Rettungskragen oder Taglie, Wurfleine.

85. SSS Wie sollen Rettungskragen und Markierungsboje in Bereitschaft gefahren werden und mit welcher Begründung?

Rettungskragen und Markierungsboje sind so am Heckkorb zu befestigen, dass man sie **mit zwei Griffen** entnehmen und über Bord werfen kann. Mit zwei Griffen, weil sie gegen überkommendes Wasser gesichert sein müssen.

86. SSS Wie sollte die Wurfleine vorbereitet sein?

Da die Wurfleine schwimmfähig sein soll, ist sie leicht und somit schlecht weit zu werfen. Daher sollte am Ende ein Rettungskragen oder ein Kiessäckchen befestigt sein.

87. SSS Wie groß muss das Fassungsvermögen der Rettungsinsel sein?

Es muss Platz für die gesamte Besatzung vorhanden sein.

88. SSS Wie sieht eine Rettungsinsel aus? Was sind ihre wesentlichen Eigenschaften?

Die Rettungsinsel muss im Behälter verpackt schwimmfähig sein, darf im Seegang nicht kentern, muss ein Dach haben und von einer Person aus der Kopfüberlage aufrichtbar sein.
Sie muss eine Einstiegshilfe, separate Luftkammern und einen wärmeisolierten Boden haben und muss CE zertifiziert sein.

Seemannschaft — Seetüchtigkeit, Verhalten in Notfällen

89. SSS Womit sind nach Sicherheitsrichtlinien die Rettungsinseln ausgerüstet?

Rettungswurfring, Messer, Lampe, Ösfaß, Schwamm, Paddel, Treibanker, Flickzeug, Tabletten gegen Seekrankheit und Survival-Anweisung.

90. SSS Was gehört in die zusätzlich empfohlene Nottasche für die Rettungsinsel?

Zweiter Treibanker mit Leine, Lebensmittelrationen, Frischwasser, Erste Hilfe, Handfackeln, Tagessignalspiegel, Nylongarn, Plastiktüten, Handsprechfunkgerät.

91. SSS Was ist vor dem Ausbooten in die Rettungsinsel grundsätzlich zu tun?

Warme Sachen anziehen, Notsignallampe, Taschenmesser und wichtige Dokumente mitnehmen, möglichst reichlich warme Getränke trinken.

92. SSS Wie bringt man die Rettungsinsel aus? Wie richtet man sie falls nötig auf? Wie steigt man über?

Nach Lee über Bord bringen, kräftig an der Leine ziehen. Erforderlichenfalls angeleinte Person ins Wasser lassen zum Aufrichten.

SEETÜCHTIGKEIT / VERHALTEN IN NOTFÄLLEN

93. SSS Wodurch erhält man beim Erwerb einer Yacht eine Garantie für deren Seetüchtigkeit?

Durch einen Qualitätsnachweis (CE-Kennzeichnung), erteilt von der Germanischen Lloyd (die technische Überwachungsorganisation für die Schifffahrt).

94. SSS Wie wirkt sich die bauliche Auslegung einer Yacht für verschiedenen Verwendungszwecke auf die Seetüchtigkeit aus?

Yachten, die z.B. für Regatta- oder für Rennzwecke ausgelegt sind, sind im schweren Wetter zwangsläufig empfindlicher als biedere Fahrtenyachten. Als Faustregel gilt: wenn sich eine Yacht aus einer Krängung von 90° problemlos wieder aufrichten kann (stabile Krängungswinkel), so gilt sie als hochseetüchtig.

Seetüchtigkeit, Verhalten in Notfällen — Seemannschaft

95. SSS Wie nennt man Organisationen welche die Seetüchtigkeit überprüfen? Wie heißt die deutsche Organisation? Was bedeutet in diesem Zusammenhang das Zeichen +100A5?

- Klassifikationsgesellschaft.
- Die deutsche Klassifikationsgesellschaft ist der "Germanische Lloyd" mit Sitz in Hamburg.
- Klassifizierung einer Yacht durch den Germanischen Loyd zu 100% für 5 Jahre. Nach diesem Zeitraum ist die Überprüfung zu wiederholen.

96. SSS Nennen Sie einige allgemeine Kriterien der Seetüchtigkeit einer Segelyacht.

Seetüchtigkeit des Schiffes
Ausreichende Größe, Stabilität über alle Krängungswinkel, ausreichende Festigkeit des Ricks, Festigkeit der Aufbauten gegen Seeschlag, Sicherheit aller Luken, Fenster und Lüfter, selbstlenzendes Cockpit.

Seetüchtigkeit der Ausrüstung
Zuverlässigkeit und Dauerbelastbarkeit des Motors, genügend Tankkapazität für Treibstoff und Wasser, ausreichende Navigationsmittel, Zuverlässigkeit des Ankergeschirrs, Ausrüstungsgegenstände gemäß der Sicherheitsrichtlinien der Kreuzerabteilung. Auf Aktualität der Seekarten und entsprechender Nautischer Literatur.

97. SSS Nach welchen Richtlinien orientiert man sich bei Art und Umfang der Ausrüstung in der Sportschifffahrt?

Nach den Sicherheitsrichtlinien der Kreuzerabteilung.

98. SSS Gibt es über die Sicherheitsrichtlinien der Kreuzerabteilung hinaus Ausrüstungserfordernisse?

Über die Sicherheitsrichtlinien der Kreuzerabteilung sollte ferner bedacht werden: Zuverlässigkeit und Dauerbelastbarkeit des Motors, Ersatzteile für Routineausfälle, Halbzeuge aus Holz, Gummi und Niro für improvisierte Reparaturen, Vorrat an Brennstoff für Heizung, Vorrat an Schmier- und Pflegestoffen, Batteriekapazität, Beiboot und Zuverlässigkeit und ausreichende Größe des Ankergeschirrs.

99. SSS Welche Gesichtspunkte bestimmen den Umfang der Besatzung bei einem Ein-Wach-System?

Ein Ein-Wach-System ist nur dann zu verantworten, wenn man allabendlich einen Hafen oder eine Ankerbucht anlaufen kann.

Seemannschaft — Seetüchtigkeit, Verhalten in Notfällen

100. SSS Was versteht man unter einem „geeignetem" Mitglied der Besatzung?

Unter geeigneten Helfern sind solche zu verstehen, die unter knapper Anleitung mit den üblichen Kommandos ihren Part beim Manöver selbständig übernehmen können.

101. SSS Unter welchen Bedingungen ist ein Mehrwach-System erforderlich?

Ein Zweiwach- oder Mehrwach-System ist erforderlich, wenn längere Strecken auf See verbracht werden müssen („Ständige Fahrt").

102. SSS Wonach richtet sich die Anzahl der Tage, für die verproviantiert wird? Was ist zu bedenken, wenn man die Größe des Planungsetmals festlegt?

Der Proviant sollte nicht nur für die Fahrzeit kalkuliert werden, sondern auch für den Fall, dass die Küste z.B. wegen widrigen Wetters etc. nicht angelaufen werden kann. Es muss bei den veranschlagten Etmalen (Segelstrecke in 24 Stunden) von einer vernünftigen Durchschnittsegelleistung ausgegangen werden. Schwerwetterperioden ohne kochen zu können müssen mit einkalkuliert werden. Sollte wegen der langen Dauer der Reise nicht genügend Frischobst und Gemüse eingebunkert werden können, muss an Vitamintabletten gedacht werden. Eine Stauordnung / Proviantierungsplan und eine verantwortliche Person (Verwalter) sind erforderlich.

103. SSS Wie bekommt man das Stauproblem in Griff?

Es muss eine dauerhafte Stauordnung bestehen, in der Gewicht, Verderblichkeit und das Wiederfinden der Lebensmittel die Hauptrolle spielen.

104. SSS Wie kann man seine Segelunternehmung den gegebenen Grenzen der Seetüchtigkeit von Schiff und Besatzung anpassen?

Es ist eine der verantwortungsvollsten Aufgaben des Schiffsführers die Fähigkeiten und Belastbarkeit von Schiff und Besatzung nicht zu überschätzen und seine Reiseplanung entsprechend anzupassen.

Dies wird erreicht durch:
- Beschränkung auf geschützte Reviere,
- Vermeidung von Schwerwetterperioden, Wahl einer Route mit genügend Ausweichmöglichkeiten,
- Rückgriff auf besonders erfahrene Besatzungsmitglieder,
- Wahl einer besonders gut handhabbaren Yacht,
- Vermeidung enger Zeitpläne und Zusammenbleiben mit anderen Yachten.

Seetüchtigkeit, Verhalten in Notfällen — Seemannschaft

105. SSS Wie gelingt es bei folgenden Brandherden am besten einen Entstehungsbrand zu löschen: Ausströmendes Gas, Kabelbrand, Feuer im Maschinenraum?

Ausströmendes Gas:
Bei Bränden aus der Flüssiggasanlage ist als erstes der Abstellhahn zuzudrehen.

Kabelbrand:
Bei Kabelbränden ist die Luftzufuhr zu unterbrechen und der Hauptstromschalter auszuschalten.

Feuer im Maschinenraum:
Bei Bränden im Maschinenraum sind sofort Luft- und Kraftstoffzufuhr zu unterbrechen, der Motor ist abzustellen und der Brand mit CO_2-Löscher zu bekämpfen.

106. SSS Woran ist neben der eigentlichen Löscharbeit zu denken, wenn sich ein Entstehungsbrand ausweitet?

Die Notrolle „Rettungsinsel" könnte in Frage kommen. Damit verbunden sind: Notruf absetzen und wichtige Sachen für die Nottasche zusammenraffen.

107. SSS Welche Maßnahmen sind zu ergreifen, wenn in mitten von Schiffsverkehr bei Flaute der Motor ausgefallen ist?

- Signale für Manövrierunfähigkeit setzen
- Alles versuchen um aus dem Bereich dichten Verkehrs herauszukommen (mit Paddeln, Beiboot und Restschwung)
- Notmeldung absetzen

108. SSS Wie verhält man sich, wenn in einem engen Kanal bei vorlichem Wind die Maschine ausfällt?

Man sollte so schnell wie möglich unter Ausnutzung des Restschwungs auf Gegenkurs gehen, bzw. anzulegen.

109. SSS Welche Sicherheitsvorkehrungen trifft man für den Fall des Motorausfalls bei Hafenmanövern?

Anker klarmachen zum Fallen und mit der Restfahrt nach Luv aufschießen und Kurs halten, bei kleineren Yachten Segel klar zum Setzen.

Seemannschaft — Seetüchtigkeit, Verhalten in Notfällen

110. SSS Wie rettet man die Lage, wenn bei einem Hafenmanöver einer der Steuerzüge für Gas oder Getriebe bricht?

Zunächst ist die Yacht mit noch bestehender Fahrt aus dem Hindernisbereich herauszufahren. Anschließend schickt man einen Maschinengast (Notrolle) nach unten, der nach Maschinenkommandos den Gashebel an der Einspritzpumpe oder den Schalthebel am Getriebe betätigt.

Bricht gerade beim Aufstoppen der Getriebezug, gibt man wegen der ausbleibenden Wirkung unwillkürlich mehr Gas mit dem Hebel in Rückwärtsstellung, dieses jedoch verstärkt nur die Fahrt nach vorn, weil am Getriebe noch der Vorwärtsgang eingelegt ist.

111. SSS Wie erleichtert man sich das Steuern mit der Notpinne?

Die Fahrt herabsetzen und einen angenehmeren Kurs zum Wind wählen.

112. SSS Wie behilft man sich, wenn die Notpinne nicht die Steuerfähigkeit zurückgibt?

Man sollte versuchen das Ruderblatt direkt zu bewegen. Manche Segelschiffe haben ein Loch in der hinteren oberen Ecke des Ruderblattes, wodurch man einen Tauknoten und an dessen beiden langen Enden das Ruder hin und her bewegen kann.

113. SSS Welche Verhaltensgrundsätze sind zu beachten, wenn Schlepphilfe in Anspruch genommen werden muss?

Ständige Zeichen-, Ruf- oder Funkverbindung mit dem Schlepper, kräftige Befestigung der Schleppleine an Deck mit Möglichkeit zum Loswerfen unter Zug. Schleppleine durch die Bugklüse oder Lippklampe führen, Schlepptrosse muss möglichst lang und elastisch sein, Trossenlänge auf die Länge der See abstimmen (Abstand der Wellenberge).

Verletzungsgefahr bei Bruch der Leine beachten.

114. SSS Welche Reflexhandlung sollte man sich einprägen, falls die Steuerung im Gefahrenbereich von Hindernissen ausfällt?

Maschine voll zurück und die Fahrt energisch aufstoppen.

115. SSS Wie repariert man gebrochenes Stahldrahttauwerk?

Mit Seilklemmen; Augen an den Enden bilden und dazwischen eine Talje setzen oder ein Taljereep scheren.

116. SSS Wie läuft die Notrolle Wassereinbruch ab?

Es ist ein „all-hands-Manöver":
Alle aus der Koje, Lenzpumpen aktivieren, Handpumpen bemannen, Pütz einsetzen, zugewiesenen Suchbereich inspizieren. Man arbeitet sich von unten nach oben vor. Toiletten zuerst inspizieren.

117. SSS Schildern sie eine praktische Lecksicherungsmethode von innen und eine von außen.

Öffnung so wirkungsvoll wie möglich schließen:

Von innen:
Man arbeitet von unten nach oben. Zuerst verschafft man sich mit Brechwerkzeug und Säge den nötigen Platz um von innen an das Leck heranzukommen, dann versucht man halbaufgeblasene Gummikissen von innen gegen die Leckstelle zu drücken. Sie schmiegen sich den unregelmäßigen Formen der Beschädigung an und dichten gut ab. Hat man keine Gummikissen an Bord, versucht man es mit Kopfkissen über die man vorher eine Plastiktüte zieht. Um die Kissen in Position zu halten, muss eine feste Platte (Holz) dagegen gedrückt werden, die wiederum gegen irgendwelche Einrichtungsgegenstände verkeilt wird. Verbleibende Stellen werden mit Lappen verstopft. Notfalls kann man das Leck sogar mit einer aufblasbaren Rettungsweste abdichten!

Von außen:
Von außen wird das Leck nur dann bekämpft, wenn die Leckbekämpfung von innen keinen rechten Erfolg haben will. Man benutzt dazu die Arbeitsfock. Im Prinzip wird das Lecksegel von vorn über das Bug gestülpt und beide Seiten werden an Deck befestigt.

118. SSS Wie versucht man bei einer Grundberührung das Festkommen zu verhindern?

Sofort in die Richtung, in der man tieferes Wasser vermutet, hart Ruder legen. Es darf nicht außer Acht gelassen werden, dass die Yacht in der Regel immer nur im Wellental aufsetzt; dazwischen ist sie frei und kann mit Hilfe des Motors und Segel manövriert werden, zusätzlich werden die Segel dichtgeholt damit das Schiff krängt und den Kiel anhebt.

119. SSS Welche Sicherheits-Checks sind nach einer Grundberührung durchzuführen?

Kontrollieren von Bilge, Kielaufhängung und Motoraufhängung, sowie Wanten und Püttings auf festen Sitz prüfen.

Seemannschaft — Seetüchtigkeit, Verhalten in Notfällen

120. SSS Nach welchem Prinzip funktionieren die meisten Freischleppmanöver?

Nach dem Prinzip der Kielanhebung durch Krängung. Bei Segelyachten zum Beispiel setzen sich mehrere Personen auf den ausgeschwenkten Großbaum.

121. SSS Wie würden Sie ein Motorboot einsetzen, das seine Hilfe zum Freischleppen angeboten hat?

Bei größeren Yachten erzeugt man die Krängung durch ein helfendes Motorboot das den Masttop mit Hilfe des Spifalls zur Seite zieht. Dabei hat es sich bewährt eine zweite Leine mit einem Stopperstek an das angebrachte Spifall anzuschlagen und zum Heck zu führen. Auf diese Weise kann die Querlage des Rumpfes zur Zugrichtung kontrolliert werden.

122. SSS Was ist zu tun, wenn man in Gezeitengewässern fest kommt?

Höheren Wasserstand abwarten. In jedem Falle ist der Anker zum tieferen Wasser hin auszubringen um zu verhindern, dass bei auflaufendem Wasser die Yacht weiter bergauf geschoben wird. Gerät man im Seegang auf Grund, sollte man nichts unversucht lassen wieder freizukommen. Das langsame Absetzen der Yacht im Seegang ist mörderisch. Sie wird wieder und wieder angehoben und mit harten Schlägen auf Grund gesetzt.

123. SSS Wie sollte der Küstenabschnitt für eine Strandung beschaffen sein? Welche aus der Ferne erkennbaren Anzeichen weisen auf diese Eigenschaft hin?

Der gesamte zur Disposition stehende Küstenabschnitt ist auf Hindernisfreiheit zu kontrollieren. Vorgelagerte Felsformationen lassen auf Steine unter Wasser schließen, Brandungswellen weisen auf Sandbänke und Unterwasser-Klippen.

Strandzonen mit hohen Brandungswellen sind zu meiden.

124. SSS Wie ist an Bord die Strandung vorzubereiten? Beschreiben Sie den Ablauf eines Strandungsmanövers.

Der Crew muss erklärt werden, dass sie mit harten Schlägen rechnen muss. Unter Deck können sich Gegenstände losreißen und die Yacht kann leckschlagen. Die Crew soll sich im Cockpit aufhalten und sich mit Händen und Füßen verkeilen.

Das eigentliche Manöver beginnt aus der slippenden Ankerposition heraus. Die Fock wird gesetzt und die Ankertrosse gekappt. Unter Fock fällt die Yacht nun ab und nimmt Fahrt auf.

Man steuert mit großer Aufmerksamkeit möglichst vierkant zu den Wellen. Die ausgesuchte hindernisfreie Stelle am Strand wird mit ungehemmter Fahrt angelaufen.

KOLLISION / SCHIFFSUNFALL

125. SSS Unter welchen Umständen darf von der Beistandspflicht abgesehen werden?

Wenn durch die Hilfsmaßnahmen das eigene Schiff und die Besatzung in unvertretbarem Maße gefährdet werden. **Es gilt das Prinzip der Angemessenheit.**

Wenn Leben gerettet werden muss, ist ein größeres Risiko in Kauf zu nehmen.

126. SSS Mit welchen Maßnahmen sichert man die Unfallstelle in einem verkehrsreichen Gebiet am besten?

Befindet man sich in einem verkehrsreichen Gebiet, ist über Kanal 16 oder DSC 70 der Verkehr mit wiederholten Sicherheitsmeldungen vor dem Schifffahrtshindernis zu warnen.

Bei Schiffen über 12m Länge sind die Lichter und Signalkörper „manövrierunfähige Fahrzeuge" zu setzen.

127. SSS Was ist zu tun wenn eines der Schiffe zu sinken droht?

Das bedrohte Schiff sollte entweder aus eigener Kraft oder mit Hilfe des anderen Schiffes aus dem Fahrwasser heraus und möglichst auf flachen Grund bugsiert werden.

128. SSS Welche Informationen tauschen die beiden Schiffsführer für die spätere Regelung der Haftung aus?

Schiffsname und Unterscheidungssignal, Heimats-, Ausgangs- und Bestimmungshafen. Name und Adresse des Schiffsführers und Eigners. Bezeichnung und Nummer der Haftpflichtversicherung.

129. SSS Was ist zur Beweissicherung zu unternehmen?

Standort, letzter Kurs und die Peilung des anderen Schiffes bei der Annährung aufnehmen. Namen und Funktion der Mitglieder der Seewache, Fotografieren der Schäden der beiden Schiffe und Unfallhergang mit Skizze.

130. SSS Wem ist Anzeige zu erstatten?

Dem zuständigen Wasser- und Schifffahrtsamt, der eigenen Versicherung und dem zuständigen Seeamt.

Seemannschaft — Seetüchtigkeit, Verhalten in Notfällen

131. SSS Worin unterscheidet sich der Seenotfall von einem Notfall im Betrieb einer Yacht?

Der Seenotfall ist eine besondere Situation, in der Gefahr für Schiff und Besatzung besteht und ohne fremde Hilfe nicht abgewendet werden kann. Den Seenotfall erklärt der Schiffsführer in eigenem Ermessen.

132. SSS Wodurch wird eine „Situation de jure" zum Seenotfall erklärt?

Die Erklärung des Seenotfalles erfolgt durch einer der offiziellen Notsignale nach Anlage IV zu den KVR, insbesondere aber durch die Verbreitung einer Seenotmeldung in vorgegebener Form bzw. mit dem vorangehenden Notanruf, beginnend mit drei mal Mayday.

133. SSS Warum sollte eine Yacht eine Notmeldung nicht unmittelbar nach deren Eingang bestätigen?

Weil der Empfang im Allgemeinen von einer Seenotfunkstelle bestätigt wird.

134. SSS Wann ist man verpflichtet eine Notmeldung zu bestätigen, auch wenn man zur Hilfeleistung nicht in der Lage ist?

Wenn kein anderer die Notmeldung bestätigt hat.

135. SSS Wem obliegt die Zuständigkeit für die Leitung der Hilfsaktion im Seenotfall?

Das Schiff, das am Besten dazu geeignet ist oder die Küstenfunkstelle. Die Anweisungen der koordinierende Funkstelle (On Scene Commander) sind zu beachten.

136. SSS Was ist zu tun wenn sich mehr Hilfeleistende angeboten haben als erforderlich?

Haben mehrere Schiffe ihre Hilfe angeboten, muss die Stelle, welche die Koordination übernommen hat (OSC), entscheiden wessen Hilfe in Anspruch genommen wird.

137. SSS Wer ist für die Aufhebung der Funkstille während eines Seenotfalles zuständig?

Die koordinierende Funkstelle (On Scene Commander / Coordinator).

138. SSS In welchen Fällen ist eine Mayday-Relay Meldung abzusetzen?

Wenn die Funkstelle in Not selbst nicht dazu in der Lage ist.

Seetüchtigkeit, Verhalten in Notfällen — Seemannschaft

139. SSS Was ist zu tun, wenn sich herausstellt das der Seenotfall auch ohne fremde Hilfe gelöst werden kann?

Die Yacht, die sich in Not befand, muss die Hilfsaktion beenden (Mayday fini).

140. SSS In welchen Notfällen muss die Hilfe mit einer Dringlichkeitsnotmeldung anstelle einer Notmeldung angefordert werden?

Das Dringlichkeitszeichen „PanPan" kündigt eine dringende Meldung an, die sich auf die Sicherheit des Schiffes oder einer an Bord befindlichen Person bezieht (funkärztliche Beratung / Medico Gespräch).

141. SSS Welches Vorgehen stellt den geordneten Ablauf bei der Vorbereitung zum Übersteigen in die Rettungsinsel am besten sicher?

Bei dem geordneten Ablauf ist die Einhaltung der Notrollen „Aufgabenverteilung" notwendig.

142. SSS Wie macht man in einer Rettungsinsel gegenüber herannahenden Schiffen auf sich aufmerksam?

Seenotsignalmittel, Tagessignalspiegel, Funkverbindung.

143. SSS Wie gelingt es einem Rettungskreuzer, auch bei Seegang, Personen von einer sinkenden Yacht abzubergen?

Im Seegang arbeitet sich der Rettungskreuzer mit dem Bug von Lee achtern an den Havaristen heran, von wo ein Decksmann eine Leine hinüber zu werfen versucht, womit weitere Leinen zum Abbergen von Personen oder gar Schlepptrossen übergebracht werden können.

Ein längsseits gehen, um direkt übersteigen zu können, ist im Seegang nicht möglich. Beide Schiffe würden so kollidieren, dass der Aufenthalt an der Reling lebensgefährlich wäre. Ein kurzes Bad an der Leine muss deshalb hingenommen werden.

144. SSS Die Broschüre "Sicherheit im See- und Küstenbereich Sorgfaltsregeln für Wassersportler" befasst sich ausführlich mit dem Verhalten bei Mann-über-Bord-Unfällen und macht Vorschläge hinsichtlich Maßnahmen, die eine schnelle Rettung ermöglichen sollen. Nennen Sie solche Maßnahmen.

Um eine schnelle Rettung zu ermöglichen, sollten folgende Maßnahmen ergriffen werden:
- Die Person, die den Unfall bemerkt hat, ruft sofort "Mann über Bord!", sorgt für

Seemannschaft — Seetüchtigkeit, Verhalten in Notfällen

Alarmierung des Wachführers und wirft einen Rettungsring in Richtung des Überbordgefallenen. Dieser Rettungsring ist optisch auffällig und mindestens mit Nachtlicht und Treibanker versehen und dient zur Markierung der Unfallstelle.

- **Mindestens** eine mit einem Fernglas ausgerüstete Person wird als Ausguck eingeteilt. Sie hat die einzige Aufgabe, den Mann nicht aus den Augen zu verlieren.
- Uhrzeit, anliegender Kurs und Schiffsort werden notiert.
- Die gesamte Besatzung wird alarmiert.
- Auf Schiffen, die unter Segeln laufen, wird sofort die Maschine gestartet. Diese wird jedoch erst bei Bedarf eingekuppelt.
- Über Sprechfunk werden andere Schiffe mit einer Not-Meldung von dem Unfall unterrichtet und falls erforderlich um Unterstützung gebeten.
- Die zur Bergung und Erstversorgung des Verunglückten benötigen Gerätschaften werden klargelegt.

---

145. SSS Worin besteht die Hauptgefahr beim Abbergen von Personen durch ein Frachtschiff?

Der schlagende Mast des eigenen Fahrzeugs.

---

146. SSS Wie können Frachtschiffe bei schwerer See Hilfe leisten?

Durch „Lee-Machen".

---

147. SSS Welche Vorbereitung ist auf einer Yacht für die Abbergung durch einen Hubschrauber zu treffen?

Segel bergen, Treibanker ausbringen, Crew soll sich auf dem Achterschiff versammeln, Rettungsschlinge nirgends befestigen, Antennen kappen.

---

148. SSS Worauf ist beim Anlegen der Rettungsschlinge und beim Antauen zu achten?

Die Rettungsschlinge wird mit dem Verschluss nach vorn über Kopf und Arme gestülpt, sodass sie unter den Achseln trägt. Die Hände sind vor dem Brustkorb zusammen zu greifen. OK-Zeichen durch Daumen nach Oben.

MENSCH ÜBER BORD, MASSNAHMEN BEI VERLETZUNGEN UND UNTERKÜHLUNG

149. SSS Was ist die unmittelbare Aufgabe des Rudergängers, wenn jemand über Bord fällt?

Mit allen Mitteln Alarm schlagen, den über Bord gefallenen im Auge behalten oder jemanden verlässlich dazu einteilen, Bergemanöver einleiten.

150. SSS Was haben Sie zu veranlassen, wenn Sie eine Mayday-Meldung "Mann über Bord" über Funk abgegeben haben und Sie aber alleine den Überbordgefallenen wieder geborgen haben?

Es ist die Mayday-Abgabe durch die Meldung "an alle" zu widerrufen. „Mayday-fini"

151. SSS In welchen Fällen sollte man sich nicht mit dem Ausbringen der Rettungsmittel aufhalten?

Wenn die See ruhig ist; wenn die über Bord gegangene Person eine Rettungsweste an hat.

152. SSS Nach welchen Gesichtspunkten wird die Art des Bergemanövers bei Mann über Bord Situationen entschieden?

Sichtverhältnisse, Seegang, Wassertemperatur und Anzahl der für das Manöver zur Verfügung stehenden Personen.

153. SSS Welche Reflexhandlung ist vom Rudergänger gefordert, wenn jemand unter Motor über Bord fällt?

Der Maschinenhebel muss reflexartig auf Leerlauf gerissen werden und es muss in Richtung des über Bord gegangenen hart Ruder gelegt werden, damit das Heck von Personen im Wasser weggedreht wird.

154. SSS Sie segeln hoch am Wind auf Stb.- Bug, als die Boje für ein Mann-über-Bord -Manöver an Bb.-Seite über Bord geht. Beschreiben Sie kurz das nunmehr durchzuführende Manöver und erläutern Sie die Vor- und Nachteile einer **Lee- bzw. Luvbergung.**

Man segelt einige Bootslängen weiter, um Höhe zu gewinnen. Ein Crewmitglied hat die Boje ständig unter Beobachtung. Nun fällt man ab, halst und luvt dann soweit an, dass ein Nahezuaufschießer gelingt. Bei diesem Manöver hat man einen Drehkreis gefahren. Die Boje hat man eben an Bb. voraus. Durch kontrolliertes Dichtholen der Segel kann

Seemannschaft — Seetüchtigkeit, Verhalten in Notfällen

jederzeit wieder Fahrt aufgenommen und reduziert werden. Nun Boje so ansteuern, dass man diese an Bb. bzw. an Stb. einholen kann. Evtl. Schiff, wenn Boje querab an Bb. ist, beidrehen (Fock back, Großschot lose und Ruder nach Luv).

Leebergung:
Vorteil: Die Yacht treibt auf die Person zu.
Nachteil: Bei Seegang kann Person durch Yacht verletzt werden.

Luvbergung:
Vorteil: Person kann nicht durch Yacht verletzt werden.
Nachteil: Yacht entfernt sich von Person.

---

155. SSS Sie befinden sich mit Ihrer Yacht auf Suchfahrt zur Rettung eines vor 15 Minuten über Bord gefallenen Besatzungsmitgliedes. Beschreiben Sie die allgemeinen Maßnahmen an Bord für die Suchfahrt und für das Anbordnehmen der aufgefundenen Person. Es sind keine Segelmanöver zu beschreiben.

- Uhrzeit und Position der Suchfahrt festhalten (Logbuch).
- Ausguck (wenn möglich) mehrfach besetzen. Fernglas benutzen
- Besatzung ist alarmiert
- Rettungsmittel zur Anbordnahme klarmachen: Leiter, Leinen
- MOB-Knopf vom GPS ist gedrückt
- Notmeldung ist abgesetzt

---

156. SSS Was bewirkt eine längere Ablaufstrecke beim Q-Wende Manöver?

Das Aufschießen.

---

157. SSS An welcher Stelle korrigieren Sie während eines „Q-Wende-Manövers" die Länge des Aufschießers?

Kurz nach der Wende.

---

158. SSS Wann wird zum Nahezuaufschießer angeluvt?

Wenn die Person im Wasser etwa 40° Luv peilt.

---

159. SSS Wie lässt sich die mit dem Aufschießer aufgestoppte Yacht einigermaßen stabil halten?

Der Rudergänger muss mit Gefühl Luvruder halten.

MOB, Maßnahmen bei Verletzungen — Seemannschaft

160. SSS Mit welchem besonderen Aufschießer kann man die Rettungsleine einsetzen?

Mit einem Aufschießer der etwas kürzer angelegt ist, um bewusst etwas überzuschießen.

161. SSS In welchen Lagen bietet sich das Manöver mit der Halse an?

Bei Amwindkursen, guten Sichtverhältnissen und ein paar Minuten Zeit.

162. SSS Unter welchen Voraussetzungen kann eine Gefahrenhalse gefahren werden? Wo liegt ihr Vorteil?

Bei engem Raum, großer Eile und kaltem Wasser. **Vorteil:** geht schnell!

163. SSS Was ist der Vorteil des Manövers mit Beidrehen? Wo ist der Nachteil?

Vorteil: Es wird engräumig gefahren, erfordert kaum Crew und endet im Beiliege-Zustand.
Nachteil: Ungenau, je nach Erfolg muss das Bergemanöver wiederholt werden.

164. SSS Beschreiben Sie den Ablauf des MOB-Manövers mit Beidrehen.

Hart auf Halbwind-Kurs abfallen oder anluven (je nach Kurs). Nach etwa zwei Schiffslängen gefühlvoll zum Beidrehen anluven, unmittelbar vor dem Mann anluven.

165. SSS Was ist der besondere Zweck des Quick-Stop-Manövers?

Dass unmittelbar aus der Marschfahrt heraus aufgestoppt wird und dass man sich nur geringfügig von der im Wasser treibenden Person entfernt.

166. SSS Wie fährt man das Quick-Stop-Manöver?

Im Augenblick des Sturzes über Bord, wird hart angeluvt und ohne die Schoten zu verändern durch den Wind gegangen. Das Vorsegel steht back und drückt mit langsamer Fahrt die Yacht in die Halse. Dies lässt man einfach geschehen, der Großbaum kann ruhig herum schlagen.

Nach „Rundachtern" lässt man die Yacht auf dem Teller drehen, wirft die Vorschot los und steuert die Aufnahmeposition an.

167. SSS Gibt es für das Quick-Stop-Manöver eine Variante bei raumen Kursen?

Ja, und zwar das Tear-Drop-Manöver (Ergänzung für den Quick-Stop aber für raumen und Vorwind Kurse).

Seemannschaft — Seetüchtigkeit, Verhalten in Notfällen

168. SSS Welches Manöver fährt man bei MOB unter Spinnaker?

Tear-Drop-Manöver.

169. SSS Welche Möglichkeiten gibt es, einen über Bord Gefallenen nach erfolgreichem Manöver wieder an Bord zu bekommen, wenn er bei Kräften und unversehrt ist? Das gleiche bei Seegang? Wenn er entkräftet ist und neben der Bordwand zu liegen kommt? Wenn er entkräftet ist und ein paar Meter entfernt treibt?

Wenn er bei Kräften und unversehrt ist, mit Badeleiter. Wenn er bei Kräften ist und Seegang herrscht, mit einer Einsteckleiter. Wenn er entkräftet ist und neben der Bordwand zu liegen kommt, muss er mit dem Bootshacken gesichert werden und wenn er entkräftet einige Meter weiter treibt, muss ein Helfer angeleint zu ihm schwimmen.

170. SSS Wie verhält man sich beim Mann-über-Bord-Fall, wenn der Spinnaker oder ein nach Luv ausgebautes Vorsegel steht?

Um nicht unnötig weit abzulaufen, verzichtet man darauf, Spi oder ausgebaute Vorsegel zunächst zu bergen. Stattdessen wirft man sofort den Achterholer des Spi bzw. die Schot des ausgebauten Vorsegels los und lässt den Spi an Fall und Schot hängend auswehen. Man luvt unter dem auswehenden Spi oder Vorsegel an und steuert direkt auf den Verunglückten zu.

Der Motor ist zu starten und nötigenfalls zum Mitschieben einzusetzen. Spi oder Vorsegel lässt man während des ganzen Manövers fliegen. Man vermeidet, unter Motor aufzustoppen, um keinen Tampen in die Schraube zu bekommen.

171. SSS Eine Person ist außenbords gefallen. Nach welchen Grundsätzen würden Sie die Suche durchführen bzw. ein Suchmuster anlegen?

Zunächst ist zu entscheiden, ob Streckensuche oder Raumsuche gefordert ist.

- **Streckensuche** führt man durch, wenn die Person seit einer bestimmten Zeit vermisst ist. Man läuft den zurückliegenden Kurs mit exakter Navigation ohne Stromberücksichtigung (Selbststeueranlage benutzen) zurück bis über den Punkt hinaus, seit dem die Person vermisst ist. Man kehrt dann parallel um einen Suchstreifen versetzt zurück und legt Suchstreifen an Suchstreifen nach beiden Seiten ausweitend.
- **Raumsuche** führt man durch, wenn während eines Mann-über-Bord-Manövers der Sichtkontakt verloren gegangen ist. Man fährt mit parallelen Suchspuren ein angemessenes Quadrat von beispielsweise 1 sm Kantenlänge ab, deren Mittelpunkt der angenommene Ort bildet. Ist die Suche nicht erfolgreich, legt man weitere Suchstreifen spiralförmig ausweitend um das Quadrat. Die Breite der Suchstreifen

MOB, Maßnahmen bei Verletzungen — Seemannschaft

ist entscheidend. Bedenkt man, dass aus dem Cockpit einer Segelyacht (Augenhöhe 2m) 1 m hohe Wellen in 40 m Abstand schon nicht mehr eingesehen werden können, sollte man die Suchstreifen mit Segelyachten entsprechend schmal wählen. 100 bis 200 m sollte bei mittlerem Seegang das Maximum sein.

172. SSS Welche Suchzeit veranschlagen Sie, wenn die geschätzte Überlebenszeit bei einer Wassertemperatur von 15° C bei etwa 12 Std. liegt?

Die Suchaktion muss über die theoretisch aufgestellte Zeit fortgesetzt werden, da Schiffbrüchige nach viel längerem Zeitraum noch lebend geborgen wurden. Die Dauer der Suchaktion ist auch abhängig von Wetter, Seegang, Jahreszeit und Tageszeit.
Generell gilt: Pro Grad Wassertemperatur kann ein Mensch ca. 3 Minuten aktiv schwimmen!

173. SSS Die Broschüre "**Sicherheit im See- und Küstenbereich** Sorgfaltsregeln für Wassersportler" befasst sich ausführlich mit dem **Verhalten in Seenot** auf Sportfahrzeugen. Nennen Sie Maßnahmen an Bord die im Seenotfall ergriffen werden müssen.

- Rettungswesten anlegen.
- So lange wie möglich an Bord bleiben.
- Nicht rauchen, keinen Alkohol zu sich nehmen.
- Mit vorgeschriebenen Notzeichen Hilfe anfordern.
- Angaben machen über Zustand des Fahrzeugs und der Besatzung, Kurs und Geschwindigkeit, Wetter in dem betreffenden Seegebiet, Einzelheiten über das Erkennen des Fahrzeugs.

174. SSS Nennen Sie Maßnahmen beim Verlassen des Fahrzeugs.

- Möglichst viel (warme gesüßte) Flüssigkeit zu sich nehmen.
- Vor dem Vonbordgehen enganliegende wärmende Kleidung anziehen (möglichst reichlich, mit Schuhen und Handschuhen)
- Falls Überlebensfahrzeug vorhanden (Boot, Floß) Decken, Lebensmittel mit Getränken, Erste-Hilfe-Verbandskasten, Sprechfunkgerät, Notsender etc. in dieses Fahrzeug geben.
- Möglichst rot-weiß-farbige oder orangefarbige Gegenstände nach außenbords werfen, da diese aus der Luft gut auszumachen sind.
- Man sollte versuchen, möglichst trocken in ein Rettungsfahrzeug zu kommen.
- Nicht auf ein (bemanntes) Rettungsfloß springen.
- Ggf. mit angezogenen Beinen und Festhalten der Rettungsweste (mit beiden Händen) ins Wasser springen.

Seemannschaft — Seetüchtigkeit, Verhalten in Notfällen

175. SSS Machen Sie Angaben über das Verhalten im Wasser nach dem Verlassen des Fahrzeugs.

- Solange wie möglich an Bord bleiben! Wenn dies nicht möglich ist, am Fahrzeug oder an schwimmenden Teilen festhalten!
- Unbedingt die Kleidung (auch Schuhe) als Schutz gegen Unterkühlung anbehalten!
- Nicht schwimmen, außer ein Boot ist in unmittelbarer Nähe. Den Wärmeverlust der Körperoberfläche durch ruhige Körperlage im Wasser möglichst gering halten.
- Mit anderen Schiffbrüchigen eng zusammenbleiben, sich möglichst in Gruppen zu dreien in Tuchfühlung im Wasser umarmen. Hierdurch wird der Wärmeabstrom der Körperoberfläche wesentlich verringert.
- Untereinander mit einer Leine verbinden!
- Wenn alleine im Wasser, Beine anziehen, Arme verschränken, Wirbelsäule krümmen, um die Gesamtoberfläche und damit den Wärmeabstrom zu verringern
- Atmungsöffnungen möglichst vor Spritzwasser schützen.
- Bei Nacht oder schlechter Sicht sich mit Hilfe der Signalpfeife / dem Blitzlicht bemerkbar machen.
- Nicht versuchen, eine sichtbare Küste - Strandnähe ausgenommen - schwimmend zu erreichen.

176. SSS Wie lässt sich eine Schwimmleine als Wurfleine verwenden?

Durch Beschweren mit einem Wurfgewicht, z.B. Kiessäckchen.

177. SSS Weshalb sind Kenntnisse in Erster Hilfe für Unfälle oder Krankheitsfälle an Bord von Yachten nicht ausreichend?

Weil man an Bord in der Regel ohne den herbeigerufenen Arzt auskommen und sich gegebenenfalls mit der Funkärztlichen Beratung (Medico Gespräch) begnügen muss.

178. SSS Über welche medizinischen Hilfsmittel muss der Schiffsführer einer Yacht verfügen?

Mindestens eine auf das Fahrtgebiet, Alter und gesundheitlichen Zustand, sowie Anzahl der Besatzung und Dauer der Reise abgestimmte Bordapotheke und Anwendungsanweisung.

179. SSS Wo findet der Schiffsführer Angaben über das Verfahren der funkärztlichen Beratung (Medico Gespräch)?

Yachtfunkdienst (Weiße Seiten).

MOB, Maßnahmen bei Verletzungen — Seemannschaft

180. SSS Erläutern Sie die Wiederbelebungsmaßnahmen nach der ABC-Regel!

Atmung, Beatmung und Circulation (auf freie Atemwege und Atmung achten, Fremdkörper aus dem Mund und Rachenbereich entfernen, Mund zu Mund Beatmung, Herzmassage).

181. SSS Wie kann man einem Patienten helfen einen Fremdkörper, der im Kehlkopfbereich sitzt, herauszuhusten?

Durch kräftige Stöße zwischen den Schulterblättern.

182. SSS Was ist zu tun, wenn sich der Patient bei der Mund zu Mund Beatmung erbricht?

Der Patient muss sofort auf die Seite gedreht werden um die Einatmung von Erbrochenem zu verhindern.

183. SSS Was sind die Anzeichen für einen Schockzustand?

Blässe, kalte schwitzige Haut, Puls sehr schwach und sehr schnell, Übelkeit, Durst, Erbrechen, Unruhe und Teilnahmslosigkeit.

184. SSS Wie behandelt man einen Patienten im Schockzustand?

Atemwege befreien, Schocklagerung mit erhöhten Beinen, stabile Seitenlage bei stärkerem Schock gegen Verschlucken.

185. SSS Erläutern Sie die wichtigsten Maßnahmen zur Blutstillung bei offenen Verletzungen

Nahezu alle Blutungen nach außen lassen sich mit Hilfe eines Druckverbands stillen. Man legt eine sterile Kompresse auf die Wunde und wickelt eine elastische Binde weitstreckig fest an. Eine weitere Maßnahme ist das Ruhigstellen.

186. SSS Wie werden offene Wunden versorgt? Wie wenn sie älter als 8 Stunden oder wenn sie verunreinigt sind?

Saubere frische Wunden werden unverzüglich verschlossen. (Pflaster oder Kompressionsverband, Nahtstreifen) Wundnaht empfohlen. Bei tiefen Wunden, Fleischmesserwunden, sowie tiefen verschmutzten Wunden ist von einem unverzüglichen Verschluss abzuraten. Die Wunde sollte mit Jodseife, Wasser und Pinzette gereinigt werden. Tetanus Schutz wird empfohlen.

Seemannschaft — Seetüchtigkeit, Verhalten in Notfällen

187. SSS Ab welchem Ausmaß sind Verbrennungen kritisch und bedürfen der ärztlichen Behandlung?

Verbrennungen 2. und 3. Grades mit einer Ausdehnung von 10% der Körperoberfläche sind als kritisch einzustufen und bedürfen ärztlicher Versorgung.

188. SSS Wie behandelt man Verbrennungen?

Antiseptische Salbe (PJK Salbe). Viel Flüssigkeit unter Zusatz von Salz und Zucker geben.

189. SSS Wie behandelt man Fehlstellungen von Knochen und Gelenken?

Bei offensichtlicher Fehlstellung von Knochen und Gelenken sind diese durch leichten Zug, der langsam auf 10 bis 30 Kilo zunehmen kann, annähernd in die richtige Stellung zurückzubringen und ruhig zustellen. Bei Gelenkverrenkungen kann ein Einrenken versucht werden. Zuvor ist jedoch ein Analgetikum zu geben.

190. SSS Mit welchen Verletzungen ist nach einem Sturz aus größerer Höhe oder bei anderer heftiger Gewalteinwirkung zu rechnen, auch wenn keine äußeren Verletzungen vorliegen?

Bei größerer Gewalteinwirkung (Sturz aus dem Mast) ist fast immer mit einer Wirbelsäulenverletzung zu rechnen. Der Patient ist äußerst vorsichtig zu handhaben und es muss bei jeder Umlegung mitgeholfen werden.

191. SSS Welche Anzeichen lassen auf eine Wirbelsäulenverletzung schließen? Wie ist in solchem Fall vorzugehen?

Grobdiagnose:
Man prüft die Muskelkraft in Armen und Beinen (Fingerhakeltest) und das Fühlvermögen indem man leicht über die Haut streicht.

Der Betroffene ist äußerst vorsichtig zu handhaben, er muss sich bei jeder Umlagerung durch muskuläre Anspannung stabilisieren. Möglichst viele Helfer müssen den Verletzten wie ein Paket transportieren. Bei Flachlagerung muss der Kopf unterstützt werden.

192. SSS Was ist bei Kopfplatzwunden zu tun?

Kopfplatzwunden müssen unverzüglich versorgt werden, da erhebliche Blutverluste entstehen können. Nach Möglichkeit Wundnaht. Bei fast allen Formen von Gewalteinwirkung auf den Schädel, ist die Gefahr des Blutergusses im Schädelinneren gegeben.

MOB, Maßnahmen bei Verletzungen — Seemannschaft

Als Faustregel gilt, dass eine sich rückbildende kurze Bewusstlosigkeit noch auf das ungefährliche Krankheitsbild einer Gehirnerschütterung schließen lässt. Jede darüber hinaus gehende Auffälligkeit wie Unruhe, Schläfrigkeit, Verwirrtheit, Sprechstörung, ungleich große Pupillen sowie unregelmäßige Atmung sind Hinweise auf zunehmenden Hirndruck und somit Vorboten einer gefährlichen Entwicklung.

In jedem Fall ist für freie Atmung im Sinne der ABC-Regel und Komalagerung zu sorgen.

193. SSS Wie behandelt man einen Beinaheertrunkenen, nachdem er aus dem Wasser geborgen ist?

Zuerst Anwendung der ABC-Regel :

- Freie Atmung
- Mund zu Mund Beatmung
- Herzmassage, wenn nötig

Liegt zugleich der Zustand der Unterkühlung vor, befindet sich der Geborgene in einem äußerst labilen Kreislaufzustand. Daher den Geborgenen unbedingt in waagerechter Körperstellung bergen / transportieren.

Um weitere Unterkühlung zu vermeiden, ist der Geborgene unter Deck zu bringen.

194. SSS Welchen besonderen Einschränkungen unterliegt die Behandlung beinahe Ertrunkener, wenn der aus dem Wasser Gerettete offensichtlich unterkühlt ist?

Unterkühlung 1.Grades:

Körpertemperatur zwischen 34°-37°, zittert, bei klarem Bewusstsein, Puls verlangsamt (60-80/min.) = nicht bewegen, langsam aufwärmen, Mütze aufsetzen, heißes Getränk geben, Warmwasserbeutel unter den Achsenhöhlen, erst wenn das Zittern aufhört, trockene warme Kleidung anziehen.

Unterkühlung 2.Grades:

Muskelstarre, 24°-34° Körpertemperatur, unregelmäßigen Puls, Bewusstseinstrübung. Behandlung wie oben.

Unterkühlung 3.Grades:

„Scheintod", Körpertemperatur unter 24°C, nicht oder kaum mehr wahrnehmbarer Puls und kaum vorhandene Atmung = zwei Stunden lang Herzdruckmassage und Atemspende versuchen. **Äußerst labiler Kreislaufzustand, waagerechte Stellung!**

Seemannschaft — Seetüchtigkeit, Verhalten in Notfällen

195. SSS Woran erkennt man Innere Verletzungen ?

Neben dem lokalen Schmerz stellen sich beim Patienten die Zeichen des Blutungsschocks ein: Blässe, kalter Schweiß, Puls schwach ausgeprägt und sehr schnell, Übelkeit, Durst, Erbrechen, Unruhe. Fachärztliche Beratung ist notwendig.

196. SSS Woran erkennt man eine Blinddarmentzündung ?

Bei Blinddarmentzündung beginnen die Symptome mit unerklärbarem Schmerz um den Nabelbereich, aus völligem Wohlbefinden heraus, dann folgt Übelkeit, teilweise mit Erbrechen. Der Schmerz wandert im Verlauf von Stunden in den rechten Unterbauch. Der Patient empfindet den typischen Druckschmerz im rechten Unterbauch, wenn man dort die Bauchdecke tief eingedrückt und ruckartig losgelassen hat. Körpertemperatur steigt auf Werte um 38°.

197. SSS Welche Durchfallerkrankungen sind ungefährlich und benötigen keine Medikation?

Durchfallerkrankungen aufgrund der Reise Diarrhöe (tritt auf wenn man sich dem ungewohnten Klima eines neuen Landes aussetzt), ohne Blutung und leichte Lebensmittelvergiftungen.

198. SSS Welche Anzeichen lassen bei Durchfallerkrankungen ernstere Krankheit wie Typhus vermuten?

Anhaltender Durchfall mit Blut- und Schleimabsonderungen.

199. SSS Die Broschüre "Sicherheit im See- und Küstenbereich Sorgfaltsregeln für Wassersportler" gibt Empfehlungen über die Unterrichtung der Besatzungsmitglieder und Gäste über Sicherheitsvorkehrungen an Bord. Nennen Sie solche Sicherheitsvorkehrungen, über die Sie als Schiffsführer zu unterrichten haben.

Als Schiffsführer zeigen Sie den Aufbewahrungsort der Rettungsmittel und üben Sie das Anlegen von Rettungsweste und Sicherheitsgurt ("Lifebelt"), auch bei Dunkelheit! Weiterhin müssen Sie den Umgang mit Seenot-Signalmitteln erklären und die für die Sicherheit wichtigen Einrichtungen des Fahrzeugs, wie Lenzeinrichtungen, Seeventile, insbesondere die Seetoilette, Feuerlöscheinrichtungen, Heiz- und Kocheinrichtungen erläutern.

Achten Sie darauf, dass Besatzungsmitglieder und Gäste sich an Bord sicher bewegen, Arme und Beine nicht außenbords hängen lassen und auf Segelbooten den Gefahrenbereich des Großbaums meiden. Bestimmen und unterweisen Sie ein geeignetes Besatzungsmitglied als Vertreter, falls Sie als Schiffsführer ausfallen sollten.

200. SSS Woran erkennt man den Zustand des Beinahe-Ertrinkens ? Was ist zu tun?

Wenn eine aus dem Wasser geborgene Person blaue Lippen, Angst, Lufthunger und schnappende Atmung nachweist, handelt es sich um den Zustand des Beinahe-Ertrinkens. Man wendet die Wiederbelebung nach ABC-Regel an.

201. SSS In welchen Fällen sind die Wiederbelebungsmaßnahmen nach der ABC-Regel erforderlich?

Bei jedem bewusstlosen Patienten mit Atemstillstand oder Pulslosigkeit und bei Patienten im Zustand des Beinahe-Ertrinkens.

202. SSS Wie lässt sich bei einem aus dem Wasser Geborgenen auf die Schwere der Unterkühlung schließen und welche besondere Behandlung ist bei der Bergung zu beachten?

Aufgrund der Wassertemperatur und der Verweildauer im Wasser.
Eine unterkühlte Person muss äußerst behutsam behandelt und waagerecht geborgen werden. Schutz vor weiterer Unterkühlung, aber nicht die Kleidung wechseln. Wiederbelebungsmaßnahmen müssen, wenn erforderlich, vorsichtiger als normal angewendet werden. Schnelles Aufwärmen ist auf jeden Fall zu vermeiden.

203. SSS Was ist ein Medico-Gespräch und wo findet man Informationen dazu?

Es handelt sich um einen funkärztlichen Beratungsdienst, der über die Küstenfunkstellen bestimmter Länder zu erreichen ist. Informationen über Vorbereitung und Abwicklung stehen unter anderem im Nautischen Funkdienst Band I und im Yachtfunkdienst.

MANÖVRIERVERHALTEN VON SEESCHIFFEN

204. SSS Beschreiben Sie den Ablauf eines Kurvenmanövers bei einem Großschiff, insbesondere das Zustandekommen der anfänglichen Andrehverzögerung, des anschließenden Fahrwegbeharrens und der Fahrspurverbreiterung.

Wird auf einem Großschiff Ruder gelegt, so reagiert es nicht sofort. Riesenmassen müssen beschleunigt und ihre Trägheit muss überwunden werden (Anfängliche Andrehverzögerung).

Der Bewegungsablauf beginnt mit dem Ausschwenken des Hecks in die Gegenrichtung. Der Drehpunkt befindet sich dabei vor der Schiffsmitte weshalb der Bug weniger als das

Seemannschaft — Seetüchtigkeit, Verhalten in Notfällen

Heck ausschert. Obwohl der Rumpf nun schräg zur Fahrtrichtung angestellt ist, schliert das Schiff noch etwas in die alte Fahrtrichtung, bevor er sich langsam der neuen Richtung anpasst (Fahrwegbeharren). Durch diese seitliche Anstellung nimmt das Schiff eine verbreiterte Fahrspur ein, was hinsichtlich der Sicherheitsabstände zu Hindernissen und anderen Verkehrsteilnehmern zu bedenken ist. Erst nach mehreren Schiffslängen verlässt das Schiff seine bisherige Kurslinie. Befindet sich nun ein Segler im Vorausraum eines Seeschiffes, mit dessen Ausweichen er rechnet, muss er:

- Die Gesamtverzögerung des Manövers beachten (sie setzt sich zusammen aus der Überwindung der Drehträgheit beim Andrehen und der Trägheit der ehemaligen Fahrtrichtung zu folgen).
- Die Verbreiterung der Fahrspur beachten.
- Bedenken, dass ein einmal eingeleitetes Manöver nur mit großer Verzögerung abgebrochen und revidiert werden kann.

205. SSS Weshalb nimmt das Umsteuern von vorausfahrt auf „zurück" bei Großschiffen so viel Zeit in Anspruch? Was ist Kavitation?

Große Dieselmotoren haben in der Regel kein Wendegetriebe. Zum Umsteuern müssen sie abgestellt werden. Sodann wird mit einem Spindelrad die Nockenwelle verstellt, sodass der Motor rückwärts laufen kann. Dann wird er wieder (meistens mit Druckluft) angelassen. Selbst wenn das Umsteuern auf Rückwärtsleistung schnell ginge, könnte man aus der normalen „Reisefahrt voraus" nicht gleich auf „volle Kraft" zurück gehen. Der Anstellwinkel der Schraubblätter wäre so groß, dass der Wasserstrom sich daran ablösen und Dampfblasen bilden wurde. Diesen Vorgang nennt man KAVITATION.

Eine kavitierende Schraube hat kaum Schubleistung. Die Maschine dreht plötzlich und ohne Widerstand unkontrolliert hoch und das Material der Schraube wird durch die Implosion der Dampfblasen aufs höchste strapaziert. Aus diesem Grunde muss die Fahrt zunächst mit kleiner Kraft zurückreduziert und dann erst mit mehr und mehr Kraft aufgestoppt werden

206. SSS Weshalb bricht ein aufstoppendes Großschiff aus dem Kurs?

Wegen des Schraubeneffektes bricht auch bei großen Schiffen kurz vor dem Stillstand das Heck aus.

207. SSS Aus welchem Grunde ist in untiefen Gewässern manchmal mit unerklärlichen Kursänderungen der Großschiffe zu rechnen?

Seeschiffe legen je nach Lage bestimmte Tiefenlinien als absolute Tiefengrenzen fest, weshalb sie in manchen Gewässern an sehr enge Manövrierräume gebunden sind.
Ein Blick auf die Seekarte erklärt in der Regel den plötzlichen Kurswechsel oder sein Beharren auf einem bestimmten Kurs. (In Fjorden oder Flussmündungen z.B. verändern sich die Wassertiefen häufig durch Versandung).

Manövrierverhalten von Seeschiffen — Seemannschaft

208. SSS Weshalb können Großschiffe in Tidengewässern zu höheren Fahrgeschwindigkeiten gezwungen sein?

Weil sie bei auflaufendem Wasser die Hochwasserwelle einhalten müssen, um auch im weiteren Verlauf genügend Wasser unterm Kiel zu haben.

209. SSS Welche Probleme bringen hohe Geschwindigkeiten in untiefen Gewässern?

Bei höheren Fahrgeschwindigkeiten in flachen Gewässern unterliegen Großschiffe dem SQUAT-EFFEKT.

Der Squat-Effekt ist ein Sog, der durch die hohe Wasserströmungsgeschwindigkeit in der Düse z.B. zwischen Rumpfunterseite und dem Grund entsteht und das Schiff veranlasst, mit dem Heck tiefer einzutauchen.

Kalkuliert man den Manövrierraum der Großschifffahrt nach den Wassertiefen, sind für diesen Effekt ein paar Meter hinzuzugeben/rechnen. Die Flachwasserverhältnisse beeinträchtigen auch die Steuerfähigkeit großer Schiffe. Sie drehen schwerer an und schwingen weiter über. Das wirkt sich besonders unangenehm aus, wenn sich in dem Squatbereich das Bodenprofil zu beiden Seiten hin unregelmäßig verändert, wenn z.B. eine Uferböschung oder eine Bank passiert wird.

Der Ansaugeffekt tritt dann unsymmetrisch auf und zieht das Heck zu der Untiefe hin (BANK-EFFEKT). Große Schiffe können im Extremfall aus dem Ruder laufen. Sie meiden deshalb die Nähe solcher Untiefen.

210. SSS Worauf muss ein Sportboot achten, wenn es in einem Kanal von einem Großschiff überholt wird?

Großschiffe schieben in engen Fahrwassern und Kanälen, auch bei reduzierter Fahrt, zusätzlich zu der normalen Bugwelle einen Wasserstau vor sich her. Zum Ufer hin bildet dieser Stau stellenweise einen Berg von zwei bis drei Metern Höhe. Wird man von einem solchen Schiff überholt, muss man mit gewaltigen Wasserstandsänderungen rechnen. Hinzu kommt, dass die Steuerfähigkeit auf dem eigenem Schiff reduziert wird.

211. SSS Wie groß darf der sichttote Raum vor einem Großschiff nach IMO-Richtlinien (International Maritime Organisation) sein? Wie groß seitlich und nach Achtern?

Nach IMO-Richtlinien muss man von der Brücke aus die Wasseroberfläche rechtvoraus bis 10° nach beiden Seiten erst nach zwei Schiffslängen, höchstens jedoch in 500 Metern sehen können. Bei einer Ladehöhe von 15 Metern über der Wasserlinie wäre eine drei Meter hohe Motoryacht bereits in 400 Meter Entfernung voll verdeckt! In allen anderen Richtungen muss von der Brücke aus lediglich der Horizont gesehen werden können.

Seemannschaft — Seetüchtigkeit, Verhalten in Notfällen

212. SSS Aus welchen Entfernungen ist ein Sportboot auf dem Radar eines Großschiffes auszumachen? Mit Radarreflektor? Ohne Radarreflektor?

- Mit Radarreflektor aus einer Entfernung von ca. 3 bis 4 Seemeilen.
- Ohne Radarreflektor je nach Größe des Bootes 1 bis 2 Seemeilen!

213. SSS Weshalb ist die Radarauffassung von kleinen Sportbooten unzuverlässig? Weshalb besonders im Seegang?

Wegen der gerundeten Rumpfoberflächen aus nicht leitendem Metall ohne doppelt reflektierende Innenwinkel und mit insgesamt kleinen Ausmaßen.
Im Seegang ist es so, dass der ganze Rumpf oft von Wellen verdeckt wird, so dass im ungünstigsten Falle dies immer dann passiert, wenn der rotierende Radarstrahl vorbeikommt.

214. SSS Wie wahrscheinlich ist das Ausweichen eines Großschiffes gegenüber einem Sportboot aufgrund von Radarortung?

Da für eine Ausweichentscheidung mindestens zwei Radarortungen in 6 Minuten Abstand erforderlich sind, ist die Ersterkennung in 3,5 sm bei einem Fahrzeug mit Radarreflektor (siehe auch Frage Nr. 212 Seemannschaft) Abstand sehr spät. Bei 25 Kn Fahrt, im Falle eines Fahrgastschiffes oder eines modernen Containerschiffes, wären in 6 Minuten schon 2,5 Sm zurückgelegt. Ein erfolgreiches Ausweichen wäre dann schon kritisch. Hätte die Yacht keinen guten Radarreflektor, wäre ein rechtzeitiges Ausweichen des großen Schiffes so gut wie ausgeschlossen.

215. SSS Welches Ausweichmanöver eines langsam fahrenden Sportbootes ist gegenüber einem schnell fahrenden Großschiff am wirkungsvollsten?

Die hohen Annäherungsgeschwindigkeiten der Großschiffe müssen richtig eingeschätzt und mit der eigenen Fahrt in Relation gebracht werden.

Ausweichmanöver müssen grundsätzlich klar erkennbar, durchgreifend und zügig angelegt werden. Der optimale Fluchtweg ist der Kurs rechtwinklig zur stehenden Peilung.

216. SSS Nach welchen Gesichtspunkten bestimmt ein Sportbootfahrer, welcher Fahrt- und Passierabstand zu einem Großschiff der geeignete ist?

Die Verkehrsumstände diktieren, was ein sicherer Passierabstand ist. Hierbei ist die Manöversituation des Großen sowie dessen Gefahrenbereich (Flachwasserzwänge, Spurerweiterung, Bankeffekt) zu beurteilen. Notfalls hilft die Flucht ins flache Gewässer, in die die Großschifffahrt nicht folgen kann.

FAHREN IN SCHWEREM WETTER

217. SSS Welche wesentlichen Punkte gehören auf eine Checkliste zum Klarmachen einer Segelyacht für schweres Wetter?

Wesentliche Punkte auf einer Checkliste zum Klarmachen einer Segelyacht für schweres Wetter sind:

- Einweisung der Crew in das besondere Verhalten bei Sturm
- Wach- und Rolleneinteilung
- Klarmachen der Sturmsegel
- Ausbringen der Strecktaue (Jackstays)
- Anlegen von Rettungswesten und Lifebelts
- Wegstauen und Sichern aller losen Gegenstände an Deck und unter Deck, Verzurren schwerer Gegenstände
- Sichern aller losen Gegenstände unter Deck
- Sichern der Schapps und Spinde
- Kontrolle der Seeventile und Luken
- Standortbestimmung
- Navigationsplanung zur Vermeidung von Legerwallsituationen und zur Nutzung von Schutzmöglichkeiten
- Abhören der Anrufkanäle
- Vorbereiten der Verpflegung
- Crewrest für die Freiwache

218. SSS Was wird mit einer besonderen Wacheinteilung für den Schwerwetterfall bezweckt? Wie werden die Sturmerfahrenen mit einbezogen?

Es wird notwendig sein den Rudergänger in sehr kurzen Abständen abzulösen. Deshalb müssen die Sturmerfahrenen, ihre Wachkameraden gleich zu Beginn der Schwerwetterlage ans Ruder stellen, um unter Anleitung die besonderen Steuertechniken üben zu lassen.

219. SSS Was sind die wichtigsten Verhaltensregeln für die Seewache bei Sturm?

Um mit einer Hochseeyacht schweres Wetter abzuwettern, gibt es nach allgemeinen seemännischen Erfahrungen mehrere Möglichkeiten.

Wichtige Verhaltensregeln für die Seewache bei Sturm sind unter anderem:

Seemannschaft — Fahren in schwerem Wetter

- Wetterkleidung, Sicherheitsgurt immer eingepickt, Rettungsweste
- Niedergang und Luken dicht
- kein unnötiger Aufenthalt außerhalb des Cockpits
- Verschärfter Ausguck nach Luv, Zurufdistanz des Ausgucks zum Rudergänger
- Backskistendeckel verriegelt
- Rudergänger gesichert und mit gutem Halt sitzend
- Einigkeit über die anzuwendende Sturmtaktik
- Rechtzeitiges Abwechseln am Ruder

220. SSS Was verbirgt sich hinter den Begriffen „heiße Koje", „Ölzeugschleuse" und „Crewrest"?

Da man bei heftigem Stampfen im Vorschiff kaum schlafen kann und vielleicht auch andere Kojen nicht benutzbar sein werden, werden „heiße Kojen" gefahren. Das bedeutet, die benutzbaren Kojen werden im Wechsel jeweils von der Freiwache benutzt.

Der Arbeitsbereich unter dem Niedergang einschließlich Pantry, Nav.-Ecke und WC wird zur „Ölzeugschleuse" erklärt. Der Zweck ist, solange wie möglich zu vermeiden, dass das ganze Schiff nass wird.

Die Pflicht der Freiwache ist es, die Zeit zu nutzen um Schlaf zu finden und für die nächste Wache wieder fit zu sein (Crew-Rest). Dieser ist Nachdruck zu verleihen.

221. SSS Mit welchen Maßnahmen kann in schwerem Wetter eine Legerwallsituation vermieden werden?

Vermeiden einer Legerwallsituation:

1. Durch rechtzeitiges Abweichen von der Reiseroute

Der Schiffsführer muss hinsichtlich seiner Reiseroute die voraussichtliche Entwicklung der Windrichtung und -stärke beurteilen. Nur wenn auch bei entsprechender Sturmtaktik der Kurs über Grund gehalten werden kann und genügend Sicherheitsabstand zu den in Frage kommenden Leeküsten bleibt, kann der Kurs fortgesetzt werden. Andernfalls muss von der Reiseroute abgewichen und rechtzeitig eine andere Lösung gefunden werden.

2. Durch eine geeignete Abwettermethode

Angesichts einer drohenden Legerwallage ist unter den Abwettermethoden die zu wählen, die den geringsten Leeversatz bewirkt. Am besten ist das aktive Gegenankämpfen, um zugleich seitlich zur weniger kritischen Zone Strecke zu machen. Wenn dies nicht möglich ist und auf passive Methoden zurückgegriffen werden muss, kommen Beiliegen, Liegen vor Treibanker oder Treiben in Frage. Das Ablaufen vor Bremsschleppen ist ungeeignet, weil es zu viel Leeraum kostet.

Fahren in schwerem Wetter — Seemannschaft

222. SSS Welche Sturmtaktiken bieten sich an, wenn man sich von einer **Leeküste** freihalten muss?

- Höhe halten auf Halbwindkursen und Durchschießen der Brecher unter Sturmfock und notfalls mit Maschinenhilfe
- Beiliegen
- Treiben vor Topp und Takel
- Liegen mit dem Bug vor Treibanker

223. SSS In schwerem Sturm laufen Sie vor Topp und Takel bei achterlichem Wind.

1. Warum sollten Sie bei hohen brechenden Wellen unbedingt Leinenbuchten ausbringen?
2. Wie wirken sich in dieser Situation brechende Wellen auf die Steuerfähigkeit aus?
3. Beschreiben Sie in diesem Zusammenhang die Bewegung der Wasserteilchen in einer Welle und geben Sie an, warum eine Yacht auch in nicht brechenden Wellen querschlagen kann.

1. Bei achterlichem Wind besteht die Gefahr, dass die Segelyacht quer schlägt und von einer brechenden Welle umgeworfen wird. Nachgeschleppte Leinenbuchten halten das Heck im Wind und sollen ein Querschlagen verhindern.

2. Brechende Wellen setzen die Steuerfähigkeit herab. Durch die brechenden Wellen von achtern und unter dem Rumpf hindurch laufende Wellen wird das Ruder nicht mehr ausreichend angeströmt.

3. Die Wasserteilchen führen im Seegang an der Meeresoberfläche eine kreisförmige Bewegung aus, die Orbitalbewegung. Daraus resultiert ein Orbitalstrom, der auf dem Wellenberg in Ausbreitungsrichtung der Wellen setzt, im Wellental jedoch entgegengesetzt läuft. Wenn sich jetzt das Heck kurz hinter dem Wellenberg befindet und der Bug bereits im Wellental, so ist das Heck einer Schub- und der Bug gleichzeitig eine Bremskraft ausgesetzt. Dadurch kann das Schiff auch in nicht brechenden Wellen querschlagen.

224. SSS Beschreiben Sie ausführlich die Abwetter-Methode: **Lenzen vor Topp und Takel**

Lenzen vor Topp und Takel:
Segel bergen. Heck in die See drehen, ggf. mit Hilfe der Maschine. Dann von See und Wind treiben lassen.

Das Steuern spielt hierbei die wichtigste Rolle. Dichtgeholtes Vorsegel als Windfahne. Um eine gewisse Steuerfähigkeit zu erreichen und die Driftgeschwindigkeit zu mindern, bringt man eine Leine aus, die nachgeschleppt wird und somit im Wasser eine Bucht bildet.

Es sollte ein Leinenende auf der einen Seite des Achterschiffes auf einer Winsch belegt werden, um die Leine auch wieder einholen zu können (sehr starker Zug!). Die Leine kann beispielsweise zusätzlich beschwert werden, um die Bremswirkung zu erhöhen Die Verwendung eines Treibankers verspricht dann Erfolg, wenn dieser so groß ist, dass sein Widerstand im Wasser größer ist als der des Bootes. Das Gelingen der beschriebenen Maßnahme hängt erheblich vom Schiffstyp ab.

225. SSS Welche besondere Bedeutung hat die Koppelnavigation bei schwerem Wetter?

Der Koppelnavigation ist bei schwerem Wetter besondere Aufmerksamkeit zu widmen. Segelt ein Schiff ohne terrestrischen Sichtkontakt oder bei Nacht/Nebel, so ist das Koppeln/die Koppelnavigation die einzige Möglichkeit die Position zu bestimmen.

Die Standorte der Koppelnavigation sind, sofern durch die elektronischen Navigationssysteme verifiziert, in kürzeren Abständen als gewohnt in die Seekarte einzutragen. Abdriftwinkel und Geschwindigkeit sind zu berücksichtigen.

226. SSS Was sind die wesentlichen Punkte einer Checkliste für das Sturmklarmachen einer Yacht?

Crewführung: Sonderwachplan.

Unterdeck: Alle losen Gegenstände wegstauen und festzurren, heiße Kojen und Ölzeugschleuse herrichten, Luken dicht, Seeventile schließen, Verpflegung vorbereiten, Navigation (Wetteranalyse, Fluchtoptionen, Legerwall, Koppelarbeit).

An Deck: Laufleine / Strecktau, Sicherung von Deckslasten (Dingi, Rettungsinsel, Anker), Reffen vorbereiten.

Auf mögliche nautische Warnmeldungen achten!

227. SSS Wie realisiert man den Grundsatz, „rechtzeitig zu reffen"?

Um rechtzeitig reffen zu können, sollte alles zum sofortigen Reffen vorbereitet sein.

Um die ersten Böen rechtzeitig zu erkennen, sollte sich ein Wetterbeobachter an Deck aufhalten. Verändert sich die Kimm auf der Wetterseite, je nach Beleuchtung zu einem weißen oder schwarzen Strich, hat man noch etwa 5 Minuten Zeit bis zum ersten heftigen Windstoß. 5 Minuten reichen um ein Slup nach Vorbereitung zu reffen.

Fahren in schwerem Wetter — Seemannschaft

228. SSS Wie wird das Reffen vorbereitet?

Bei herkömmlichen Vorstagen ist das vorgesehene Schwerwettersegel (Fock oder Sturmfock) unter dem stehenden Segel anzureihen. Die neuen Schoten sind auszulegen und anzuschlagen. Die Holepunkte nach Markierung einstellen.

Bei Rollanlagen ist das Vorstag (oder Ersatzweise ein Drahtfall) anzuschlagen und durchzusetzen um den Sturmfock daran aufzureihen. Auf Vorbereitung der Schoten und Umstellen der Holepunkte ist zu achten.

Um das Großsegel klar zum Reffen zu haben wird die Dirk durchgesetzt. Die Schmeereeps werden zum Holen vorbereitet und das Fall wird zum Fieren klargelegt.

229. SSS Welches sind die verlässlichen Indikatoren einer bevorstehenden Bö?

Merkregel:
Verändert sich die Kimm auf der Wetterseite, je nach Beleuchtung, zu einem weißen oder schwarzen Strich, so sind es noch ein paar Minuten bis zum ersten heftigen Windstoß.

230. SSS Beschreiben Sie den Vorgang des Großsegelreffens.

Das Großsegel refft man am Wind, während das Vorsegel den Vortrieb besorgt. Zunächst wird das Vorliek herabgelassen, eingehängt und wieder dicht gesetzt. Dann wird das Achterliek mit Hilfe der Schmeereeps dicht gesetzt.

231. SSS Wie werden Vorsegel gewechselt?

Um das Vorsegel zu wechseln wird zunächst das stehende geborgen und im Bugkorb verstaut, sodann wird das neue bereits angereihte Segel gesetzt.

232. SSS Woran erkennt man, ob man ausreichend gerefft hat:
    a.) am Wind?
    b.) vorm Wind?

Am Wind erkennt man zu viel Segelfläche an der Lage. Moderne Yachten dürfen nicht mehr als 25° höchstens 30° krängen. Darüber werden sie höllisch luvgierig und neigen dazu aus dem Ruder zu laufen.

Vor dem Wind trägt die Yacht zu viel Fläche wenn sie über Gebühr nach beiden Seiten giert.

233. SSS Aus welchen Gründen muss geprüft werden, ob bei einem bevorstehenden Sturm die Reiseroute beibehalten werden kann?

Im Sturm ist die Kursfreiheit eingeschränkt. Je nach Art und Beschaffenheit der Yacht und Schwere des Sturms kann es schwierig oder ausgeschlossen sein Luvraum gut zu machen.

Bei schwerer See kann man gezwungen sein vor der See abzulaufen, beizuliegen oder sich passiv treiben zu lassen. In allen Fällen muss ausreichend Leeraum, der sich aus den Driftwerten des Schiffes ergibt, vorhanden sein.

234. SSS Wie ermittelt man die Windrichtungen und -stärken, denen man im Verlauf der Vorhersageperiode ausgesetzt ist?

Auf der Grundlage von Wetterinformationen zeichnet man das Sturmgebilde mit den wesentlichen Isobaren auf Transparentpapier, das auf den Übersegler mit der beabsichtigten Reiseroute gelegt wird.
Je nach vorhergesagter Zugrichtung verschiebt man das Transparentpapier auf der Karte und studiert die Veränderung der Windrichtungen und -stärken entlang der Reiseroute für die nächsten 12 bis 24 Stunden.

235. SSS Weshalb sollte man die Alternative, einen Schutzhafen anzulaufen, sehr kritisch prüfen?

Erwägt man die Reise abzubrechen und in einem Hafen oder einer Bucht Schutz zu suchen, ist dies sehr gewissenhaft zu überlegen, zu überprüfen und konsequent durchzudenken. Allein der Begriff „Schutzhafen" verleitet leicht zu einer voreiligen Entscheidung. Häfen oder Buchten in Luv scheiden schon mal aus. In Lee Schutz zu suchen heißt wertvollen Raum aufzugeben.

Es gäbe kein Zurück, außerdem sind Ansteuerungen in Leeküsten sehr gefährlich. Grundseen und Brandung sind zu überwinden. Navigationsfehler würden auf Legerwall führen.

So bleiben nur Ziele, die im Bereich der Halbwindkurse zu erreichen sind. Leebuchten die ihrer Lage nach Schutz bieten, können, wenn sie unterhalb von Bergzügen liegen, derben Fallwinden oder starker Düsenwirkung ausgesetzt sein. Schließlich ist das Risiko beim manövrieren bei Sturm in einem vollbesetzten Hafen zu bedenken.

236. SSS Erklären Sie, in welcher Weise schwere achterliche See die Luvgierigkeit beeinflusst.

Achterliche See vergrößert die Luvgierigkeit, weil die anrollende See das Heck anhebt. Damit verbunden verlagert sich der Lateralschwerpunkt weiter nach vorn.

Fahren in schwerem Wetter — Seemannschaft

237. SSS Beschreiben Sie, auf welche Weise man auf See Luvgierigkeit vermindern kann.

Während der Seereise kann die Luvgierigkeit gemindert werden durch größere Vorsegel, analog kleinere Großsegel, ggf. durch Reffen. Durch Gewichtsverlagerung, also durch Umlagern nach achtern, kann die Luvgierigkeit ggf. vermindert werden.

238. SSS Nennen Sie die Ursachen für Luvgierigkeit.

Luvgierigkeit entsteht durch große Großsegel und verhältnismäßig zu kleine Vorsegel, weil dadurch eine Verlagerung sowohl des Druckmittelpunktes als auch des Flächenschwerpunktes nach achtern erfolgt (Kopflastigkeit bedeutet: Der Bug liegt tiefer im Wasser als das Heck), z.B. bei Wassereinbruch oder das Verstauen schwerer Ausrüstungsgegenstände im Vorschiff, machen das Schiff luvgierig.

239. SSS Wie wird in schwerem Seegang die Fahrt bei Halbwind- oder Amwindkursen kontrolliert?

Bei Amwind- oder Halbwindkursen muss durch leichtes variieren zum Wellenhang oder zum Wellental hin die Fahrt kontrolliert werden (eigentlich wie beim Surfen). Bei hohen Wellen hat das Bergauf- und Bergabkorrigieren mehr Einfluss auf die Fahrt als der Winkel zum Wind.

240. SSS Wie erleichtert man sich das Rudergehen in schwerer See auf Vorwindkursen?

Bei Vorwindkursen oder rauem Wind wird das Achterschiff von den heranrollenden Wellen ziemlich böse hin und her geschoben und es kostet kräftige Ruderschläge den Kurs zu halten. Das Ruderblatt sowie der Ruderschaft werden dabei sehr stark beansprucht.

Nach einiger Übung kann man sich die Arbeit am Ruder erheblich erleichtern, wenn man in Erwartung des Ausbrechens Gegenruder legt.

241. SSS Wie stellt man sich Brechern, wenn man ihnen nicht ausweichen kann?

Brecher werden mit dem Bug oder dem Heck „vierkant" genommen. **Nie sollte man einen breitseits erwischen.** Es ist deshalb stets die Luvseite im Auge zu behalten.

Bei halbem Wind oder höher fährt man den „Durchschießer". Dazu ist gut Fahrt zu halten. Wenn der Brecher ein bis zwei Schiffslängen heran ist, wird zügig in ihn hineingeluvt um wieder im Schaum abzufallen.

242. SSS Was ist zu tun, wenn auf Amwind- oder auf Halbwindkursen der Seegang zu hart geworden ist?

Kursänderung vornehmen (vom geplanten Reisekurs nach Lee abweichen).

243. SSS Für welchen Zweck werden Bremsschleppen ausgebracht?

Um die Fahrt herabzusetzen bzw. um zu vermeiden, dass das Schiff bei achterlichem Wind bzw. bei rauem Kurs zu schnell wird.

244. SSS Was bedeutet in Zusammenhang mit den Abwettermethoden **Lenzen vor Topp und Takel**?

Lenzen vor Topp und Takel bedeutet in diesem Zusammenhang: Sogar ohne Sturmfock, also vor dem blanken Mast, nach Lee abzulaufen. Diese Methode wählt man, wenn der Vortrieb unter Sturmfock sich als zu groß erweist.

245. SSS Welche Vorteile und Gefahren sind mit dem Beiliegen verbunden?

Vorteile: Das Beiliegen verschafft umgehend Ruhe, weil der Bug nun nicht mehr in die Wellen schlägt, das Schiff nicht mehr stampft und das Rollen durch die quer stehenden Segel etwas gedämpft wird.

Nachteile: Bei schräg achterlicher Wirbelschleppe unterliegt man der Gefahr, breitseits überrollt zu werden und schlimmstenfalls von einer stürzenden Riesenwelle herab auf die Seite zu fallen.

246. SSS Was versteht man unter der Abwettermethode Treiben? Was sind ihre Nachteile?

Unter Treiben versteht man, das Schiff sich selbst zu überlassen:

Alle Segel werden weggenommen, das Ruder wird leicht auf Luv festgestellt, alles wird dichtgemacht und auch die Seewache wird unter Deck geholt. Das Schiff pendelt sich in diesem Zustand quer zu den Wellen ein und unterliegt einer sehr geringen Leedrift. Allerdings rollt es wie der Teufel und ist ein Spielball der Wellen. Brecher treffen es breitseits und bei äußerst steilen und sich überschlagenden Wellen ist ein seitlicher Absturz vorprogrammiert.

Sich treiben zu lassen, kommt deshalb nur für stabile Stahlschiffe und hart gesottene Crews in Frage.

ANKERN

247. SSS Welche Voraussetzungen muss ein geeigneter Ankerplatz bieten?

Es sollte sich möglichst um eine Bucht mit ablandigem Wind handeln.

Die Wetterlage muss so stabil sein, dass ein Wechsel der Windrichtung so gut wie ausgeschlossen ist. Die Bucht muss geschützt sein, d.h. es darf keine Dünung hinein stehen und die umliegenden Berge dürfen keine Düsenwirkung oder Fallwinde erzeugen. Es muss ausreichend hindernisfreier Seeraum mit geeigneten Wassertiefen zum Schwojen vorhanden sein. Einen guten Ankergrund und nicht zu viele Ankerlieger sind weitere Voraussetzungen.

248. SSS Welches sind Anker mit hoher Haltekraft?

Platten- und Pflugscharanker.

249. SSS Für welchen Ankergrund ist der Stockanker besser als alle anderen Ankertypen geeignet und weshalb sollte er unabhängig von der Yachtgröße mindestens 25 kg wiegen?

Für einen Ankergrund welcher mit Seegras bewachsen ist. Hohes Gewicht (mind. 25 kg), damit Seegras durchdrungen werden kann.

250. SSS Auf welche Weise werden Leichtbauyachten in der Gl-Liste der Ankergrößen berücksichtigt?

Bei leichten Yachten, deren Verdrängung kleiner ist als die Tabelle für die ermittelte Leitzahl angibt, sind die Größen zwischen der Zeile für die Leitzahl und der Zeile für die tatsächliche Verdrängung zu mitteln.

251. SSS Welche Länge sollte der Kettenvorlauf einer Ankertrosse haben, bei kleinen Yachten und ab 12 t Verdrängung?

Bei Yachten, ab Leitzahl 55 bzw. 12 t Verdrängung empfiehlt die Germanische Lloyd 12,5 Meter Kettenvorlauf, bei kleineren Yachten 6 Meter.

Siehe auch Auszug aus den Sicherheitsrichtlinien der Kreuzerabteilung:
Anker und Ketten für Segelyachten.

Seemannschaft — Ankern

252. SSS Wie sollte die Zugkraft der Ankerkette bzw. Ankertrosse an Deck aufgefangen werden?

Durch einen speziell dafür angebrachten Beschlag.

Die Festigkeit einer gewöhnlichen Festmacherklampe entspricht nicht der hohen Bruchlast von Trosse oder Kette. Besser geeignet ist ein durchgehender Poller oder ein besonderer Kettenfänger der ausreichend fest fundamentiert ist.

253. SSS Welchen Zweck erfüllt die Länge der gesteckten Ankerkette neben der horizontalen Zugrichtung noch?

Grundsätzlich sollte soviel wie möglich Kette gesteckt werden um die Haftreibung auf dem Grund zu nutzen.

254. SSS Wie viel Ankerkette bzw. Ankertrosse steckt man um möglichst sicher vor Anker zu liegen?

Soviel wie es der freie Schwojkreis erlaubt.

255. SSS Inwiefern trägt das hängende Kettenteil zur Entlastung des Ankerzuges bei?

Das hängende Kettenteil hilft beim Abfedern der Wellenbelastung (Federwirkung der hängenden Kette).

256. SSS Welche Wassertiefe wähle ich bei viel Wind und wenig Welle zum Anker? Welche bei relativ hoher Welle?

Bei großem Winddruck und wenig Seegang wählt man eine möglichst geringe Wassertiefe zum Ankern (es reichen etwa 2m Wasser unterm Kiel im flachsten Bereich des Schwojkreises).

Gibt es Wellen mit einem halben Meter Höhe, muss das Wasser mindestens 5m tief, und bei 1 Meter hohen Wellen sind 10 Meter Wassertiefe erforderlich (Faustregel).

257. SSS Wie steuert man die zum Ankern vorgesehene Position an?

Um die vorgesehene Ankerposition zu finden, sucht man sich eine Ansteuerungspeilung aus der Karte und läuft den Peilstrahl in die Bucht. Mit dem Echolot findet man die gewünschte Wassertiefe, sofern man, im Falle eines Tidengewässers, die Lotung vorher beschickt hat. An der richtigen Stelle stoppt man auf und studiert die Positionen der anderen Ankerlieger sowie ihre wahrscheinlichen Schwojkreise.

Ankern — Seemannschaft

258. SSS Unter welchen Voraussetzungen kann man auch Nachts eine Ankerbucht anlaufen?

Wenn genügend eindeutige Lichter eine einwandfreie Ortsbestimmung zulassen, bzw. mit Hilfe des Radars bzw. des Kartenplotters.

259. SSS Beschreiben Sie das normale Ankermanöver unter Motor.

Über den gewünschten Punkt nimmt der Rudergänger kleine Fahrt zurück und ruft „Anker fall". Ist die gewünschte Kettenlänge ausgelaufen, wird die Kette abgebremst und gestoppt. Wenn die Kette belegt ist und Kraft aufnehmen kann, wird die Halteprobe gefahren. Man fährt etwa 10 m voraus um mit mäßigem Schwung rückwärts in die Kette einzudampfen. Mit einem Fuß auf der steifen Kette fühlt man ob der Anker hält oder schliert.

260. SSS Wie verhindere ich beim Ankeraufgehen, dass der ausbrechende Anker fremde Ketten fasst?

Man steuert die Yacht mit kleiner Fahrt über dem Anker während die Kette eingeholt wird und lässt den Anker mit senkrechter Kette ausbrechen.

261. SSS Wie ankert man unter Segeln, falls man dazu gezwungen ist?

Ankermanöver unter Segeln:
Unter Segel wird für das Ankermanöver rechtzeitig das Vorsegel geborgen, damit die Fahrt reduziert wird und damit man auf dem Vorschiff ungehindert arbeiten kann. Man tastet sich an die gewünschte Stelle und schießt genau in den Wind. Der Anker darf erst fallen, wenn die Yacht Fahrt zurück nimmt.

262. SSS Wonach richtet sich beim Ankern in einer Bucht die Länge der zu steckenden Kette?

- Zu erwartende Wetterbedingungen
- Schutz, den die Bucht gewährt
- vorhandener Schwojraum
- Wassertiefe

263. SSS Weshalb können bei Ansteuerung einer Ankerbucht bei Nacht andere Ankerlieger leicht übersehen werden?

Viele Segelyachten führen das Ankerlicht im Masttopp. Für jemanden, der beim Ansteuern der Bucht angestrengt die Wasseroberfläche nach Hindernissen absucht, befindet sich ein solches Ankerlicht außerhalb des primären Gesichtsfeldes.

Seemannschaft — Ankern

264. SSS Zählen Sie verschiedene Arten von Ankergründen in der Reihenfolge ihrer Haltefähigkeit auf.

Verschieden Arten von Ankergrund:

- Lehm oder Ton
- fester Sand
- normaler Sand
- Schlick
- Seegras

265. SSS Welchem Zweck dient eine Ankerboje?

Sie markiert die Stelle, wo der Anker liegt und erleichtert die Bergung des Ankers, falls er sich am Grund verhakt hat. In vielen Häfen ist der Einsatz von Ankerbojen verboten, damit bei Dunkelheit ein- oder auslaufende Schiffe die Bojenleinen nicht in die Schraube bekommen.
...und, damit beim Ankern „Draußen" die Korallenriffe nicht weiter oder mehr beschädigt werden!!!

266. SSS Welches Ankergeschirr benutzt man, wenn größte Haltekraft vonnöten ist?

Wenn besondere Haltekraft erforderlich ist, setzt man beide Anker in Tandemform ein. Man nennt dies Verkatten.

267. SSS Zu welchem Zweck legt man sich vor vermurte Anker? Wie fährt man das Manöver?

Soll der Schwojraum begrenzt oder das unruhige hin und her schwojen unterbrochen werden, bringt man zwei Anker vermurt aus.

Vermuren heißt, vor zwei Ketten oder vor Kette und Trosse zu liegen, die in V-Form ausgebracht sind. Man läuft die erste Ankerstelle mit halbem Wind an und bringt dort den Zweitanker über Heck aus. Während laufend Trosse gesteckt wird, läuft man mit halbem Wind weiter zum zweiten Ankerpunkt. Hier wird mit hart Luvruder aufgestoppt und Rückwärtsfahrt nach Lee aufgenommen, während der Buganker fällt. Die Trosse des Zweitankers wird nun nicht mehr über Heck, sondern vom Vorschiff aus gesteckt und auch bald belegt. Die Hauptkette wird in Rückwärtsfahrt leewärts ausgelegt.

268. SSS Gibt es Pflicht zur Ankerwache?

Nach § 32(4) SeeSchStrO muss auf Yachten über 12 m Länge Ankerwache gegangen werden, wenn sie in der Nähe des Fahrwassers oder auf einer Reede vor Anker liegen.

269. SSS Welche Aufgaben kann die Ankerwache haben? Wie viele Leute sind dazu einzuteilen und was müssen sie können?

Die Ankerwache wird entsprechend der Wetterlage und der Situation am Ankerplatz mehr oder weniger intensiv gehalten.

Bei ruhiger Lage genügt es die Ankerposition zunächst häufiger, dann nur noch in bestimmten Abständen zu überprüfen. Zu diesem Zweck muss eine Person an Bord bleiben, welche in der Lage ist Kette zu stecken und erforderlichenfalls Anker auf zu gehen und erneut zu ankern.

270. SSS Wie funktioniert ein Echolot mit Ankerwarnfunktion und inwieweit ersetzt oder entlastet es die Ankerwache?

Bei Echolotanlagen die eine Ankerwarnfunktion haben, stellt man zwei Grenzwerte ein, die weder überschritten noch unterschritten werden dürfen. Es wird Alarm ausgelöst. Die Ankerwarnfunktion **unterstützt** die Ankerwache, ein Ersatz ist sie nicht!

271. SSS Was bewirkt ein Treibanker? Wie wird er ausgebracht? Welche Gefahren sind zu beachten?

Ein Treibanker verringert die Drift und hält den Bug oder das Heck gegen Wind und See. Wenn der Treibanker über Bug ausgebracht wird, muss das Ruder verlässlich festgelascht sein (Gefahr des Ruderbruchs).

SEEMANNSCHAFT ALLGEMEIN

272. SSS Was sind die wichtigsten Verhaltensregeln für die Seewache bei Sturm?

- Wetterbekleidung, Sicherheitsgurt immer eingepiekt, Rettungsweste,
- Kein unnötiger Aufenthalt außerhalb des Cockpits, Niedergang und Luken dicht,
- Verschärfter Ausguck nach Luv,
- Rudergänger gesichert und mit gutem Halt sitzend,
- Einigkeit über die anzuwendende Sturmtaktik,
- Rechtzeitiges Abwechseln am Ruder.

Seemannschaft

Seemannschaft allgemein

273. SSS Welche Sturmtaktiken bieten sich an, wenn der Leeraum nicht kritisch ist?

- Ablaufen auf Raumwindkursen unter Sturmfock oder vor dem Wind vor Topp und Takel.
- Ablaufen vor ausgebrachten Taubuchten, um die Fahrt zu verringern und die Kursstabilität zu unterstützen.
- Beiliegen wenn man Schiff und Mannschaft die heftigen Schiffsbewegungen nicht mehr zumuten will.

274. SSS Wie sollte bei einer normalen Slup (etwa 12m lang) mit Rollgenua die Sturmbesegelung beschaffen sein?

Das Großsegel muss drei mal reffbar oder es muss ein Trysegel vorhanden sein.

Die teilweise eingerollte Genua ist als Sturmbesegelung nicht geeignet. Stattdessen sollte eine Sturmfock an einem zweiten Vorstag (Kutterstag oder auch Babystag) gesetzt werden können.

275. SSS Weshalb darf bei einer Ketsch auf Amwindkursen das Großsegel nicht ganz mittschiffs geholt werden?

Das Großsegel lenkt den Luftstrom um einen gewissen Winkel zur Mittschiffslinie ab. Steht es zu dicht, bleibt ein zu geringer Anstellwinkel für den Besan, der dann keinen Vortrieb mehr bringt.

276. SSS Welche Bedeutung haben Kommandos für den Ablauf eines Segelmanövers?

Die Aktionen verschiedener Crewmitglieder bedürfen der Harmonisierung und Steuerung durch den Schiffsführer.

Kommandos gewähren den geordneten zeitlichen Ablauf und das richtige Ausmaß der Einzelhandlungen.

277. SSS Wie behilft man sich, wenn eine Prickenstrecke bevorsteht, die sich um den Vorwindkurs hin und her windet und eine Reihe eng aufeinander folgender Halsen verlangt?

Wenn die Abstände zu eng erscheinen empfiehlt es sich das Großsegel mittschiffs dicht zu holen und es in dieser Stellung zu belassen um die Halsen nur mit dem Vorsegel auszuführen.

Seemannschaft allgemein — Seemannschaft

278. SSS Welche Kontrollen sind vor Fahrtantritt und dann täglich an Motor, Antrieb und Hilfsanlagen durchzuführen?

- Kraftstoffvorrat
- Öl- und Kühlwasserstand
- Keilriemenspannung und Motorbilge
- Ladezustand der Batterien
- Schiffs- und Motorenbilge, sowie Saugkörbe der Lenzanlage

279. SSS Welche Kontrollen sind vor dem Starten des Motors, welche unmittelbar nach dem Anspringen vorzunehmen?

Vor dem Starten:
- Richtige Batterieschaltung?
- Kein Tampen im Wasser?
- Niemand im Maschinenraum?
- Maschinenhebelstellung?

Nach dem Starten:
- Kühlwasseraustritt?
- Öldruck, Ladestrom und Drehzahl.

280. SSS Wie kann man bei Hafenmanövern unter Motor den Drehkreis verengen?

Durch Aufstoppen und Drehen auf der Stelle (Radeffekt).

281. SSS Beim Ablegen rückwärts aus einer Box mit Heckpfählen steuert das Heck der Yacht, bedingt durch den Schraubeneffekt (Radeffekt), geradewegs auf den steuerbordseitigen Heckpfahl zu! Wie behilft man sich vom Steuerstand aus?

Maschine stopp, hart Stb-Ruder, mit Maschine kurzen Push voraus, Maschine gleich wieder auf kleine Kraft zurück.

282. SSS Welche Gefahr ist bei Hafenmanövern unter Motor zu bedenken, wenn man unter Seitenwind aufstoppen muss und wie kann man ihr begegnen?

Wird ein Schiff aufgestoppt fällt der Bug nach Lee ab. Deshalb muss man, z.B. in einem engen Hafen, beim Aufstoppen anluven und rechtzeitig bevor der Bug zu weit nach Lee abfällt, wieder Fahrt aufnehmen oder fest machen.

Seemannschaft — Seemannschaft allgemein

283. SSS Wodurch zeichnet sich eine hochseetüchtige Segelyacht unter Deck aus?

- Besonders massive Ausführung der gesamten Inneneinrichtung
- Tritt- und Standfestigkeit überall, auch bei großer Schräglage
- ausreichende Griffe und Handläufe
- gesicherte Kojen (Kojensegel oder Bretter)
- Ölzeugspind
- seegangstaugliche Pantry und Nav-Ecke

284. SSS Wodurch wird sichergestellt, dass sich der Verschleißzustand der Yacht im Rahmen der Sicherheitsanforderungen befindet?

Es ist die sachgemäße Durchführung der periodischen Inspektionen von Maschine, Gasanlage und Sicherheitsausrüstung sicherzustellen. Ferner sind zu kontrollieren:

- der Zustand aller Beschläge im Rigg und das gesamte stehende und laufende Gut sowie Segel und Ersatzsegel
- der Zustand der Anker, Ruderanlage und Lenzsysteme
- der Zustand der gesamten Navigations- und Sicherheitsausrüstung, sowie die Kapazität der Batterien.

285. SSS Wonach richtet man sich bei der Ausstattung mit Seenotsignalmitteln und wie sind sie in Bereitschaft zu halten?

Art und Umfang nach Fahrtgebiet und Sicherheitsrichtlinien der Kreuzerabteilung. Die Seenotsignalmittel sind schnell erreichbar, aber vor Feuchtigkeit und Diebstahl geschützt aufzubewahren.

Vor Reiseantritt ist die Crew in Gebrauch und Handhabung einzuweisen.

286. SSS Weshalb sollte zusätzlich zu einer den Sicherheitsrichtlinien entsprechend ausgestatteten Rettungsinsel eine Nottasche vorgesehen werden?

Da die Ausrüstung der Rettungsinsel wegen des geringen Raumangebots im gepackten Zustand naturgemäß minimal ist, sollte eine Nottasche für den Fall der Schiffsevakuierung bereit stehen.

287. SSS Wie sollte ein Medikamentenverzeichnis der Bordapotheke angelegt sein?

Das Medikamentenverzeichnis sollte:

- nach Krankheitsbildern gegliedert sein, um das Auffinden der geeigneten Medikamente zu vereinfachen.
- zur Identifizierung der Packungen mit den Nummern des Verzeichnisses nach der Krankenfürsorgeverordnung der Seeberufsgenossenschaft versehen sein, damit diese auch bei einer funkärztlichen Beratung (Medico Gespräch) genannt und schnell gefunden werden können.

288. SSS Wie muss auf einer Segelyacht der Radarreflektor angebracht sein, um optimale Wirkung zu erzielen?

Der Radarreflektor muss eine starre, genau definierte Stellung auf dem Mast haben, bei der die optimale Reflexion nach voraus und achteraus gerichtet ist. Er muss also fest montiert und nicht an Leinen „vorgeheißt" sein. Die Hochachse ist bei Segelyachten um 35° nach voraus oder achteraus zu neigen (Yachtstellung) und eine der Trichtermittelachsen sollte voraus gerichtet sein.

289. SSS Welche Anforderungen sind an die Seetüchtigkeit der Besatzung einer Yacht zu stellen?

Neben dem Schiffsführer sollte eine ausreichende Anzahl sachkundiger und geübter Crewmitglieder vorhanden sein, wie sie für die Durchführung aller erforderlichen Manöver benötigt wird. Für den Schiffsführer muss sich ein qualifizierter Stellvertreter an Bord befinden. Bei Fahrten über 10 Stunden müssen 2 Wachen für die einfache Schiffsführung gebildet werden, wobei die aufwendigen Manöver der ganzen Crew vorbehalten bleiben können (All-Hands-Manöver).

290. SSS An Bord einer Segelyacht beobachtet man hinter der Kimm eine rote Leuchtkugel und gleich darauf eine zweite - Wie hat man an Bord zu reagieren?

Die Leuchtkugeln signalisieren einen Seenotfall. Der Schiffsführer ist gesetzlich zur Hilfeleistung verpflichtet (§ 5 VO über die Sicherung der Seefahrt).
Die Peilung wird festgehalten, Skipper und Seewache werden alarmiert.

Sodann:

- eigenen Standort festhalten und die Peilung in die Seekarte eintragen
- Kanal 16 abhören und wenn nötig Mayday Relay senden
- die Peilung mit größtmöglicher Fahrt ansteuern
- Funkverkehr überwachen

Seemannschaft

Seemannschaft allgemein

291. SSS Bei einem Seenotfall in einem entlegenen Seegebiet sind nur Sie mit Ihrem Schiff anwesend, das die Hilfe einleiten bzw. die Suche durchführen kann. Beschreiben Sie die Planung zur **Einleitung der Suche**.

Zu Beginn der Suchplanung muss **zunächst der Bezugspunkt** und das anfänglich wahrscheinlichste **Aufenthaltsgebiet** des Suchzieles bestimmt werden. Das wahrscheinlichste Gebiet wird festgestellt, nachdem mögliche Fehler bei der Bestimmung des Bezugspunktes aufgrund der Ungenauigkeit der gemeldeten Position des Unfalls und/oder bei der Schätzung der Vertreibung durch Strom und/oder Wind berücksichtigt worden sind.

292. SSS Beschreiben Sie die Funktionsweisen der Satelliten-EPIRB-Bojen.

Seenotmeldung mittels Seenotfunkbake:

Cospas-Sarsat-Bake 406 MHz (enthält Code und Identifizierungs-Nr), Position wird mit Dopplereffekt vom Satelliten aus gemessen, sendet auch als Notfrequenz der Luftfahrt, so Feinortung möglich, / **Inmarsat-E-Bake** sendet im L-Band, mit GPS Empfänger ausgerüstet, sendet so auch exakte Position. Beide Baken können per Hand ausgelöst werden, lösen sich aber auch automatisch z.B. beim Untergang des Schiffes aus.

293. SSS a) Wer nimmt in Deutschland den maritimen Such- und Rettungsdienst (SAR=Search and Rescue) nach Kapitel V SOLAS wahr?
b) Wo ist diese Organisation ansässig und was sind ihre wesentlichen Aufgaben in einem Seenotfall z.B. mit einem Sportfahrzeug?

a) Die Deutsche Gesellschaft zur Rettung Schiffbrüchiger (DGzRS)
b) Die DGzRS ist in Bremen ansässig. Sie sorgt für die Planung, Leitung, Koordinierung und den Abschluss der SAR-Maßnahmen und deren Dokumentation.

294. SSS Wo findet man für Seenotfälle mit Sportfahrzeugen ausführliche Informationen über Suchverfahren, Suchgebietsplanung etc.? Was ist der wesentliche Inhalt in dem übergeordneten Werk? Was muss der **OSC** (on Scene Coordinator / Commander) zu Beginn einer Suchplanung festlegen?

Im Handbuch für Suche und Rettung des BSH. Die neu überarbeitete Auflage ist eine auszugsweise Wiedergabe des Maritime Search Manual der IMO. Diese Broschüre sollte an Bord jedes Sportfahrzeugs sein. Der OSC muss zu Beginn der Suchplanung zunächst den Bezugspunkt (Datum) festlegen und das anfänglich wahrscheinliche Aufenthaltsgebiet des Suchzieles bestimmen.

295. SSS Welche sind die beiden gängigen Typen einer Seenotfunkbake (EPIRP) ?

Cospas-Sarsat und Inmarsat-E.

Cospas-Sarsat:
Nach Auslösung sendet die Bake eine Trägerfrequenz von 406 MHz mit codierter Ident. -Nummer sowie einen Peilton auf der Flugfunknotfrequenz 121,5 MHz.

Inmarsat E:
Nach Auslösung sendet die Bake im L-Band ein Signal mit der genauen GPS-Position welche verzögerungslos über eine Küsten-Erdfunkstelle (Coast Earth Station, CES) an die zuständige Rettungsleitstelle (RCC) weitergeleitet wird.

Stichwortverzeichnis

Stichwortverzeichnis

Die Angaben beziehen sich auf die Fragennummern in den entsprechenden Kapiteln Navigation, Schifffahrtsrecht, Wetterkunde und Seemannschaft. Fettgedruckte Angaben verweisen auf Fragen welche die Definition des Begriffs enthalten, normal gedruckte verweisen auf Fragen in deren Kontext der Begriff von Bedeutung ist. Angaben mit nachfolgendem „f" verweisen auf eine Frage und die jeweils nachfolgende. Bei Angaben mit nachfolgendem „ff" erstrecken sich die Ausführungen auf mehrere (mehr als zwei) Fragen.

	Frage	Kapitel
A		
Abbergen von Personen	143, **145**, 147	Seemannschaft
ABC Regeln	180, 192 f, 200 f	Seemannschaft
Abkühlung	**43**, 44, 62, 64, 79	Wetterkunde
Abkühlungsnebel	64	Wetterkunde
Ablenkung	**23**, 26-29, 35, 47, 50f, 53, 63	Navigation
Ablenkung	209	Schifffahrtsrecht
Ablenkungstafel / Tabelle	**24**, 35, 60, 63	Navigation
Abschattungen / Antennenabschattungen	101, 114	Navigation
Absolute Feuchte / Feuchte	2, **15**, 35, **41**, 43, **44**, 64, 70, 72, 112, 177	Wetterkunde
Abstand eines Feuers in der Kimm	58	Navigation
Abstimmung (Tuning)	153	Navigation
Abwettern / Abwettermethode	221, **224**, 246	Seemannschaft
Admirality Tide Tables (ATT)	81, 92, 98, 99	Navigation
Advektion / Warmluftadvektion	64	Wetterkunde
AIS	163, 164, **165 f**, 167 f	Navigation
Alter der Gezeit (AdG)	**81**, 92	Navigation
Aneometer	23	Wetterkunde
Anfängliche Andrehverzögerung	204	Seemannschaft
Anfangsstabilität	42, 46, 48, 50	Seemannschaft
Ankerauf gehen	260, 269	Seemannschaft
Ankerboje	265	Seemannschaft
Ankerkette / Ankertrosse	124, 251-254	Seemannschaft
Ankerkettenvorlauf	251	Seemannschaft
Ankermanöver unter Motor	259	Seemannschaft
Ankermanöver unter Segeln	261	Seemannschaft
Ankern / Ankerlieger / Ankerball / Ankerlicht	42, 56, 60, 75, 79, 80, 81, 124, 132, 158, 166, 168, 207, 214, 215 f, 224, 229, 257, 260	Schifffahrtsrecht
Ankern / Ankerposition / -bucht / -geschirr / -platz	96, 98f, 109, 122, 247 f, 250, 255 f, 257 f, 259 ff, 262, 265 ff, 269, 284	Seemannschaft
Ankerplatz / Ankergrund	247, 249, 258, 263, 264, 267, 269	Seemannschaft
Ankerwache / Ankerboje	**265**, 268 f, 270	Seemannschaft
Ankunftszeit	**40**, 117, 168	Navigation
Anschlussort (Secondary Port)	96	Navigation
Anschlusszone	**90, 184, 238, 265**	Schifffahrtsrecht
Antizyklone	68, 76, 115, 152	Wetterkunde
Äquatoriale Tiefdruckrinne	156, 176	Wetterkunde
Äquatorialer Gegenstrom	**159 f**, 181	Wetterkunde
Atlantische Stromringe	157 f	Wetterkunde
Atmosphäre	5, 16, 28, 167, 187	Wetterkunde
Auf Grund sitzen / Festkommen	118, 122	Seemannschaft
Auffangslinie	65	Navigation
Aufrichtender Moment	36 f, 38-41, 45, 59	Seemannschaft
Aufschießer / Aufschießen	52, 109, 154, 156-160	Seemannschaft

Stichwortverzeichnis

	Frage	Kapitel
Auftriebsschwerpunkt / Auftriebskraft / Auftriebsmittelpunkt	36, 38 f, 45, 55	Seemannschaft
Ausklarieren	18, **93**	Schifffahrtsrecht
Ausrüstung	44, 60, 96 ff, 238, 284, 286	Seemannschaft
Ausrüstungspflichtige Schiffe / Ausrüstungspflicht	13, 16, 18, 21, 23, 25, 83, 114f	Schifffahrtsrecht
Ausschließliche Wirtschaftszone	184, 265, **270**	Schifffahrtsrecht
Außergewöhnliche Schifffahrtsbehinderung	263	Schifffahrtsrecht
Ausstrahlung	64	Wetterkunde
Ausweichen	59, 63f, 64, 125, 139, 146, 151, 209, 234, 243, 261	Schifffahrtsrecht
Ausweichen	204, 214, 241	Seemannschaft
Ausweichmanöver	**140**, 206	Schifffahrtsrecht
Ausweichmanöver	215	Seemannschaft
Ausweichordnung	**63**, 65	Schifffahrtsrecht
Ausweichpflicht	60, 68 ff, 71, 72, 73, 142 f, 145, 148, 155, 198, 209, 243	Schifffahrtsrecht
Ausweichregeln	42, 53, 68 ff, 78, 144, 155, 157, 164	Schifffahrtsrecht
Ausweichsituation	60, 141 ff, 151	Schifffahrtsrecht
Azimut	202, 205	Navigation
Azimutale Auflösung	142 f, **144**, 146 f	Navigation

B

Bankeffekt	**209**, 216	Seemannschaft
Barogramm	11	Wetterkunde
Barometer /-Messungen / Flüssigkeitsbarometer	3, **4**, **9**, 10, 12, 17	Wetterkunde
Basislinie	61, 90, 184, 236, 265, **268**	Schifffahrtsrecht
Batterie / Batteriestand / Batteriezustand	14, 24 f, 28, 29, 61, 98, 278f, 284	Seemannschaft
Beaufort / -Scala / -Befiederung	25, 30, 32, **65**, 120	Wetterkunde
Beaufort / -Scala / -Befiederung	233	Schifffahrtsrecht
Beidrehen / Beidrehmanöver	52, 154, **163** f	Seemannschaft
Beiliegen	221, **222**, 233, **245**, 273	Seemannschaft
Beinahertrinken	**193** f, 200 f	Seemannschaft
Beistand / Beistandspflicht	33 f, **35**, 36, 208, 232, 264	Schifffahrtsrecht
Beistand / Beistandspflicht	125	Seemannschaft
Bekanntmachungen für Seefahrer (BfS)	9, 10, **12**, 15	Navigation
Beobachteter Ort (O_b)	38, 39, 46	Navigation
Bergemanöver	149, **152**, 154, 163, 169	Seemannschaft
Berichtigung von Seekarten	12 f, **14**, 15, **16**, 17	Navigation
Besan / Besanmast	4, 5, 275	Seemannschaft
Beschickung für Wind und Strom	32, **34**	Navigation
Besteckversetzung (BS)	39, 210	Navigation
Betriebspegel	97	Navigation
Betriebssicherheit des Motors	11	Seemannschaft
Bezugsort (Standard Port)	83, 92, 95, **96**, 98	Navigation
Bezugspunkt	179, 184	Navigation
Bezugssystem	**100**, 103 f, **118**	Navigation
Bildhelligkeit (Brilliance)	153	Navigation
Bildpunkt des Gestirns	**123**, 188, 203	Navigation
Bilgendisziplin	65	Seemannschaft
Blinddarmentzündung	**196**	Seemannschaft
Blutung / Blutstillung	**185**, 195, 197	Seemannschaft
Bodenreibung / Reibung	13 f, 19, 27 ff, 76	Wetterkunde
Böen / -Kragen / -Linie	**28** f, 51 f, **53**, 57, **79**, 108, 110, 148 ff	Wetterkunde

Stichwortverzeichnis

	Frage	Kapitel
Bora (zyklonale und antizyklonale Bora)	111	Wetterkunde
Boraartige und fönartige Fallwinde	110	Wetterkunde
Bordapotheke	71, 72, 178, 287	Seemannschaft
Bordelektrik	28	Seemannschaft
Bordwetterkarten	22, 138, 149	Wetterkunde
Brandklassen	66	Seemannschaft
Brandung / Brecher	130, **132**, 135	Wetterkunde
Brecher	222, **241**, 246	Seemannschaft
Breitenkreis	1, 2	Navigation
Breitenparallele	1	Navigation
Bremsschleppen	221, **243**	Seemannschaft
Bundesamt für Seeschifffahrt u Hydrogr. (BSH)	5f	Navigation
Bundesstelle für Seeunfalluntersuchung	35, 96, **97 ff**	Schifffahrtsrecht
Buys-Ballot Regel	**78**, 87	Wetterkunde
C		
Chart / Kartenplotter	160 f, 175	Navigation
Charteryacht	24	Seemannschaft
Cloud Clusters	180	Wetterkunde
CO_2-Löscher	67 f, 105	Seemannschaft
Corioliskraft	13 f, 18, **20**, 76, 167, 175, 192, 195	Wetterkunde
Coriolisablenkung	86	Navigation
Cospas-Sarsat	**118**	Schifffahrtsrecht
Cospas-Sarsat-Bake	292, **295**	Seemannschaft
Crew / Besatzung	9, 71, 80, 87, 100, 104, 124 f, 147, 154, 163, 217, 246, 276, 285, 289	Seemannschaft
Creweinweisung, -liste	3, 7, 18, 181	Schifffahrtsrecht
Crewführung	**9**, 226	Seemannschaft
Crewrest	217, **220**	Seemannschaft
Crewwechsel	60	Seemannschaft
Cross Track Error (XTE)	**112**	Navigation
D		
Datumsgrenze	199	Navigation
Deckpeilung	59	Navigation
Deklination	187, 189, **190**, 191 f, 196, 203, 206	Navigation
Deklinationsparallele	190	Navigation
Deklinationsungleichheit	90	Navigation
DGPS	104, 109, **110**	Navigation
Dieselmotoren	205	Seemannschaft
Differenzkraft	71, 72	Navigation
Digital Selective Calling (DSC)	**116**, 117, 121	Schifffahrtsrecht
Dreidimensionale Ortsbestimmung	108	Navigation
Druck (Luftdruck) / Druckdifferenz	4, 6, **9 f**, 13, 15, 18, 19, 27, 32, 35, 56, **67**, 69 f, 76, 79, 80, 88, 97, 100, 105, 108, 138, 153, 162, 165, 167, 177, 189	Wetterkunde
Druckabfall / Druckgefälle / Druckanstieg	4, 17, 56, 79 f, 98, 162, 170, 177, 192, 195	Wetterkunde
Druckgebilde	85, 99, 108, 189	Wetterkunde
Druckgradient / horizontale Druckgradientkraft / Druckunterschied	7, 10, 13, 17 f, 32	Wetterkunde
Drucktendenz	12, **17**	Wetterkunde
Dünung	95, **124**, 130, 135, **136**, 144, 153, 163, **186**, 191	Wetterkunde

Stichwortverzeichnis

	Frage	Kapitel
Durchfallerkrankung	197 f	Seemannschaft
Durchgehende Schifffahrt	52, 214, 224, **254**, 260	Schifffahrtsrecht
Düse	2, 209, 235, 247	Seemannschaft
Düseneffekt / Düsenwirkung	103 f, **105**, 107 f, 144	Wetterkunde

E

Easterly Waves / tropical Waves	173, **177**	Wetterkunde
Ebbe	75, **79**	Navigation
ECDIS	**161**, 162	Navigation
Effektive Radarrückstrahlfläche	**64**	Seemannschaft
Eigentumsnachweis	**15**, 16, 45 f, **47**, 49	Schifffahrtsrecht
Einschleicher	**39**	Schifffahrtsrecht
Einwachsystem	27	Schifffahrtsrecht
Einwachsystem	**99**, 101	Seemannschaft
Einzelgefahrenstelle / -tonne	178 f, **245**	Schifffahrtsrecht
Ekliptik	193, **204**	Navigation
ELWIS	5, 10	Navigation
Endstabilität	45, 47f	Seemannschaft
Enge Fahrwasser	**54**, 66, 81, 134 f, 159, 215, 235	Schifffahrtsrecht
Engstelle	55, 165, 167, 215, **220**	Schifffahrtsrecht
Entgegenkommer / entgegengesetzte Kurse	66, 72, 149, 209, 212, 242	Schifffahrtsrecht
Entlüften des Vergasers	**16**	Seemannschaft
Etesien (Meltemi)	113	Wetterkunde
Etmal	**102**	Seemannschaft

F

Fahrspurverbreiterung	204	Seemannschaft
Fahrt über Grund (FüG)	20, 113, 117, 168	Navigation
Fahrtsstörsignale	81	Schifffahrtsrecht
Fahrwasser	32, **52**, 53 f, **56**, 57, 59, 61, 66, 75, 114, 127, 164, 166 f, 169 f, 174, 186, 193-197, 199, 203, 207, 209, 212, 214, 220 f, 224, 230, **244**, 254, 260 f	Schifffahrtsrecht
Fahrwasserbezeichnung	**194**, 244	Schifffahrtsrecht
Fahrwassertonnen	171 f, 193	Schifffahrtsrecht
Fahrwasserverlauf /-krümmungen	56 f, 60, 142, 166, 186, 212 f, 230, 254	Schifffahrtsrecht
Fahrwegbeharren	**204**	Seemannschaft
Fallwinde	53, **109**, 110 f, 144	Wetterkunde
Fallwinde	235, 247	Seemannschaft
Fehlstellung von Knochen und Gelenken	**189**	Seemannschaft
Fehlweisung	**28 f**, 51	Navigation
Fernmeldeausrüstung für Seeschiffe	**115**	Schifffahrtsrecht
Fernmeldedienst	121	Schifffahrtsrecht
Fetch	**122**, 123, 190	Wetterkunde
Feuer in der Kimm	56, **58**	Navigation
Feuerlöscher	**67**, 68 ff	Seemannschaft
FI-Schalter	**27**	Seemannschaft
Flaggensignal	87, 203	Schifffahrtsrecht
Flaggenstaat	38 f, 91, 231, 237, 239, 270	Schifffahrtsrecht
Flaggenzertifikat	15, **45**, 49, 47	Schifffahrtsrecht
Flüssiggasanlage	30, 32 ff, 105, 284	Seemannschaft
Flut	75, **78**	Navigation
Formschwerpunkt	**43**, 45	Seemannschaft
Formvorschriften für Gefahrenmeldungen	233	Schifffahrtsrecht

Stichwortverzeichnis

	Frage	Kapitel
Freibordhöhe	39, 55, 59	Seemannschaft
Frequenz	**128**, 156, 171	Navigation
Frequenz	118	Schifffahrtsrecht
Frequenz	139	Wetterkunde
Friedliche Durchfahrt	184, **185**, 236	Schifffahrtsrecht
Fronten	4, 50, **54 f**, 56 f, 79, 84, 88 f, 92, 108, **115**, 137, **138**, 144, 147, 149f, 154, 165, 171, 187, 189, 196	Wetterkunde
Frühlingspunkt / -anfang	179, 183, 192, 233	Navigation
Frühjahrsnebel	**64**	Wetterkunde
Funkärztliche Beratung (Medico-Gespräch)	140, 177, 179, **203**, 287	Seemannschaft
Funkortungsverfahren	**126**	Navigation

G

Gasflasche / Gas / Gasanlage	30-34, 105, 284	Seemannschaft
Gefahrengemeinschaft	7	Schifffahrtsrecht
Gefahrenhalse	161, **162**	Seemannschaft
Gefahrenmeldung	30, 208, **232**, 233, 257	Schifffahrtsrecht
Gefahrenstelle	**176**, **179**, 202, 228, 245	Schifffahrtsrecht
Gekrümmte Isobaren	77	Wetterkunde
Geografische Länge	1, 126	Navigation
Geografische Breite	1, 126	Navigation
Geostrophischer Wind	**18**, 19, 21 f, **27**	Wetterkunde
Gesamtbeschickung	184, 185, 207	Navigation
Gewichtskraft / -schwerpunkt / -mittelpunkt	36-39, 45, 58	Seemannschaft
Gewitter / -bildung (Wärme- & Frontgewitter)	**49-52**, 53, 95, **79**, 149 ff, 180	Wetterkunde
Gezeiten / Gezeitenkräfte	66, **68**, 71 f, 74 f, 78 f, **85**, 86	Navigation
Gezeitenerscheinungen	87 ff	Navigation
Gezeitenlose Gewässer	64	Navigation
Gezeitenlose Gewässer	122	Seemannschaft
Gezeitenstromatlanten / -tabellen	15, 30, 66	Navigation
Gezeitenströme	4, 71, **73**, 86, **89**	Navigation
Gezeitstromstärke	81	Navigation
Gezeitentafeln / -tabelle	4, 30, 81, 84, 91, 94, 98	Navigation
Gezeitenwasserstand	3, 93	Navigation
Gezeitenwerte	81, 95	Navigation
GMDSS	**126**	Navigation
GMDSS	140	Wetterkunde
GPS	3, 100-103, **104**, 105-120, **121**, 126	Navigation
GPS	3	Schifffahrtsrecht
GPS	155, 292, 295	Seemannschaft
Gradient	7, 10, 13, 17 f, 32, 187	Wetterkunde
Greenwicher-Stundenwinkel	182, **183**, 184, 188 ff	Navigation
Großschifffahrt	205-212, 215 f	Seemannschaft
Großschifffahrt	123	Schifffahrtsrecht
Großwetterlage	37 f, 39 f, 149, **150**, 151	Wetterkunde
Grundberührung / Festkommen	**118 f**	Seemannschaft
Grundsee	**129**, 130, 135	Wetterkunde
Grundsee	235	Seemannschaft
Grundsitzer	81, 124, 132, 158, 195, 207, 216, 222 f, 229	Schifffahrtsrecht

H

Hafenmanöver	109 f, 280, 282	Seemannschaft
Halbtägige Gezeiten	74	Navigation

Stichwortverzeichnis

	Frage	Kapitel
Halse	161, **162**	Seemannschaft
Handbuch für Brücke und Kartenhaus	4	Navigation
Handpeilkompass	47	Navigation
Hauptfahrwasser	173, 174	Schifffahrtsrecht
Hauptluftmassen	**36**, 37 f	Wetterkunde
Heiße Koje	220, 226	Seemannschaft
Hektopascal (hPa)	6 f, **9**, 10 f, 17, 22, 32, 108, 138, 152, 162, 167, 177	Wetterkunde
Helsinki Übereinkommen	**106 f**, 211	Schifffahrtsrecht
Herbstnebel	**64**	Wetterkunde
Hertz	128	Navigation
Herzdruckmassage	**180**, 193 f	Seemannschaft
Himmelmeridian	197	Navigation
Himmelsäquator	179 f, 189 ff, 193	Navigation
Himmelsnordpol	178	Navigation
Hindcasting	11	Wetterkunde
Hochdruckbrücke	71	Wetterkunde
Hochdruckgebiet (Antizyklone)	8, **67**, 68 ff, 72-77, 87, 147, 152	Wetterkunde
Hochdruckgürtel	156, 176, 188, 195	Wetterkunde
Hochkeil	111, 115	Wetterkunde
Hochnebel	**64**	Wetterkunde
Hochseetüchtig	94, **283**	Seemannschaft
Hochwasser	61, 70, **76**, 78, 79, 85	Navigation
Hohe See	251	Schifffahrtsrecht
Höhengleiche	201	Navigation
Holebug	53	Seemannschaft
Horizontalkraft	**71 f**, 73	Navigation
Horizontalparallaxe	184, 186, **209**	Navigation
Hydrostatischer Auftrieb	55	Seemannschaft
Hygrometer	2	Wetterkunde

I

Impuls-/länge	140, 144, 156, 158 f	Navigation
Impulsfolgefrequenz	128	Navigation
Inmarsat	121	Schifffahrtsrecht
Inmarsat-E	295	Seemannschaft
Innere Gewässer	61, 184	Schifffahrtsrecht
Innere Verletzungen	195	Seemannschaft
Inseleffekt	103, **104**, 144	Wetterkunde
Intertropische Konvergenzzone (ITCZ)	156, 159, 175, **179**, 180 f, 192, 195	Wetterkunde
Inversion	**70**, 75	Wetterkunde
Inversionsschicht	149	Navigation
Isobaren / Isobarenabstand / Isobarenverlauf	6, 7, 14, 17-19, 22, 27, **32**, 55, **77**, 80, 94 f, 108, 115, 137, **138**	Wetterkunde

K

Kabellänge	2	Navigation
Kalt- / Warmfront Okklusion	55, 61, **62 f**, 84, 93	Wetterkunde
Kaltfront / Kaltfrontpassage	**33**, 50b, 55, 57, 59, 63, **79**, 92 f, 97 f, 147, 150 f, 154, 189	Wetterkunde
Kaltfronttypen A und B	**33**, 59	Wetterkunde
Kaltwassernebel	64	Wetterkunde
Kapeffekt	103, **104**, **106**, 107, 144	Wetterkunde
Kardinalzeichen	176 f, 202, 208	Schifffahrtsrecht

Stichwortverzeichnis

	Frage	Kapitel
Karte1 / Int.1	6, 58	Navigation
Kartendatum	103, **120**	Navigation
Kartennull / Seekartennull (KN / SKN)	3, 93, 97	Navigation
Kartentiefe (KT)	**80**, 93 f	Navigation
Kavitation	**205**	Seemannschaft
Kennzeichende / signifikante Wellenhöhe	**134**, 121 ff, **178**	Wetterkunde
Ketsch	5, 275	Seemannschaft
Keulenbreite	**142**, **144**, **147**	Navigation
Kimm	56, **57 f**, 202, 208	Navigation
Kimm	227, 250	Seemannschaft
Kimmabstand	200, **201**, 207	Navigation
Kimmtiefe	184 f	Navigation
Klima / Klimafaktoren	**16**, 146	Wetterkunde
Klimanavigation	172, 185	Wetterkunde
Körpertemperatur	194, 196, 202	Seemannschaft
Kollision / Zusammenstoß	33 ff, 36 f, 60, 100, 142, 148, 186, 196, 230, 241	Schifffahrtsrecht
Kollisionsgefahr	133	Navigation
Kollisionsgefahr	69, 70, 139, 186, 209, 241, 255, 262	Schifffahrtsrecht
Kollisionsgegner	32, 36	Schifffahrtsrecht
Kollisionskurs	56, 147, 212	Schifffahrtsrecht
Kollisionsverhütungsregeln (KVR)	**50**, 53, 60, 68, 82, 159, 163 f, 169 f, 192, 235, 240, 242 f, 252 f, 256, 259	Schifffahrtsrecht
Kompasskontrolle	35, 60, **61**	Navigation
Kompasspeilung	35, 42, 51	Navigation
Kompassrose	25	Navigation
Kompasswert	32	Navigation
Kompensierdalben	35	Navigation
Kondensation / Kondensationsniveau / -wärme	42, **45**, 46, **64**, 88, 171, 196	Wetterkunde
Konvektion	45	Wetterkunde
Konvergenz / -linie / -zone	**50, 72**, 147, 156, 159, 167, 179 f	Wetterkunde
Koordinaten / -system	1, 176, 189, 205	Navigation
Koordinierende Seefunkstelle (OSC)	**31**, 182	Schifffahrtsrecht
Koordinierende Seefunkstelle (OSC)	135 ff, 294	Seemannschaft
Kopfplatzwunden / offene Wunden / Platzwunden	186, **192**	Seemannschaft
Koppelarbeit / Koppelnavigation	**225**, 226	Seemannschaft
Koppeln / Koppelposition	62, 66, 102, 111	Navigation
Koppelnavigation	62	Navigation
Koppelort (O_k)	**36**, 39	Navigation
Kraftstofffilter	16	Seemannschaft
Kraftstoffhahn	14	Seemannschaft
Kraftstoffversorgung / -zufuhr	15, 105	Seemannschaft
Kraftstoffvorrat	278	Seemannschaft
Krängung / Krängungswinkel	35, 37, 39, 41, 43, 47 f, **49, 55**, 56 f, 59, 94, 96, 120 f	Seemannschaft
Krängungsmoment / Krängungsbereich	**35, 37, 46**, 40, 43, 45, 57	Seemannschaft
Kreuzpeilung	**45**, 49, 104, 118	Navigation
Kreuzsee	95, **124**, 135, 144	Wetterkunde
Kritische Wetterlagen	145	Wetterkunde
Kühlwasser / -temperatur / -austritt / -stand	11, 12, 278 f	Seemannschaft
Kulmination (Meridiandurchgang)	181 f, 194	Navigation
Kurs über Grund (KüG)	**19**, 34, 41	Navigation
Kurshaltepflicht	65, 69 f, 141 f	Schifffahrtsrecht

Stichwortverzeichnis

	Frage	Kapitel
Kurshalter	60, 143, 155, **198**, 261	Schifffahrtsrecht
Kursstabilität	273	Seemannschaft
Kursumwandlung (Beschickung für Wind und Strom)	**34**	Navigation
Küstenmeer	61, 110, **184**, 185, **236**, 237, 240, 247, 252, 255, 265	Schifffahrtsrecht
Küstenverkehrszone	137	Schifffahrtsrecht

L

	Frage	Kapitel
Ladespannung / Ladezustand	29, 278	Seemannschaft
Land-Seewind-Zirkulation / -Einfluss	**100**, 101 f, 149, 152	Wetterkunde
Landwind	**100**, 101 f, 149, 152	Wetterkunde
Längsseitssleppen	**22**, 23	Seemannschaft
Lateral-Zeichen	**61, 194**	Schifffahrtsrecht
Lecksicherung / Leckbekämpfung	51, 75, **117**	Seemannschaft
Legerwallsituation	217, **221**, 226, 235	Seemannschaft
Lenzanlage / Lenzsystem	65, 96, 116, 199, 278, 284	Seemannschaft
Lenzbrunnen / Lenzpumpen	**65**, 51, 116	Seemannschaft
Lenzen / Abwettern / Lenzen vor Topp und Takel	**224, 244**	Seemannschaft
Leuchtfeuerverzeichnis (LfV)	4, 15, 56, 58	Navigation
Lichtsignale	87, 89, 216, 226, 250	Schifffahrtsrecht
Logbuch / Logbuchführung	**13, 17 ff**, 35 f, 43, 201	Schifffahrtsrecht
Logbuch	155	Seemannschaft
Logbuch	12	Wetterkunde
Loggeort (O_l)	37	Navigation
Lotung	64, 65, 80	Navigation
Lowest Astronomical Tide (LAT)	**3, 93**, 94 f	Navigation
Luft- / Wassertemperatur	1 f, 8, 15, 28, 41 f, 48, 54, 56 f, 80, 93, 109, 149, 152, 165, 180, 192	Wetterkunde
Luft- und Kraftstoffzufuhr	70, **105**	Seemannschaft
Luftdruck (Abfall, Verteilung, Kurve, Gefälle)	4, 14, 17, 107, 109, 153, 162, 177	Wetterkunde
Luftdruckgefälle / -änderung / -anzeige	**14**, 162, 165, 195	Wetterkunde
Luftdruckunterschied	7, 108	Wetterkunde
Luftfeuchte	2, 15, 152, 177	Wetterkunde
Luftmassen	28, 38, 50, 54, 64, 72, 74, 84, 88, 100, 109, 144, 148, 150, 167, 169 ff, 180, 196	Wetterkunde
Luftmassengrenze	50, **84**	Wetterkunde
Luvgierigkeit	232, 236 f, **238**	Seemannschaft

M

	Frage	Kapitel
Magnetkompass-Ablenkung	**23, 27**, 29	Navigation
Magnetkompass-Kurs	21, 24, 35, 53, 63	Navigation
Magnetkompass-Nord	**18**, 21, 27 f, 42	Navigation
Magnetkompass-Peilung	35, **42**, 51	Navigation
Mann über Bord (MOB) / -manöver / Mensch über Board	52, **84, 144, 149**, 60, 150 f, 153, **154**, 155, 164, 166, 168 ff, 170 f	Seemannschaft
Mann über Bord (MOB)	115	Navigation
Mann über Bord (MOB)	3	Schifffahrtsrecht
Manöver unter Motor	17, 19, 153, 170, 259, **280**, 282	Seemannschaft
Manövrierbehinderte Fahrzeuge	63, 65, 86, **125**, 130, 145 f, 168 f, 221, 234, 255	Schifffahrtsrecht
Manövrierbehinderte Fahrzeuge	168	Navigation
Manövrierunfähige Fahrzeuge	63, 65, **74**, 81, **125**, 130-133, 168, 226, 234, 248	Schifffahrtsrecht

275

Stichwortverzeichnis

	Frage	Kapitel
Manövrierunfähigkeit	107, 109, 226	Seemannschaft
Maritime Verkehrssicherung	122, 123, 164	Schifffahrtsrecht
MARPOL	**106 f**, 204 f, 211, 217 ff, 246, 271 f	Schifffahrtsrecht
Inmarsat-E-Bake	292	Seemannschaft
Maschinenfahrzeuge	63, 65, 69-72, 74, 82, 139 ff, 147 f, 151, 161, 175, 189 f, 192, 204, 221, 234, 259	Schifffahrtsrecht
Maschinengast / -kommandos / -hebel / -ausfall /-raum /-hilfe	60, 67, 105, 110, 153, 222, 279	Seemannschaft
Massenmittelpunkt / Massenschwerpunkt	43, 45	Seemannschaft
Mayday / Mayday Relay / Mayday Fini	132, **138**, 139, 150, 290	Seemannschaft
Medico-Gespräch	140, 177, 179, 287, **203**	Seemannschaft
Meeresströme	157 f, 182 f	Wetterkunde
Meereswelle	131	Wetterkunde
Mehrfachechos / Doppelechos	145	Navigation
Mehrwach-System	101	Seemannschaft
Meltemi	113	Wetterkunde
Meridian / Nordmeridian / Meridiandurchgang / Nullmeridian	1, 18, 181, 183, 190, 194, 197	Navigation
Messgeräte / Messinstrumente	2 f, 23, **24**	Wetterkunde
Metazentrum / Metazentrische Höhe	**43**, 45	Seemannschaft
Meteorologische-Navigation / -Reiseplanung / -Zeichen	143, 160, 172, 185, **194**	Wetterkunde
Mindestbemannungsgesetz	2	Schifffahrtsrecht
Mischungsnebel	64	Wetterkunde
Missweisende-Peilung	43	Navigation
Missweisender Kurs	24, **26**	Navigation
Missweisend-Nord	**18**, 26 f, 43	Navigation
Missweisung	**25**, 26, 28 f, 51	Navigation
Mistral	108	Wetterkunde
Mittzeit	**87**, 92	Navigation
MMSI	169	Navigation
MMSI	35, 116	Schifffahrtsrecht
Monatskarten	162, 176, 183, **185**	Wetterkunde
Mondtag	**74**, 83	Navigation
Motor / Motoraufhängung	11, 12-15, 96, 98, **119**, 170, 205, **278**, 279 f	Seemannschaft
Motorausfall	107 ff	Seemannschaft
Motorbrand	105	Seemannschaft
N		
Nachrichten für Seefahrer	**12, 14**, 16	Navigation
Nadir	177, 197	Navigation
Nahauflösung	**129**, 146	Navigation
Nahbereich	76 ff, 155 ff	Schifffahrtsrecht
National Hurricane Centre Miami (NHC)	153	Wetterkunde
Nationalität des Schiffes	**16**, 47	Schifffahrtsrecht
Nationalitätsnachweis	15, 47	Schifffahrtsrecht
Nautische Warn Nachrichten (NWN)	**11 f**, 172	Navigation
Nautische Warn und Nachrichtendienst	12	Navigation
Nautischer Funkdienst	7	Navigation
Nautischer Funkdienst	1	Schifffahrtsrecht
Nautischer Funkdienst	203	Seemannschaft
Nautischer Funkdienst	139	Wetterkunde
Navtex	11, **170**, 171 f	Navigation

Stichwortverzeichnis

	Frage	Kapitel
Navtex (Navigation by Telex)	120 f,	Schifffahrtsrecht
Nebel / Nebelbildung	**42**, **64**, 66, 144, 149, 152	Wetterkunde
Nebel / unsichtiges Wetter	68, 75 f, 78, 82, 127, 129, 152, 162, 206, 206, 216, 221, 224, 234, 260	Schifffahrtsrecht
Nebenfahrwasser	66, 134, 159, 235, 173, **174**, 197	Schifffahrtsrecht
Nenntragweite	55	Navigation
Niedrigwasser (NW)	3, 75, **77**, 78 ff, 83, 85, 94 f, 98	Navigation
Niedrigwasserlinie	61, 265	Schifffahrtsrecht
Nippzeit (NZ)	82, **85**, 87, 92, 98	Navigation
NMEA	**173**, 174 f	Navigation
Nordmeridian	181, 194, **197**	Navigation
Normal Null (NN)	97	Navigation
Notfall / Seenotfall	3, 60, 74, **131 f**, 135, 137, 139 f, **173**, 290 f, 293 f	Seemannschaft
Notplan / -meldung	3, 18, 31, 121	Schifffahrtsrecht
Notices to Mariners (NTM)	13 f, 17	Navigation
Notmeldung	107, 132 ff, 140, 155, 292	Seemannschaft
Notpinne	**111 f**	Seemannschaft
Notrollen / Sicherheitsrollen	60, 141, 106	Seemannschaft
Notrollen / Sicherheitsrollen	1, **3**, 18	Schifffahrtsrecht
Nowcasting	40	Wetterkunde
Nutzechos	**131**, 141	Navigation

O

Offene Verletzungen / Offene Wunden	185 f	Seemannschaft
Ohnmachtsicher	81	Seemannschaft
Okklusionsfront / Okklusionspunkt	61, **63**, 84, 89, 93, 115, 147, 150	Wetterkunde
Ölzeugschleuse	**220**, 226, 283	Seemannschaft
On-Scene-Commander	31, 182	Schifffahrtsrecht
Orkan	31, 51 f, 153, 161, **174**	Wetterkunde
Orographische Hindernisse / -Hebung	45, 50, **104**	Wetterkunde
Orographische Tiefs / -Effekte	88, **104**, **107**, 149	Wetterkunde
Orographischer Nebel	64	Wetterkunde
Ortsstundenwinkel	18, 188	Navigation

P

Pascal (Hektopascal)	4, 6, 7, **9**, 10 f, 17, 22, 32, 108, 138, 152, 162, 167, 177	Wetterkunde
Passate / Passatregion	**156**, 159, 162, 173, 175 f, **177**, 180, 183, **195**	Wetterkunde
Pegel	97	Navigation
Peilkontrolle	61	Navigation
Peilmarke	61	Navigation
Peilobjekt	48, 49, 52 f	Navigation
Peilscheibe	52	Navigation
Peilung	35, 45 f, 51 f, 58, 63, 65, 105, 115, 117, 133, 144, 145, 147	Navigation
Peilung und Abstand	58, 105, 115, 117, 159	Navigation
Peilungsauflösung	146 f	Navigation
Peilungsdifferenz	147	Navigation
Pilot Charts	160, 183, 185	Wetterkunde
Planetarische Windzirkulation / Windsystem	**34**, 35, 73	Wetterkunde
Plotterergebnis / Plotten	262, 266	Schifffahrtsrecht
P-Nachrichten	13, 14, 17	Navigation
Positionslichter / Positionslaternen	1, 2, 9, 80, 82, **128**, 152, 162, 200, 248	Schifffahrtsrecht

Stichwortverzeichnis

	Frage	Kapitel
Positionslichter	61	Seemannschaft
Proviant	102	Seemannschaft
Q		
Queren	56, 60, 66, **67**, 69 f, **136**, **138**, 139, 166, 212, **213**, 259	Schifffahrtsrecht
Quick-Stop-Manöver	**52, 165 f**, 167	Seemannschaft
Q-Wende-Manöver	**52**, 156 f	Seemannschaft
R		
Racon	135, 155 f, **157**, 158, **159**	Navigation
Radar	101, 104, 114, 116, 118, **126 f**, 130 ff, 134 ff, 138, 141-146, 149, 150-153	Navigation
Radar Darstellungsart	133, 134, **137**	Navigation
Radar Echos	136	Navigation
Radar Horizont	139, 149, 208	Navigation
Radar Kimm	**148**	Navigation
Radarreflektor / Radarauffassung / Radarortung	62, 63 f, 212 ff, **288**	Seemannschaft
Radarrückstrahlfläche	64	Seemannschaft
Radarseitenpeilung	76	Schifffahrtsrecht
Radartransponder / SAR-Transponder	119	Schifffahrtsrecht
Radeffekt	18, 206, 281	Seemannschaft
Radiale Auflösung	**143 f**, 146	Navigation
Randtief / Teiltief	**81**, 115	Wetterkunde
Raum / Streckensuche	171	Seemannschaft
Recht und Rückdrehender Wind	57, **76**, 97 f, 144, 148, 165	Wetterkunde
Rechtweisend Nord	**18**, 19, 22, 28	Navigation
Rechtweisende Peilung	51, **52**	Navigation
Rechtweisender Kurs	22, 26, 41, 52	Navigation
Reffen	**40**, 226 f, **228**, 230, 232, 237, 274	Seemannschaft
Refraktion	149, 184, 201	Navigation
Regentrübung (FTC)	**131**, 135, 151	Navigation
Reibung / Reibungskraft	13 f, 19, 27 ff, 76	Wetterkunde
Relativ vorausorientiert	133, 134, 136, 137	Navigation
Relative Feuchte	**41**, 44	Wetterkunde
Relingslot	67	Navigation
Reststabilität	57	Seemannschaft
Rettungsaktion	80	Schifffahrtsrecht
Rettungsinsel	60, 87, **88**, 89 ff, **92**, 106, 141 f, 175, 226, 286	Seemannschaft
Rettungskragen / Rettungsgurte	81 f, 84 ff, 199	Seemannschaft
Rettungsleine	160	Seemannschaft
Rettungsleitstelle (RCC)	295	Seemannschaft
Rettungsmittel	**84**, 151, 155, 199	Seemannschaft
Rettungsschlinge	147, **148**	Seemannschaft
Rettungsweste	77-80, **81 f**, 117, 151, 173 f, 199, 217, 219, 272	Seemannschaft
Richtfeuer / Richtfeuerlinie	59	Navigation
Richtfeuerlinie	199, 209	Schifffahrtsrecht
Rollreffanlage	7, 8	Seemannschaft
Rossbreiten	156	Wetterkunde
Rückdrehend	**76**, 97 f, 144, 148, 165	Wetterkunde
Rückseitenwetter	57, 79, 151 f, 165	Wetterkunde

Stichwortverzeichnis

	Frage	Kapitel
S		
Saffir-Simpson-Scala	**187**	Wetterkunde
Sattelpunkt	**82**	Wetterkunde
Sättigung / Sättigungsfeuchte	**41, 43**, 42-46, 64	Wetterkunde
Schadenersatzansprüche / Haftung	6 ff, 91	Schifffahrtsrecht
Schall- / Nebelsignale / Schallsignalanlage	55, 75, 83-86, 140, 147 f, 152, 157 ff, 195, 206 f, 210, 216, 224, 226 f, 229, 234, 248 f, 267	Schifffahrtsrecht
Scheinbarer Wind	**23**	Wetterkunde
Scheitelwert	**98**	Navigation
Schifffahrtspegel	97	Navigation
Schifffahrtszeichen	175, **267**	Schifffahrtsrecht
Schiffsmessbrief (ITC69)	15, 46, **48**	Schifffahrtsrecht
Schiffspapiere / Schiffsdokumente	**15 f, 45**, 46 ff, **247**	Schifffahrtsrecht
Schiffsregister	**46**, 49	Schifffahrtsrecht
Schiffssicherheitsgesetz / Verordnung	10, 14, 22	Schifffahrtsrecht
Schiffstagebuch / Logbuch	3, 13, 17, **18 f**, 35 f, 43, 201	Schifffahrtsrecht
Schiffsunfälle / Schiffskollisionen / Zusammenstoß	13, 32-37, 97	Schifffahrtsrecht
Schiffszertifikat	15, 46 f, 49, 247	Schifffahrtsrecht
Schirokko	**112**	Wetterkunde
Schleppen / Schleppleine / Trosse / Freischleppen	20-23, **113, 120**, 121, 143	Seemannschaft
Schleppverband	**189**, 190 ff,	Schifffahrtsrecht
Schockzustand	**183**, 184, 195	Seemannschaft
Schoner	6	Seemannschaft
Schraubeneffekt	18, 206, 281	Seemannschaft
Schubverband	**189**, 190	Schifffahrtsrecht
Schutzhafen	**235**	Seemannschaft
Schwerer Seegang	116, 221, 233, **239**, 240, 242	Seemannschaft
Schwojen / Schwojkreis / Schwojraum	247, 254, 256 f, 262, 267	Seemannschaft
Secondary Ports	95 f	Navigation
Seeamt	36, **101 ff**, 105	Schifffahrtsrecht
Seegang	150, 154	Navigation
Seegang	117, 119, 124, 127 f, 133-136, 186, **190 f**	Wetterkunde
Seegangsentrübung (STC) Seaclutter	131, 135, 141, **151**	Navigation
Seegangshöhe / Seegangsstärke	119, 120, **122**, 126 f	Wetterkunde
Seegangskarten / Seegangserscheinungen	127, 163, 178	Wetterkunde
Seegangsreflexe	130 ff, 141	Navigation
Seegangsscala / Seegangsangaben	120, **126**	Wetterkunde
Seehandbücher	4, 8,	Navigation
Seekartennull (SKN)	**3, 93**, 97	Navigation
Seemeile	2	Navigation
Seenebel / Seerauch	**64**	Wetterkunde
Seenotfunkbake (EPIRP)	292, 295	Seemannschaft
Seenotsignalmittel	**73**, 74, 142, 285	Seemannschaft
Seenotsignalmittel	41, 247	Schifffahrtsrecht
Seerechtübereinkomen der vereinten Nationen	38, 183 f, 239	Schifffahrtsrecht
Seesicherheitsuntersuchungsgesetz	37, 97-100, 102 f	Schifffahrtsrecht
Seetüchtigkeit	18	Schifffahrtsrecht
Seetüchtigkeit / Seetüchtigkeit der Besatzung	44, **93**, 94 f, **96, 104**, 283, **289**	Seemannschaft
Seeunfall / -untersuchung	35, 96 f, **98**, 99, **100**, 239, **264**	Schifffahrtsrecht
Seeverkehrsvorschriften	8	Navigation

Stichwortverzeichnis

	Frage	Kapitel
Seewetterbericht, Seewetterinformationen	25, 29, 76, 85, 114, 137, **138**, 139, **140**, 143, 148, 161, 178	Wetterkunde
Seewetterkundliche Prüfliste	**144**	Wetterkunde
Seewind	**100 f**, 102, 149, 152	Wetterkunde
Segeltragkraft	**41**	Seemannschaft
Seitenpeilung	**44**, 52, 133	Navigation
Seitenpeilung	71, 76 f	Schifffahrtsrecht
Selective availabilita (SA)	**112**	Navigation
Sichere Geschwindigkeit	58, **62**, 75, 152, **153 f**, 224	Schifffahrtsrecht
Sicherer Abstand, Sichere Durchfahrt	63, 65, 141, 145, 227, 234 f, 255, 259	Schifffahrtsrecht
Sicherer Passierabstand	216	Seemannschaft
Sicherer Passierabstand	60, 63, 65	Schifffahrtsrecht
Sicherheit der Besatzung, Sicherheitsausrüstung	1, 16, 25, 32 f, 40, 98, 103	Schifffahrtsrecht
Sicherheitsausrüstung, Ausrüstung	44, 60, 96 ff, 238, 284, 286	Seemannschaft
Sicherheitseinweisung	**60**, 74	Seemannschaft
Sicherheitsgurte (Lifebelts)	76, 199, 219, 272	Seemannschaft
Sicherheitsrichtlinien der Kreuzerabteilung	25, 89, 96 ff, 251, 285 f	Seemannschaft
Sicherheitsvorkehrungen	109, 199	Seemannschaft
Sichtweite	55, **57**, 58	Navigation
Sichtweite	62, 154	Schifffahrtsrecht
Sichtweite	66	Wetterkunde
Sichtwert	**54**, 55	Navigation
Sichtzeichen	88, 168 f, 179, 250, **267**	Schifffahrtsrecht
Signifikante / kennzeichnende Wellenhöhe	**117**, 119, 121, 123, 127, **134**, 178	Wetterkunde
Slup / Sluptakelung	2 f, 227, 274	Seemannschaft
Sog und Wellenschlag	168	Schifffahrtsrecht
SOLAS (Save Of Live At Sea)	10, 14, **21**, 115	Schifffahrtsrecht
Springverspätung	**82**, **88**, 92	Navigation
Springzeit (SPZ)	**82**, **85**, 87 f, **92**	Navigation
Squateffekt	209	Seemannschaft
Stabile Krängungswinkel	55, 94	Seemannschaft
Stabilität, Stabilitätsparameter, Stabilitätssum-	38 f, 42 f, 46-49, **45**, **50**, **56**, 57 f, 96, 273	Seemannschaft
Standardport	95 f	Navigation
Starkwindwarnung / Sturmwarnung	**52**, 144	Wetterkunde
Stationsmeldungen	137	Wetterkunde
Stationsmodel	**142**	Wetterkunde
Stauordnung	102, **103**	Seemannschaft
Stehende Peilung	64, 70 f, 76 f, 150 f, 241	Schifffahrtsrecht
Steilküsteneffekt	103, 104, **106 f**	Wetterkunde
Sterntag	195	Navigation
Steuertafel	**24**	Navigation
Störechos / -quellen	130 ff	Navigation
Strahlungsnebel	**64**	Wetterkunde
Strandung	123, **124**	Seemannschaft
Strom	30, 31, **33**, 34, 36 f, 41, 62, 66, 71, 73, 81, 84, 86, 89, 103, 115, 106	Navigation
Strömung (Luft / Wasser)	82, 107, 133, 144, 146, 149, 156, 159	Wetterkunde
Strömung	62, 167	Schifffahrtsrecht
Stromring (Nordatlantik)	157, 182	Wetterkunde
Stundenwinkel / Stundenkreis	182 ff, 188 f, **190**	Navigation
Sturmtaktiken / Sturmklarmachen / Schwerwetter	217 ff, 221, **222**, 223, **226**, 233, 235, 272, **273**	Seemannschaft

280

Stichwortverzeichnis

	Frage	Kapitel
Sturz aus großer Höhe	190	Seemannschaft
Subsatellitenpunkt	**123**	Navigation
Subtropische Hochdruckgürtel	156, 176, 188, 195	Wetterkunde
Suchmuster / Suche	171	Seemannschaft
Symbole (für Wettererscheinungen)	138, **142**, 143, 147	Wetterkunde
T		
Tag- und Nacht-Signale	197, 222, 250, 258	Schifffahrtsrecht
Taupunkttemperatur	**41**, 42 ff	Wetterkunde
Tear-Drop-Manöver	52, **167**, 168	Seemannschaft
Teiltief	**81**, 115	Wetterkunde
Temperatur / -sprung / -unterschiede	1, 2, 8, 15, 28, 35, 41 f, 48, 54, 56 f, 64, 79 f, 93, 100, 109, 149, 152, 165, 167, 180, 187, 192	Wetterkunde
Thermometer	2 f	Wetterkunde
Tide	**75**, 81, 89, 93, 99 f	Navigation
Tidengewässer	208	Seemanschaft
Tidenhub	**89**	Navigation
Tidenkalender	15	Navigation
Tidenkurve	81, **98**	Navigation
Tidenstrom	66	Navigation
Tiefdruckgebiet	18, 63, 76, **79**, 84, **86**, 87 f, **89**, 90 f, **92**, 93, **94**, 95, 97, 104, 107, 111 f, 115, 138, 144, 149, 154, 165, 169, 170, **171**, 174	Wetterkunde
Tiefdruckgebiet / außertropische Zyklone	196	Wetterkunde
Tiefdrucksystem	81	Wetterkunde
Tiefgangbehinderte Fahrzeuge	63, 65, 145, 234, 255	Schifffahrtsrecht
T-Nachrichten	**13**, 17	Navigation
Tragweite	**54**, 55	Navigation
Treibanker	89 f, 144, 147, 221 f, 224, **271**	Seemannschaft
Treiben (vor Topp und Takel)	222, **224**, 233, **244**	Seemannschaft
Trog / Trogentwicklung / Trogachse	**95**, 97, 173	Wetterkunde
Trogorkan	96	Wetterkunde
Trogwetterlage	**97 f**, 150	Wetterkunde
Tropische Wirbelstürme / Orkane / -Störungen (Hurrikans)	153, 161 f, 164 ff, **170**, **174**, 175, 184, 187 ff, 192 f, 196	Wetterkunde
U		
Übereinkommen von Helsinki	106 f, 211	Schifffahrtsrecht
Überholen / Überholer / überholendes Fahrzeug	55, 71, 76 f, 84, 146, 150, 151, 156, 159, 164, **165**, 212, 220, 242	Schifffahrtsrecht
Überreichweiten	**149**	Navigation
Umdrehungssystem Sonne - Mond	**69**, 70, 86	Navigation
Unfall / Unfallstelle / Unfallhergang	126, 129	Seemannschaft
Unmittelbare Gefahr	**11**, 180 f, 262	Schifffahrtsrecht
Unterkühlung	175, 193, **194**, **202**	Seemannschaft
V		
Vektorkarten / Rasterkarten	161, **162**	Navigation
Verbrennungen	187, **188**	Seemannschaft
Verdunstungsnebel	**64**	Wetterkunde
Verhalten bei Seeunfällen	36, **37**	Schifffahrtsrecht
Verkatten	266	Seemannschaft
Verkehrstrennungsgebiete (VTG)	**67**, 68 ff, 136, 138 f, 141, 259	Schifffahrtsrecht

Stichwortverzeichnis

	Frage	Kapitel
Verkehrszentrale	32, 160, 180, 188, 226	Schifffahrtsrecht
Verlassen des Fahrzeugs	174 f	Seemannschaft
Verminderte Sicht / unsichtiges Wetter	68, **75**, **127**, 129, 152, 155, 157 f, 161 f, 197, 224, 229, 234, 243	Schifffahrtsrecht
Vermuren	267	Seemannschaft
Verordnung über die Sicherung der Seefahrt	10, **12**, 35 ff, 182, 188, **208**, 232, **239**, 257	Schifffahrtsrecht
Versegelungspeilung / -fehler	**46**, 49, 62 f	Navigation
Verstärkung (Gain)	153	Navigation
Vertikale Druckgradient	10, 17	Wetterkunde
Vessel-Traffic-Service	122	Schifffahrtsrecht
Vital	11	Navigation
Voll- / Neumond	85, 88, 92	Navigation
Vorfahrt / Vorfahrtsregelung	56 f, 60, 166 f, 170, 174, **186**, 212, 214, 230	Schifffahrtsrecht
W		
Wachplan / Wacheinteilung / Wachwechsel	18, **43**, 201	Schifffahrtsrecht
Wahrer Wind	18 f, **23**	Wetterkunde
Warmfront	55, **56**, 58, 60-63, 79, 92 f, 147, 189	Wetterkunde
Warmwassernebel	64	Wetterkunde
Wartungs und Kontrollarbeiten (Inspektion)	28, 61	Seemannschaft
Wassereinbruch	3	Schifffahrtsrecht
Wassereinbruch	51, 60, **116**, 238	Seemannschaft
Wegerechtschiffe	221, 255	Schifffahrtsrecht
Wegpunkte	112, 117, **124**, 125, 160	Navigation
Welle	107, 119, 128 ff, **131**, 133, 136, 178, 191	Wetterkunde
Wellenbereich	127, 148	Navigation
Wellenfront	125	Wetterkunde
Wellengeschwindigkeit	128	Wetterkunde
Wellenhöhe	**117 f**, 119-123, 127 f, 130, 133 f, 178	Wetterkunde
Wellenlänge	118, 124, 129, 190	Wetterkunde
Wellenperiode	**118**, 123, 128	Wetterkunde
Wellensteilheit	128, 130,	Wetterkunde
Westwetterzyklone	79, **80**, 92, 165	Wetterkunde
Wetter / -erscheinungen / -verlauf / -	4, 11, **15 f**, 57, 146 f, 154, 165, 172	Wetterkunde
Wetterbericht / Seewetterbericht	25, 29, 76, 114, 117, 134, 138 ff, 148, 161, 178	Wetterkunde
Wetterinformationen / -informationssysteme	39, 139, **140**, 141	Wetterkunde
Wetterkarten	6, 21 f, 30, 37, 138 f, 147	Wetterkunde
Wetterlage	144 f, 152	Wetterkunde
Wetterregeln	114, **115**	Wetterkunde
Wettersymbole	**142 f**	Wetterkunde
Wiederbelebungsmaßnahmen (ABC-Regeln)	180, 201 f	Seemannschaft
Wiener Suchtstoffübereinkommen	38, 231	Schifffahrtsrecht
Wind- / Stromversatz	31, 34, 41, 62, 125	Navigation
Wind / Windrichtung / Windrichtungsänderung	15, **18**, **23**, 26 f, 51, 76, 95, 138, 148 f, 150, 154, 176	Wetterkunde
Windangaben	**30**, 31	Wetterkunde
Windgeschwindigkeit / Windstärke	**13 f**, 15, 17, **23**, **25**, 30, **32**, 52, 77, 101, 105, 111, 113, 123, 135, 138, 144, 148 f, 176, 185, 189, 191	Wetterkunde
Windsee	51, 95, **124**, 130, 133, 135, **136**, 144	Wetterkunde
Windtide	84, **91**	Navigation

Stichwortverzeichnis

	Frage	Kapitel
Wirbelsäulenverletzung	190, **191**	Seemannschaft
Wirkweg / Wirkstärke / Wirkdauer	122 f, **190**	Wetterkunde
Wirtschaftszone	184, **265**, **270**	Schifffahrtsrecht
Witterung / Witterungsnavigation	**16**, 172	Wetterkunde
Wolken / Wolkenbildung / Wolkenaufzug	42, 45, **46 f**, 52 f, 56, 59 f, **64**, 69 f, 75, 79 f, 143, 152, 154, 156, 165, 176 f, 180	Wetterkunde
Wolkenklassifikation / -familien / -gattungen	46, **48 f**	Wetterkunde
World Geodetic System (WGS) 84	**100**, 103 f, **118**, 120	Navigation
Wurfleine	84, 86, 176	Seemannschaft

Y

Yachtfunkdienst	4, 7	Navigation
Yachtfunkdienst	179, 203	Seemannschaft
Yachtfunkdienst	139	Wetter
Yachtstellung (Radarreflektor)	**63**, **288**	Seemannschaft
Yawl	4	Seemannschaft

Z

Zeitfehler	**210**	Navigation
Zenit	175 ff, **187**, **197**	Navigation
Zentrale Meldekopf (ZMK)	110	Schifffahrtsrecht
Zentralzyklone	89	Wetterkunde
Zentrifugalkraft	13	Wetterkunde
Zirkulation / -sbewegung / -sformen	34, 35, 38, 79, 100 f, 108	Wetterkunde
Zirkumpolar	206	Navigation
Zweitanker	267	Seemannschaft
Zwischenhoch	**71**, 91	Wetterkunde
Zyklone	76, 79, **83**, 84, 86, 89, 92, 115, 154 f, 165, 171, **174**, 184, 188, 189, 196	Wetterkunde
Zyklonenfamilie	**90 f**	Wetterkunde

Notizen